U0453148

三元悖论
与人民币汇率制度市场化改革

周姝彤 著

中国社会科学出版社

图书在版编目（CIP）数据

三元悖论与人民币汇率制度市场化改革 / 周姝彤著. -- 北京：中国社会科学出版社，2024.8. -- ISBN 978-7-5227-4251-9

Ⅰ．F821.1；F832.63

中国国家版本馆 CIP 数据核字第 2024UW5016 号

出 版 人	赵剑英
责任编辑	李斯佳
责任校对	冯英爽
责任印制	戴　宽
出　　版	中国社会科学出版社
社　　址	北京鼓楼西大街甲 158 号
邮　　编	100720
网　　址	http://www.csspw.cn
发 行 部	010-84083685
门 市 部	010-84029450
经　　销	新华书店及其他书店
印　　刷	北京君升印刷有限公司
装　　订	廊坊市广阳区广增装订厂
版　　次	2024 年 8 月第 1 版
印　　次	2024 年 8 月第 1 次印刷
开　　本	710×1000　1/16
印　　张	14.5
字　　数	239 千字
定　　价	79.00 元

凡购买中国社会科学出版社图书，如有质量问题请与本社营销中心联系调换
电话：010-84083683
版权所有　侵权必究

前　言

　　中国特色社会主义市场经济创建的过程，也是中国汇率制度市场化变革的过程。汇率市场化不仅是中国融入世界经济体系的需要，也是中国特色市场经济发展的内在诉求。汇率市场化意味着汇率的确定和波动取决于外汇市场供求力量的博弈，进而给一国经济带来巨大的风险，需要处理好汇率稳定、资本项目开放和货币政策独立性三者之间的关系。如果出现三者错配，极易造成外部冲击的风险。随着中国经济体量不断提升，人民币在跨境贸易结算、国际储备中的地位攀升，人民币国际化亦对汇率市场化和资本项目开放有着内在要求，否则同人民币国际化相悖，因为僵化的汇率制度无法及时反映经济基本面及各种经济变量波动，进而随着供求扭曲的矛盾积累造成巨大的汇率崩盘风险；无法调节跨境资本流动，成为人民币国际化的障碍，同时央行会为维持固定汇率支付高额的管理成本，央行外汇市场冲销干预的有效性亦受到削弱。总之，人民币汇率制度市场化改革，增加了人民币汇率的市场决定因素，人民币汇率进入双向波动通道，标志着中国对外开放度越来越高，同时承受的外部风险也越来越大，如何处理好汇率市场化与资本项目开放及独立的货币政策间的关系变得至关重要。

　　Krugman（1999）提出的"三元悖论"，即"不可能三角形理论"，强调一国在资本自由流动、汇率稳定性和货币政策独立性的三个政策目标中，最多只能同时实现两个，否则会发生外部冲击。即当一国资本开放，同时实行稳定的汇率制度时，会失去货币政策独立性，资本的自由流动会消除本国利率与世界利率的利差，使开放经济体的货币政策失效；当一国实行稳定的汇率制度，同时维持本国货币政策的独立性时，资本项目就不能放开，资本的自由流动会引起汇率波动，汇率难以稳定；当一国要追求资本项目开放和独立的货币政策时，就难以维持汇率的稳定，汇率浮动才有利于规避资本自由流动带来的套汇套利的投机风险。三元悖论生动而深刻地阐述了开放经济同时追求三个政策目标的相悖性、难度和风险。然而，三元悖论只是一种纯理论抽象，是为了厘清开放经济宏观政策目标间的内在关系和冲突的一种理论分析框架，所以设立了完全的资本自由流动、汇率自由浮动和货币政策独立的假定。但在现实的开放经济运行中，常常是不完全的资本自由流动、汇率的自由浮动和货币政策的独立性。随着经济全球化和金融一体化的发展，每个开放的宏观经济体，特别是大国经济都难以只选一个边两个角，放弃一个角。每个开放的宏观经济主体都在寻求浮动汇率的稳定机制、资本项目开放的风险规避机制及相对独立的货币政策。进入牙买加体系后，实行中间汇率制度的国家数量大幅增加，[①] 与"中间汇率制度消失论"相悖。很多新兴市场和发展中国家在经济增长中积累了大量外汇储备，实行有管理的浮动汇率制度、部分资本开放和相对独立的货币政策，兼顾了被认为是相悖的三项政策，被称为三元悖论中间化，是对三元悖论的"非角点解"演化，追求兼顾资本相对流动、汇率弹性空间和部分货币政策独立性。1997年亚洲金融危机后，新兴市场和发展中国家把金融稳定纳入政策目标，而三元悖论中间化有助于国家金融稳定。

由此可见，在三元悖论中间化下，处理好汇率市场化、资本开放与货币政策独立性的关系，是人民币汇率制度市场化改革的重要原则，人民币有管理的浮动汇率制度是现阶段的优化选择。实际上，新兴市场和发展中国家通过积累大规模外汇储备，在一定程度上实现了三元悖论中间化，但是，囿于高规模外汇储备的管理成本和外汇市场干预效果减弱，需要其他配套政策以实现三元悖论中间化。本书重新审视了外汇储备对于三元悖论中间化的意义，探究了宏观审慎政策对于实现三元悖论中间化的有效性。在三元悖论中间化下，厘清资本开放、汇率制度选择和货币政策独立性之间的相互影响机制，深入挖掘汇率预期、政策干预的作用效果，对于现阶段人民币汇率制度市场化改革具有重要的意义。在社会主义市场经济体制下，资本开放和汇率市场化对于人民币国际化、经济增长等宏观经济目标的作用效果应纳入三元悖论政策目标。鉴于此，

---

① 区别于布雷顿森林体系下的固定汇率制度，牙买加体系下的固定汇率实际是钉住汇率。牙买加体系允许各国实行浮动汇率，因此，牙买加体系下的钉住汇率是固定又浮动的。如果一国货币钉住美元，那同美元是固定汇率，同日元、欧元则是浮动汇率，所以，在牙买加体系下，没有真正的固定汇率制，而是中间汇率制。

本书以三元悖论及三元悖论中间化为理论基础,对人民币汇率制度市场化改革方向及宏观经济效应进行分析,主要的研究内容、方法和结论涉及七个方面。

第一,基于历史分析和特征事实分析,研究三元悖论是否仍然可信。本书对国际汇率制度从固定到浮动的循环演进以及人民币汇率制度市场化改革的历史进程和特征事实进行梳理。基于三元悖论,从全球和中国层面分别分析各时期汇率制度选择与资本管制、货币政策独立性的相互关系,并根据三元悖论的政策搭配,对金本位制、布雷顿森林体系下的国际固定汇率制度的崩溃原因进行梳理。研究发现,三元悖论能够较好地解释国际汇率制度市场化演进的原因。随着全球金融一体化程度的加深以及各国经济的自身发展,各国需要适度的汇率弹性调节资本流动,增强货币政策调节宏观经济的能力。随着跨境资本流动规模的增加,对各国的资本开放政策、汇率政策、货币政策独立性的选择提出了新的挑战。随着新兴市场和发展中国家的外汇储备规模扩大,三元悖论中间化成为当前多数新兴市场国家和发展中国家的现实选择。

第二,研究三元悖论中间化的影响因素以及宏观审慎政策对于三元悖论中间化的条件,并据此提出现阶段人民币有管理的浮动汇率制度的新维持机制。本书通过特征事实分析和实证研究发现,在外汇储备的门槛效应下,宏观审慎政策有助于三元悖论中间化,进而有助于实现国家金融稳定。结合宏观审慎政策和外汇储备的应用,现阶段实行人民币有管理的浮动汇率制度,可以通过外汇储备和宏观审慎政策相配合的方式加以维持,但需要适度的外汇储备规模。

第三,分析人民币汇率制度市场化改革对货币政策独立性的影响。研究表明,在三元悖论中间化下,央行可以通过外汇储备和冲销干预汇率(央行票据、存款准备金率调整等措施)的过度波动来维持央行的货币政策独立性。冲销干预措施的有效性直接影响货币供给,进而影响货币政策独立性。在中间汇率制度下,国内外利差和汇率预期会对汇率变动产生影响,进而影响外汇市场供求平衡。冲销干预程度越大,国外资产变动(外汇储备变动)对于国内利率的影响越小,进而增强货币政策独立性。通过理论分析发现,本书研究结果符合由汇率决定的利率平价理论的观点。另外,实行浮动汇率制度可以通过资本项目渠道,增强本国的货币政策独立性;也可以在经常项目渠道下,由于货币当局需要使用货币政策调节总需求，从而使狭义的本国货币政策独立性受到削弱。因此，在资本开放下，实行浮动汇率制度存在削弱货币政策独立性的风险。

第四，分析人民币汇率制度市场化改革对资本项目开放的影响，探讨汇率制度选择和资本项目开放的相互作用关系。研究发现，汇率制度市场化改革后，央行可以通过汇率和利率政策共同调节跨境资本流动，但国内经济也会相应受到汇率和利率波动的影响。本书根据修正的 BGT 模型，分别得出汇率制度市场化改革前和改革后的央行政策损失的货币政策方程和资本流动方程。由于中国资本流动会受到美国等大国货币政策的影响，在现行的人民币有管理的浮动汇率制度的人民币汇率形成机制下，汇率预期可能会与资本流动相互强化，从而加重人民币汇率的单边升贬值预期。

第五，实证检验人民币汇率制度市场化改革与资本项目、独立货币政策的相关性和适配度。基于三元悖论对国际汇率制度的市场化趋势原因进行分析和提炼，对人民币汇率制度市场化改革的合理性进行分析。通过 OLS（Ordinary Least Squares）回归、固定效应模型和随机效应模型进行实证分析，并据此讨论人民币汇率制度市场化改革的相关性和适配度。研究表明，汇率稳定性与货币政策独立性、资本开放之间呈现负相关关系。一国对于以上政策需要权衡取舍，以符合三元悖论对于汇率制度选择的约束。在加入所有变量进行回归分析后，汇率稳定性与通货膨胀率、金融发展水平、外债规模、实际冲击、政治民主程度和政治不稳定性呈现负相关关系，与外汇储备规模、贸易开放度、货币冲击呈现正相关关系。研究还表明，与各国长期以来的汇率稳定性、资本开放指数和货币政策独立性的平均值相比，中国长期以来更加注重维持汇率的稳定性，选择相对严格的资本管制措施，更加注重货币政策独立性。在持有大规模外汇储备后，中国三元悖论向着中间化方向发展。以汇率制度选择的国际经验作为参照，采用有管理的浮动汇率制度，符合中国目前经济规模、金融发展等宏观经济的发展需要，但是，随着中国资本开放进程的逐渐推进，为了保持相对独立的货币政策，中国汇率弹性可以适度放开。

第六，考察三元悖论下人民币汇率制度市场化改革的宏观经济效应，从而对三元悖论选择及人民币汇率制度市场化改革进行评价。首先，本书基于 SV-TVP-VAR 模型，实证研究了资本开放和汇率制度市场化改革对人民币国际化的影响。研究表明，人民币汇率制度市场化改革消除了人民币的长期单边升值预期，实现了双向波动，从而削弱了境外人民币持有者出于投机性交易需求而持有人民币的意愿，促使人民币投放、回流的双向循环机制的形成。当人民币实际有效汇率提升时，会显著地提升人民币国际化水平。说明当人民币升值出现后，市场更愿意持有人民币资产，使人民币国际化水平提高。人民币汇率制度市场化改革的推进，比资本开放政策更加有助于人民币国际化的发展。其次，本书使用 SV-TVP-VAR 模型分析了人民币汇率制度市场化改革对经济增长的影响。研究发现，从宏观经济平稳运行的角度考虑，人民币汇率制度市场化改革短期可能会放大经济运行的不确定性（主要涉及投资和政府购买），但是从中长期看，汇率市场化会使汇率更加真实地反映本外币的供求关系，避免固定汇率对市场价格的扭曲，提高经济主体对国内国际市场内外波动的适应性，从而有利于宏观经济的平稳运行，但仍须防范市场投机行为对真实汇率的干扰。

第七，提出资本开放、独立的货币政策与人民币汇率制度市场化改革协调推进以及完善人民币汇率双向波动下的逆周期调节机制的政策建议。

本书感谢吉林财经大学资助出版。本书受吉林省教育厅人文社科研究项目"哈长城市群建设中的产业集聚新机遇"（JJKH20210143SK）和吉林财经大学校级科研项目"人民币汇率制度变迁、货币锚效应及其宏观经济绩效研究"（RES0007206）资助。

目　　录

第一章　绪论 …………………………………………………………… 1

　　第一节　研究背景及意义 …………………………………………… 1
　　第二节　研究范畴界定 ……………………………………………… 6
　　第三节　研究内容及研究方法 ……………………………………… 10
　　第四节　研究创新点及未来展望 …………………………………… 13

第二章　理论基础及文献综述 ………………………………………… 16

　　第一节　相关理论基础 ……………………………………………… 16
　　第二节　相关文献综述 ……………………………………………… 25

第三章　国际汇率制度及人民币汇率制度市场化改革的历史进程 …… 55

　　第一节　国际汇率制度从固定到浮动的循环演进 ………………… 55
　　第二节　人民币汇率制度市场化改革的历史演进 ………………… 82
　　第三节　国际汇率制度演进与人民币汇率制度市场化改革的
　　　　　　同步性 ……………………………………………………… 89

第四章　三元悖论中间化与人民币汇率制度市场化改革的
　　　　方向选择 ……………………………………………………… 93

　　第一节　三元悖论与人民币汇率制度的选择空间及中间化 ……… 93
　　第二节　汇率制度选择的国际经验与人民币汇率制度市场化
　　　　　　改革方向 …………………………………………………… 118

第五章　人民币汇率制度市场化改革的影响机制分析 ……………… 148

　　第一节　人民币汇率制度市场化改革对中国货币政策独立性的
　　　　　　影响分析 …………………………………………………… 148

第二节 人民币汇率制度市场化改革与资本开放的央行政策
        目标损失 ·· 158
第三节 货币政策独立性与资本开放框架下汇率制度市场化
        改革的风险 ·· 168

第六章 人民币汇率制度市场化改革的宏观经济效应分析 ·········· 172

第一节 资本开放、人民币汇率制度市场化改革与人民币
        国际化 ··· 172
第二节 人民币汇率制度市场化改革对经济增长的影响 ········ 191

第七章 研究结论与政策建议 ·· 199

第一节 主要研究结论 ··· 199
第二节 政策建议 ·· 202

参考文献 ·· 204

第一章 绪论

第一节 研究背景及意义

一 研究背景

（一）国际汇率制度市场化趋势及人民币汇率制度市场化改革的背景

牙买加体系下，国际汇率体系的汇率制度安排呈现多样化，区别于国际金本位制、布雷顿森林体系下以黄金和黄金—美元本位制的国际固定汇率体系。在当前以美元、欧元、英镑等多元国际货币为基础的国际货币体系下，汇率的市场决定作用逐渐显现，大国货币间汇率波动加剧，对新兴市场和发展中国家的汇率稳定性造成冲击。

牙买加体系下，采用中间汇率制度和浮动汇率制度的国家明显增加，与汇率制度选择的"两极论"和"中间汇率制度消失论"相悖。图1-1为RR汇率制度分类法下从布雷顿森林体系到牙买加体系的汇率制度采用频率，1992年成为汇率制度采用频率的走势拐点，欧洲货币危机爆发，法国法郎、芬兰马克、瑞典克朗、英国英镑等货币在固定汇率体系下（钉住欧洲货币单位ECU的体系）遭到国际资本冲击，英国英镑、意大利里拉汇价接连大幅下跌。欧洲各国意识到钉住欧洲货币单位的固定汇率制度更容易遭受国际资本的冲击，进而促使欧元的诞生。此后，1994年墨西哥货币危机爆发，1997年亚洲金融危机爆发，采用中间汇率制度的货币接连遭受国际资本冲击，遇到空前危机，最终被迫放弃钉住汇率制度。然而不久之后，更多货币重回中间汇率制度，但是更趋向于市场化的中间汇率制度。

改革开放以前，在布雷顿森林体系和国内计划经济体制下，中国实行固定汇率制度。1978年改革开放后至1993年12月，中国实行人民币官

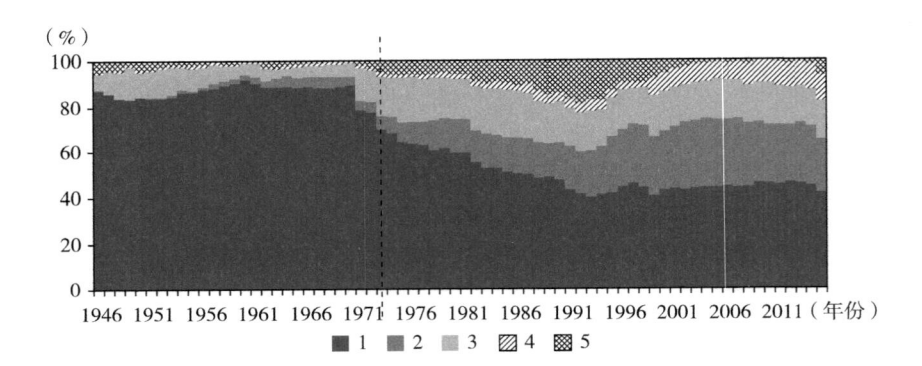

图 1-1　1946—2015 年 RR 事实汇率制度分类法下的汇率制度采用频率

注：第一章对 RR 汇率制度分类方法进行了详细综述。图 1-1 采用 RR 分类法中的"粗分类"，在布雷顿森林体系下，1 为固定汇率制度，2、3 为中间汇率制度，4、5 为浮动汇率制度；在牙买加体系下，1 并不是布雷顿森林体系下其他货币与美元严格规定固定比率的固定汇率制度，而是相对固定的汇率制度，2、3、4 为中间汇率制度，5 为浮动汇率制度，1—4 代表汇率制度从固定到浮动的"连续统"，1 为固定性最强的中间汇率制度，4 为固定性最弱的中间汇率制度。图 1-1 中虚线为布雷顿森林体系和牙买加体系的分界。

资料来源：Ilzetzki E.，Reinhart C. M.，Rogoff K. S.，*The Country Chronologies to Exchange Rate Arrangements into the 21st Century：Will the Anchor Currency Hold?*，NBER Working Paper，2017。

方汇率和外汇调剂价格"双轨制"，人民币市场汇率和黑市价差形成巨大套汇空间。汇率"双轨制"是汇率管制的产物，不利于中国外汇市场的监管，亦不易融入市场化的国际汇率制度。1994 年，人民币官方汇率和外汇市场价格并轨，实行 1 美元兑换 8.28 元人民币的钉住美元的汇率制度，完成了从"复汇率制"向"单一汇率制"的人民币汇率制度市场化转变。1997 年亚洲金融危机爆发，人民币承诺不贬值，维持汇率的稳定性。此后人民币汇率相对被低估，随着中国对外贸易的发展，据国家外汇管理局统计，到 2004 年年末，中国官方外汇储备盈余大幅攀升至 6099.32 亿美元。但随着国际收支顺差的逐渐扩大，国际上对于人民币汇率上调的呼声越来越高。巨额的外汇储备盈余给中国货币政策调控带来了巨大压力，2005 年"7·21"汇改后，中国开始实行参考"一篮子货币"的、有管理的浮动汇率制度，人民币汇率释放升值压力，人民币兑美元汇率在上下 0.3% 浮动。2008 年国际金融危机爆发，人民币汇率暂时重新钉住美元。国际金融危机过后，人民币汇率于 2010 年重新钉住"一篮子货币"。2012年人民币兑美元汇率浮动区间扩大到1%，2015年4月扩大到2%。2015年"8·11"汇改后，人民币汇率实现双向浮动。2017年在人民币汇率形成机制中引入逆周期因子，在消除人民币汇率单边贬值预期后，于2018年退出人民币汇率管理，人民币汇率实现双向浮动。

从发展历程来看，人民币汇率制度市场化改革是在国际汇率制度市场化演进的大背景下进行的。随着国际汇率体系从布雷顿森林体系下的固定汇率制度向牙买加体系下的多元汇率体系转变，人民币汇率制度市场化改革历程也存在从固定汇率制度到浮动汇率制度、从钉住汇率制度到双向浮动制度的循环往复，主要的时间节点为1994年、1997年、2005年、2008年、2015年和2018年等。僵化的固定汇率制度虽然可以为货币当局规避汇率波动风险，但是固定汇率制度受到诟病，主要是因为在汇率供求扭曲下，固定汇率制度容易遭受国际资本冲击的风险，因此，固定汇率制度难以长期持续。国际金融周期与避险情绪也在国际汇率制度选择中起到了重要作用，因此，国际汇率制度市场化趋势与人民币汇率制度市场化改革存在同步性。

（二）三元悖论与人民币汇率制度市场化改革的背景

在国际汇率制度市场化趋势下，传统的汇率决定理论、汇率制度选择理论对于当前国际汇率风险、各国汇率制度选择解释乏力，汇率制度选择因素日渐复杂化。现实中，三元悖论所阐释的现象，即一国在汇率稳定性、资本自由流动和货币政策独立性中，最多同时实现两者。在全球金融一体化进程的不断推进下，跨境资本流动的规模和速度日益增长，对汇率稳定性的冲击加剧，也对汇率制度选择提出了新的考验。重新审视三元悖论对于国际汇率制度演进的指导作用，对于经济体防范外部冲击具有重要意义。

对于实行钉住汇率制度的国家而言，在跨境资本流动规模日益增加的情况下，货币当局维持汇率稳定的成本增加。1997年亚洲金融危机中，泰国实行资本自由流动下的固定汇率制度（牙买加体系下钉住美元的汇率制度），泰铢在短期内遭到国际套汇套利资本的冲击，最终导致央行外汇储备枯竭，固定汇率制度崩溃。随着新兴市场和发展中国家的经济规模、贸易体量不断增加，积累了巨额外汇储备，因此，央行可以进行外汇市场干预，不再局限于在资本自由流动、汇率稳定性和货币政策独立中三选二的三元悖论"角点解"，而是选择了部分资本流动下，兼顾汇率稳定性和一定汇率弹性的中间汇率制度，同时又能兼顾部分货币政策独立性。但是巨额外汇储备的管理成本高昂，且央行进行外汇市场干预的有效性受到削弱，各国需要更多配套政策，以维持三元悖论中间化的可持续性。

在全球金融一体化进程下，汇率稳定性与货币政策独立性之间亦存在重要权衡。三元悖论中间化虽然放松了传统三元悖论三选二的"角点解"困局，但央行配套干预政策的有效性存在争议。在中间汇率制度下，央行使用外汇储备进行部分外汇市场干预，再使用冲销干预措施维持本国基础货币供给，实现部分货币政策独立性。但在中间汇率制度下，受到汇率预期的不确定性以及新兴市场和发展中国家的"浮动恐惧"现象的影响，名义和事实汇率制度往往形成偏离，使各国的汇率稳定性和货币政策独立性受到削弱。

在中国特色市场经济体制下，资本开放成为中国经济发展的必经之路，人民币汇率制度市场化改革的协调推进成为防范外部冲击的配套措施。2015年"8·11"人民币汇率制度市场化改革（以下简称"8·11"汇改）之后，人民币汇率进入双向波动通道，市场供求因素对于人民币汇率决定的作用增加。2018年4月，习近平主席在博鳌亚洲论坛上明确指出："中国开放的大门不会关闭，只会越开越大。"（习近平，2023）2019年9月，国家外汇管理局正式取消了QFII和RQFII投资额度限制。图1-2为人民币汇率走势与境外机构和个人持有境内人民币金融资产情况，由此可见，中国资本开放在整体上稳步推进。2015年"8·11"汇改之后，人民币汇率连续贬值，境外机构和个人持有境内人民币金融资产的总量增长减缓，如何防范汇率异常波动所导致的金融系统性风险成为人民币汇率制度市场化改革的难点。为进行逆周期调节，2017年2月，在人民币汇率形成机制中引入逆周期因子，之后人民币汇率重回双向波动通道，境外机构和个人持有境内人民币金融资产的总量持续增加。截至2019年12月，人民币兑美元汇率贬值到7，而境外机构和个人持有境内人民币金融资产的总量达到了43648.07亿元。由此可见，三元悖论中间化需要外汇储备和其他配套措施，以保证宏观经济平稳运行，从而实现金融稳定的政策目标。

2015年"8·11"汇改后，人民币汇率在短期内剧烈震荡。在资本开放和人民币国际化进程中，跨境资本流动规模日益加大。此时如果配合采取更加市场化的人民币汇率制度，增强人民币汇率弹性，调节跨境资本流动，可以减少货币当局进行外汇市场干预的压力，也有助于实现更多的货币政策独立性。

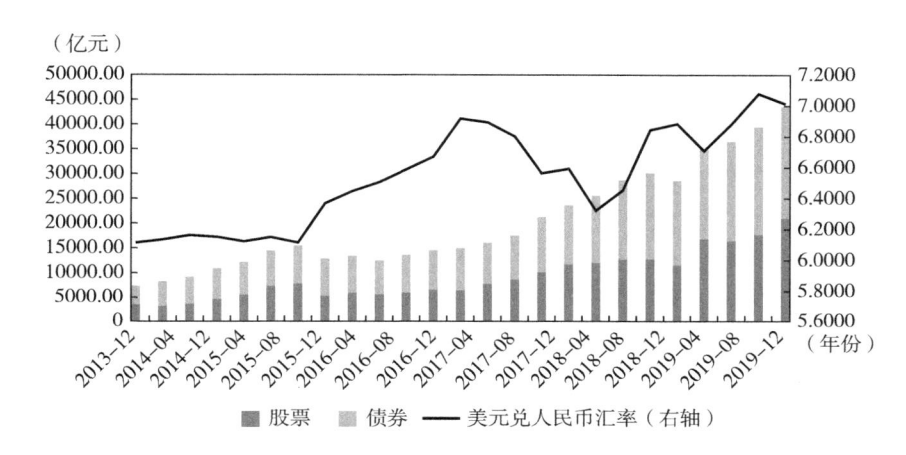

图1-2　人民币汇率走势与境外机构和个人持有境内人民币金融资产情况
资料来源：Wind数据库。

二　研究意义

（一）理论意义

随着全球金融一体化的推进，在牙买加体系下，国际汇率制度的市场化趋势使各国在进行三元悖论政策选择时，要面临更加复杂的影响因素。在三元悖论仍然是有效的政策搭配原则的前提下，其对于汇率制度选择的指导意义更加重要。

第一，区别于传统三元悖论的观点，即在开放经济条件下，一国在汇率稳定性、资本自由流动和货币政策独立性中只能同时实现两者。现代学者认为，现实中存在对三项政策都能部分兼顾的情况，即在中间汇率制度和部分资本开放下，存在货币政策相对独立的三元悖论"中间地带"。以往研究多通过分析特征事实，研究三元悖论的政策效应。本书通过数理分析和实证分析，探讨三元悖论中间化及配套政策、资本开放下人民币汇率制度市场化改革的央行政策损失等，丰富了对三元悖论的理论发展和政策搭配的宏观经济效应研究。

第二，本书从国际和中国层面分别分析了三元悖论中间化对于汇率制度选择的指导意义。通过数理分析和实证分析对汇率制度选择的因素进行剖析，实证结果证实了三元悖论中间化对于汇率制度选择具有理论意义。

（二）现实意义

步入牙买加体系后，全球金融自由化、世界经济一体化的发展使跨境资本流动的规模剧增。中心国家对外围国家的货币政策溢出效应加剧，新兴市场和发展中国家需要更加灵活的汇率制度或适当的资本管制措施，以维持本国的货币政策独立性。对于新兴市场和发展中国家，既需要一定的汇率稳定性，以减少经济增长所要面临的汇率风险；又需要一定的汇率灵活性，以防止资本开放下跨境套汇套利资本的冲击，维持本国的货币政策独立性。由于政府调控的时机、手段、汇率弹性区间不尽明确，市场化汇率形成机制不够完善以及浮动恐惧等现象的存在，加之以外汇储备维持汇率稳定的可持续性问题，中间汇率制度往往会放大汇率预期对资本流动和汇率走势的冲击。本书创新性地通过实证研究发现宏观审慎政策对于三元悖论中间化的意义，可以分担央行进行外汇市场冲销干预的压力，维持三元悖论中间化，完善中间汇率制度的维持机制。

在人民币汇率制度市场化改革进程中，中国面临着在资本开放下，跨境资本流动与货币政策独立性选择间的权衡，维持汇率稳定与外汇储备规模间的权衡以及央行实行冲销干预的成本与实现中国货币政策独立性间的权衡。因此，在人民币汇率制度市场化改革的进程中，厘清逐步放开汇率浮动区间，厘清在偏重市场化的中间汇率制度下资本流动、汇率稳定性与货币政策独立性之间的相互影响和关联，对于实现三元政策目标的最佳耦合具有重要的现实意义。

第二节　研究范畴界定

一　汇率、汇率制度的含义及分类

汇率（exchange rate）：是用一种货币表示另一种货币的价格。在商品和劳务市场上，汇率表示的是两国商品和服务的交换价格，是相对购买力的体现；在资本市场上，汇率与利率的变动共同决定了货币的时间价值，是相对投资力的体现。汇率的标价方法在国际上可分为直接标价法和间接标价法。直接标价法是以一定数量的本币表示的一单位外币价格，间接标价法则是以一定数量的外币表示的一单位本币价格。①

汇率制度（exchange rate regime）：一国政府使用行政或者法律手段对本国汇率变动的基本方式进行一系列的安排或规定，即一国的汇率制度。

汇率制度可根据二分法或三分法进行分类，也可以按照名义汇率制度或事实汇率制度进行分类，均可体现从固定汇率制度到浮动汇率制度的过渡。其中，三分法更能体现汇率市场化的具体过程。

1. 二分法和三分法

二分法把汇率制度分类为固定汇率制度和浮动汇率制度，代表三元悖论的角点解；三分法体现了三元悖论角点解到中间化的连续性，分为固定汇率制度（硬钉住）、中间汇率制度（软钉住）和浮动汇率制度。固定汇率制度只允许市场汇率在其所规定的汇率水平上下限（最多不超过上下5%）范围内波动；浮动汇率制度是指一国政府理论上不对汇率进行规定或干预，汇率按照市场供求自由浮动的汇率制度。但在实践中，当汇率出现巨大波动时，政府会在必要时加以干预；中间汇率制度则介于固定汇率制度和浮动汇率制度之间。牙买加体系下的钉住汇率制，即美元本位制，是典型的中间汇率制。钉住美元的货币，同美元建立固定的比价关系，体现出相对的固定性，亦是不完全浮动性；钉住美元的货币与其他货币之间的汇率自由浮动，体现出相对的浮动性，亦是不完全固定性。根据汇率制度对汇率弹性的区间限制，从固定汇率制度到浮动汇率制度存在一个连续体（周群，2005）。

2. 名义分类和事实分类

汇率制度分类有名义分类（de jure）和事实分类（de facto）。名义分类又被称为法定分类，是指一国政府公开承诺的汇率制度。由于央行名义宣布的汇率制度与事实上的汇率政策常常相悖，因此，在汇率制度分类时往往有根据官方宣布的汇率制度进行的名义分类，也有根据事实上的汇率政策进行的事实分类。学界广泛采用的汇率制度分类方法主要有以下几种。

（1）IMF 分类法

在 1999 年以前，国际公认的名义汇率制度是由国际货币基金组织

---

① 为了研究的规范性，如无特殊说明，本书中的汇率统一使用直接标价法。

（IMF）统计和公布的，由各国自行申报。1999年后，IMF按照实际观察到的汇率波动情况，对各国干预汇率的行为进行评估，从而对各国事实上的汇率制度进行推导归类（Sow，2015）。

（2）其他主要分类法

事际分类中较为常用的有RR分类法，包含平行市场实际观测到的汇率数据。RR分类法被誉为"对法定分类法进行了革命性的修正"（Tavlas, et al., 2008）。按照分类指标将汇率制度划分为六大类：严格钉住、较严格的管理浮动、偏自由的管理浮动、自由浮动、自由落体和平行市场数据缺失。后两种是极端情况下的特殊汇率制度。RR分类法基于市场汇率数据分类的汇率弹性，被称为汇率的"自然分类法"，即首先把汇率制度分为官方统一汇率和平行市场汇率，其次，将官方统一汇率与平行市场汇率分别进行分类（Ilzetzki, et al., 2017）。

RR分类法的优点主要在于：第一，RR分类法提供了覆盖194个经济体从1946年到2016年的汇率制度分类数据，具有从布雷顿森林体系到牙买加体系的连贯性；第二，RR分类法把汇率制度类型按照汇率弹性连贯分为5个"粗分类"（coarse classification），又进一步分为14个"细分类"（fine classification）。并且在浮动汇率制度分类中，按照通货膨胀率是否大于40%分别加入自由落体（free falling）和超级浮动（free floating），对浮动汇率制度的特点进行了细化分类。图1-3描述了RR分类法的具体分类依据。

其他主要的事实汇率制度分类方法还有：Frankel（2003）、Edwards和Savastano（1999）、LYS分类法（Levy-Yeyati和Sturzenegger，2005）、Coudert和Dubert（2005）、Dubas等（2005）等。

二　汇率制度市场化改革

汇率制度市场化改革是指政府对汇率波动放松管制，放松外汇市场干预，由市场供求决定汇率水平的改革过程，是一国从实行相对固定的汇率制度逐步转变为更加浮动的汇率制度的过程。汇率制度市场化改革表现为一国名义上宣布实行更加浮动的汇率制度，体现了国家汇率制度安排向市场化方向变迁的过程。在此过程中，本币汇率的形成机制整体趋向市场化，即汇率市场化。汇率市场化不仅包括名义上的汇率弹性增加，也可指事实上的汇率弹性增加，放松对汇率波动的外汇市场干预等。

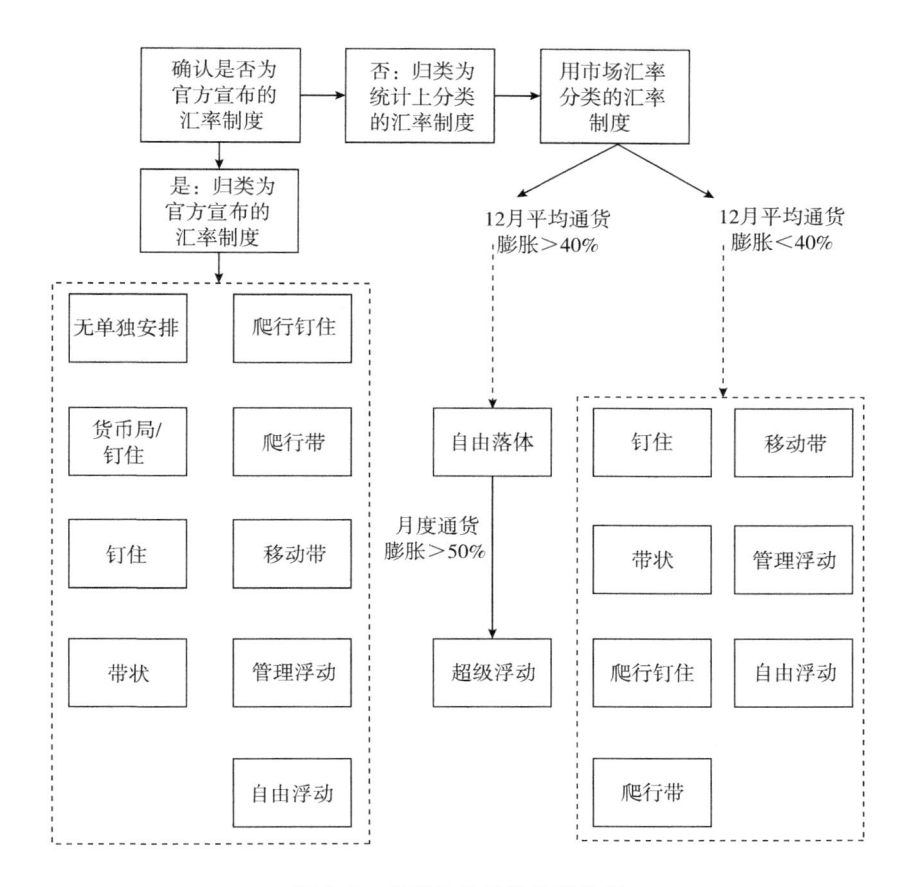

图1-3 分类法的具体分类依据

资料来源：Ilzetzki E, Reinhart C M, Rogoff K S, *The Country Chronologies to Exchange Rate Arrangements into the 21st Century: Will the Anchor Currency Hold?*, NBER Working Paper, 2017。

人民币汇率制度市场化改革是从央行决定汇率并维持人民币汇率水平变为由市场供求灵活决定人民币汇率水平的过程。1994年人民币汇率从之前的"双轨制"顺利变革为单一汇率，1997年亚洲金融危机爆发，亚洲货币兑美元汇率普遍下跌，为维护汇率稳定，人民币钉住美元浮动，遏制了国际货币危机的进一步深化。随着美元升值，人民币兑亚洲所有货币升值，虽然对出口造成巨大压力，但也提高了人民币的国际信誉，成为人民币走向国际化的元年。其后随着美元贬值，人民币同步贬值，美国和欧洲国家出口压力增大，国际社会要求人民币升值的呼声高涨。随着中国外汇储备规模的增大，2005年中国开始实行参考"一篮子货币"

进行调节、有管理的浮动汇率制度，人民币逐步放开汇率浮动区间。此后于2010年、2012年多次放开汇率浮动区间，释放人民币单向升值压力。2015年"8·11"汇改之后，央行完善了人民币汇率形成机制，人民币汇率进入双向波动通道，人民币汇率制度市场化改革初步成型。

三　宏观经济效应

根据已有文献，宏观经济效应通常是指对宏观经济的影响，如经济增长、通货膨胀等，也指宏观经济目标的完成情况，如金融稳定。经济增长是最主要的宏观经济目标之一，人民币国际化符合中国特色社会主义市场经济发展的诉求，而资本开放、人民币汇率制度市场化改革与中国货币政策独立性的搭配将对经济增长和人民币国际化起到重要影响。综上所述，本书主要基于三元悖论，研究人民币汇率制度市场化改革对于经济增长和人民币国际化两大宏观经济目标实现的影响。

第三节　研究内容及研究方法

一　研究内容

本书基于三元悖论，着重研究国际汇率制度演进的客观规律及三元悖论下的人民币汇率制度的市场化改革。本书共分为七章。第一章为绪论，阐释本书的研究背景及意义、研究范畴界定、研究内容及研究方法、研究创新点与未来展望。第二章为理论基础及文献综述，阐述本书研究涉及的主要概念及理论基础，包括汇率市场决定理论、汇率选择理论、三元悖论及其最新发展，并对三元悖论下汇率制度选择、人民币汇率制度市场化改革的相关研究进行综述。第三章基于三元悖论，对国际汇率制度从固定到浮动的循环演进历程进行梳理，主要基于三元悖论，分别对金本位制下固定汇率制度的崩溃、布雷顿森林体系下钉住汇率制度的建立和崩溃、牙买加体系下多元汇率制度建立的原因进行剖析，接着对人民币汇率制度市场化改革的历史演进进行梳理，并对比分析国际汇率制度演进和人民币汇率制度市场化改革的吻合性。第四章为三元悖论中间化与人民币汇率制度市场化改革的方向选择，首先，通过参考中国香港货币局制度、日本汇率制度市场化改革、新兴市场和发展中国家实行中间汇率制度的经验以及三元悖论各项政策的损益，对人民币汇率制度的选择空间进行分析；其次，主要考虑宏观审慎政策和外汇储备，对于新兴市场和发展中国家的三元悖论中间化的有效配套政策进行实证分析，并对中国实行中间汇率制度的合理性进行分析；最后，通过实证分析，总结基于三元悖论的汇率制度选择的国际经验，并以该实证结果为依据，对人民币汇率制度选择的适配度进行分析。第五章为人民币汇率制度市场化改革的影响机制分析，首先，探究汇率制度市场化改革对于货币政策独立性的影响，分析中间汇率制度的特殊性，通过央行资产负债表，分析中间汇率制度下货币政策独立性的实现过程，并构建理论框架，探讨开放经济条件下的宏观政策，即资本项目、汇率、独立货币政策间的优化组合和协调以及三元悖论中间化的配套政策。其次，对人民币汇率制度市场化改革与跨境资本流动的特征事实进行分析，并通过构建修正的 BGT 模型，对中国资本开放下汇率市场化的央行政策目标损失进行分析。第六章为人民币汇率制度市场化改革的宏观经济效应分析，建立时变参数向量自回归（SV-TVP-VAR）模型，实证分析资本开放、汇率市场化对人民币国际化的影响，分析汇率市场化对经济增长的影响机制。第七章为研究结论与政策建议。

本书具体的技术路线安排如图 1-4 所示。

二　研究方法

基于以上研究内容，本书主要采用以下几种研究方法。

（一）规范分析与实证分析法

本书以三元悖论为主要原则，以三元悖论中间化和汇率制度选择的国际经验作为现实依据，对人民币汇率制度市场化改革的方向进行客观判断。第一，对三元悖论中间化下的中间汇率制度、政府干预机制对于货币政策独立性的影响建立数理模型，研究其影响机制；第二，根据中国的现实情况建立修正的 BGT 模型，研究汇率制度市场化改革前后的央行政策目标损失情况。根据基本理论和现实情况提出前提假设，进行逻辑演绎，推导出相对可靠的一系列结论。

基于不同的样本数据特征，采用不同的实证分析方法。第一，基于平衡面板数据，采用门槛模型，对于新兴市场和发展中国家三元悖论中间化的配套政策的有效性进行实证分析；第二，基于非平衡面板数据，运用 OLS 回归、固定效应模型和随机效应模型，对三元悖论下汇率制度选择的国际经验进行实证分析；第三，基于 SV-TVP-VAR 模型对资本开

```
┌──────────┐    ┌─────────────────────┐    ┌──────────┐
│ 研究内容 │───▶│人民币汇率制度市场化改革研究│◀───│ 技术方法 │
└──────────┘    │ ——基于三元悖论分析  │    └──────────┘
      │         └─────────────────────┘          │
      ▼                   ▲                      │
┌──────────────┐          │                      │
│研究背景与意义│          │                      │
└──────────────┘          │                      │
      │         ┌─────────────────────┐    ┌──────────┐
      │      ┌─▶│汇率市场化的一般理论、│◀───│ 相关理论 │
      ▼      │  │ 三元悖论与汇率市场化│    └──────────┘
┌──────────────┤  └─────────────────────┘         │
│理论基础及文献│                                  │
│    综述      │  ┌─────────────────────┐    ┌──────────────┐
└──────────────┤─▶│三元悖论与汇率制度选择、│◀──│文献收集与演绎│
               │  │人民币汇率市场化改革   │   │     归纳     │
               │  └─────────────────────┘    └──────────────┘
```

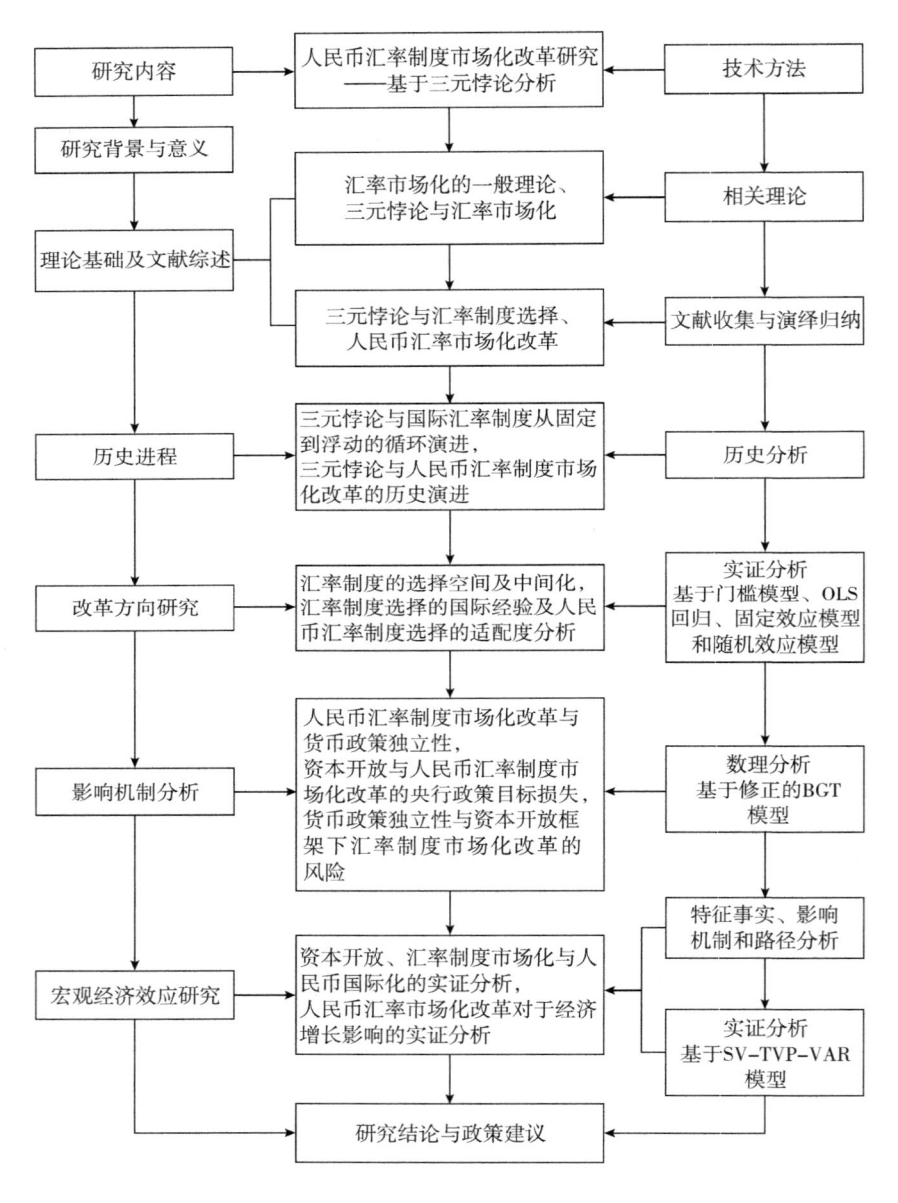

（本页为技术路线流程图）

图 1-4　本书技术路线

资料来源：笔者整理得到。

放、汇率市场化协调推进对人民币国际化的影响进行实证分析；第四，使用 SV-TVP-VAR 模型对人民币汇率市场化的宏观经济效应进行实证分析。本书在上述逻辑推导和实证分析的基础上，对人民币汇率制度市场化改革提出了合理化建议。

（二）典型事实与演绎分析法

基于三元悖论，通过分析历史上几次国际汇率制度变迁发生的原因及人民币汇率制度市场化改革的历史进程，从国际和中国层面的历史进程对汇率制度选择的影响因素进行深入分析，探索三元悖论中间化及汇率制度变革的市场化趋势。

通过阅读和梳理大量已有的相关文献，对汇率市场决定理论、汇率制度选择理论以及相关文献所涉及的理论与方法进行归纳，总结汇率制度选择的影响因素以及宏观经济效应。使用 Citespace 软件对三元悖论和人民币汇率制度市场化改革的相关文献进行可视化分析并进行归纳演绎，以此作为研究的理论基础。

（三）比较分析与案例分析法

在三元悖论下，从汇率制度选择的国际经验与人民币汇率制度市场化改革的政策目标、影响因素等方面进行对比，通过对中国香港、日本、新加坡等典型的三元悖论角点解和三元悖论中间化国家的汇率制度选择进行案例分析，说明人民币汇率制度的选择空间。

第四节 研究创新点及未来展望

一 创新点

在相关研究基础上，本书创新点主要包括四个方面。

第一，基于三元悖论中间化，研究人民币汇率制度市场化改革的合理性。目前已有的关于人民币汇率制度市场化改革的研究多为分析人民币汇率制度的选择因素以及汇率制度选择的成本收益。三元悖论从角点解向中间化演化，既有三边关系由线性向非线性的转化，包括三元悖论维持机制的改变，也有汇率形成机制的演变，对央行配套政策的要求也有所变化。现有的基于三元悖论的汇率制度选择的研究缺乏三元悖论中间化对于人民币汇率制度选择的经验启示的系统分析。纵观国际汇率制度的演进历程，伴随着全球金融一体化程度的不断加深以及各国对于汇率制度选择因素的动态变化，国际汇率制度从服从统一的外生性安排演变为牙买加体系下各国自主选择的内生性安排，可以看出，三元悖论对于人民币汇率制度市场化改革仍然是一个可信的原则。本书分别从国际和中国两个层面，基于三元悖论对国际汇率制度市场化和人民币汇率制度市场化改革的历史发展进行梳理；分析三元悖论从角点解向中间化发展的现实意义及影响因素，研究人民币汇率制度市场化改革的合理性。

第二，构建修正的 BGT 模型。传统的 BGT 模型用于分析央行对于国际资本流动的抵消效应和维持货币政策独立性的冲销效应。相关研究对于传统的 BGT 模型加以修正，多用于研究资本管制和货币政策的有效性，或用于研究利率市场化对于外汇市场干预有效性的影响，缺乏通过修正 BGT 模型分析汇率市场化对于央行政策目标损失的影响的研究。本书分别研究人民币汇率制度市场化改革前后的央行政策目标损失，并分别得出国际资本流动方程和货币政策方程，从而得出货币政策对资本流动的冲销系数和资本流动对货币政策的抵消系数。

第三，考察宏观审慎政策对于三元悖论中间化的影响，根据实证分析，证明宏观审慎政策与外汇储备的配合运用，有助于现阶段人民币汇率制度市场化改革进程中人民币有管理的浮动汇率制度的稳定。在三元悖论中间化下，以往研究更注重外汇储备对于维持人民币汇率稳定的重要作用。关于新兴市场和发展中国家三元悖论中间化的配套政策的有效性，已有研究只探讨了外汇储备对于三元悖论中间化的门限效应。本书基于已有文献和特征事实进行分析，认为宏观审慎政策也是影响三元悖论中间化的重要配套机制，因此，在实证研究中采用外汇储备规模作为门限变量，考察宏观审慎政策因素及其他控制变量对于三元悖论中间化的影响，并据此提出宏观审慎政策和外汇储备可以作为现阶段人民币有管理的浮动汇率制度的配套政策，从三元悖论中间化实现的角度，证明宏观审慎政策有助于三元悖论中间化，但需考虑央行持有外汇储备的适度规模，规模过大，政策成本过高；规模不足，则宏观审慎政策难以实施。

第四，选用较新的实证方法（SV-TVP-VAR 模型），捕捉相关变量的时变效应，对相关研究进行补充。在研究人民币汇率制度选择的宏观经济效应时，分别对中国资本开放、汇率制度市场化改革推动人民币国际化以及对宏观经济增长的影响进行实证分析。由于 SV-TVP-VAR 模型允许系数、方差和协方差随时间变动，以此分析变量的时变特征，对选用实证方法的创新和相关研究有所补充。

二 研究不足及展望

本书在现有研究的基础上,未来还可改进的空间。

第一,对于新兴市场和发展中国家三元悖论中间化的维持机制可以进行更深一步的探讨,使用更多的政策维持三元悖论中间化下的中间汇率制度,以弱化使用外汇储备维持中间汇率制度的弊端。同时,鉴于本书主要研究三元悖论中间化下人民币汇率制度市场化改革问题,并没有对如果使用过多的政策维持机制可能带来央行的政策目标损失加以研究。

第二,本书发现,在新兴市场和发展中国家,宏观审慎政策是一项三元悖论中间化的维持机制。在此基础上,可以对外汇市场的宏观审慎政策工具进行系统归类,建立专门针对外汇市场的宏观审慎监管指数。现有研究所构建的相关指数非常少,并且囊括的宏观审慎政策工具不够全面。

第三,随着新冠疫情对世界经济形成的持续冲击,在经济政策不确定性日益增加的情况下,人民币汇率制度市场化改革将面临更多的外部冲击考验。如何应对外部冲击,特别是投机性冲击,是人民币汇率制度市场化改革将要面临的一个重大难题,可以在未来的研究中加以分析。

第二章　理论基础及文献综述

第一节　相关理论基础

一　汇率市场化的一般理论

汇率市场化的理论脉络分为汇率决定理论和汇率选择理论。其中，汇率决定理论分别从宏观层面和微观层面阐述了汇率决定的市场因素；汇率制度选择理论剖析了国际汇率制度从角点解下的固定汇率制度滑向中间解下相对浮动的汇率制度的过程和原因，揭示了汇率市场化的经济基本面因素。

（一）汇率决定理论

国际金本位制的崩溃代表着国际汇率制度从固定迈向浮动，也引发了汇率决定理论的一场革命，各国开始关注决定汇率的市场因素。汇率决定理论随着国际商品市场、金融环境等市场因素的变化而不断补充和发展。汇率决定理论分为对决定汇率的宏观层面市场因素和微观层面市场因素的分析。其中，在宏观层面，购买力平价理论侧重于商品价格决定的汇率水平；利率平价理论侧重于国际资本流动造成的利差对汇率水平的影响。但在现实中，购买力平价理论、利率平价理论对于短期汇率频繁波动的解释乏力，学界对决定汇率的微观市场因素进行了研究，提出了市场交易者、汇率预期等人为主观动因对汇率水平具有影响，开创了汇兑心理理论、汇率预期理论等。在布雷顿森林体系建立之后，学界开始从国际收支角度、外汇市场角度挖掘汇率的短期市场决定因素。到20世纪中后期，新开放宏观经济学提供了全面的从微观层面到宏观层面决定汇率的市场因素的分析框架。

1. 基于商品价格的汇率决定理论——购买力平价理论

购买力平价理论诞生于国际金本位制度——国际固定汇率制度崩溃后，是商品交易视角的汇率决定理论。1922 年，瑞典经济学家 Cassel 在《1914 年以后的货币与外汇》中正式提出了购买力平价理论。假定一价定律成立，在完全竞争市场上，同样的商品在不同国家以同种货币计量的价格应该完全相同，汇率是两国货币在本国的购买力水平之比，即两国价格水平的比率；汇率的变化率是由两国通货膨胀率之差决定的。购买力平价可以分为绝对购买力平价和相对购买力平价两种形式。

（1）绝对购买力平价

当一价定律成立，对于任意商品 k，有：

$$p_k = S \times p_k^* \tag{2-1}$$

其中，p_k 为商品 k 的本国价格，p_k^* 为商品 k 的外国价格，S 为直接标价法下的汇率。在某一时点上，汇率等于两国购买力水平之比，也是两国物价水平的倒数。把单一商品的价格替换成可以反映两国货币购买力的"一篮子商品"的价格水平，即可得到绝对购买力平价，即：

$$S = \frac{p}{p^*} \tag{2-2}$$

一般而言，绝对购买力平价选取"一篮子商品"的价格作为购买力的代表，常用本国总体价格水平计算的指数之比来衡量和表示，例如居民消费价格指数（CPI）、生产价格指数（PPI）等。然而在实际统计中，绝对购买力平价的计算存在很多问题。首先，不同国家对于"一篮子商品"的选取不同；其次，各国价格指数的基期年份并不一致。因此，后来提出的相对购买力平价使用本国与外国商品价格指数的变动幅度之比，克服了绝对购买力平价的不足。

（2）相对购买力平价

相对购买力平价反映的是一段时间内价格水平变动与汇率水平变动之间的关系，即：

$$\frac{S_t}{S_0} = \frac{1+\Delta p}{1+\Delta p^*} \tag{2-3}$$

其中，$\frac{S_t}{S_0}$ 为该时段本币与外币汇率的变化率，t 代表距离基期的时间长度，Δp 表示考察期内本国物价上涨的百分比，Δp^* 表示考察期内外国物价上涨的百分比。

（3）相关扩展——换汇成本说

中国学者结合购买力平价理论和中国国情，于20世纪70年代末提出了换汇成本说。该学说剔除了传统购买力平价理论中的非贸易商品价格，使用了贸易商品的价格对比，更加符合中国的国情。换汇成本说仅从贸易商品的范围进行货币购买力的对比，认为一价定律仅存在于贸易商品的价格对比中。学界在理论和实证研究中证实，购买力平价对于汇率的长期决定具有重要影响，因此，商品价格是汇率水平的重要市场决定因素。

2. 基于货币使用价格的汇率决定理论——利率平价理论

现代利率平价理论也是诞生于国际金本位制度——国际固定汇率制度崩溃后的19世纪20年代，该理论最早由经济学家凯恩斯提出，他认为在国际资本自由流动下，资产投资于国内所得到的短期收益应该与按即期汇率折算成外汇在国外投资，并按远期汇率买回本国货币所得到的收益相等。一旦两国的利率出现利差，投资者就会进行套利活动，导致远期汇率的变动，最终使远期汇率同即期汇率的差价（升水和贴水）约等于两国的利率差。说明跨境资本流动是汇率的市场决定因素。利率平价理论分为抵补利率平价和无抵补利率平价两种形态。

（1）抵补利率平价

抵补利率平价是指在资本自由流动下，高利率货币将升值，低利率货币将贬值。汇率的远期升贴水率等于两国利差。抵补利率平价可表示为：

$$p(1+i^*) \approx i-i^* \tag{2-4}$$

其中，i 和 i^* 分别表示本国利率和外国利率，p 为远期外币升水率。

（2）无抵补利率平价

无抵补利率平价表示远期的汇率预期变动率等于两国利差，可表示为：

$$1+i = \frac{F(1+i^*)}{S} \tag{2-5}$$

则：

$$\frac{F}{S} = \frac{1+i}{1+i^*} \tag{2-6}$$

其中，S 为即期汇率，F 为按当期对未来汇率的预期值。无抵补利率平价理论显示，如果两国的名义利率存在差距，利率低的国家货币未来的即期汇率是升值的，反之亦是。因此在跨境资本流动下，利率变动成为汇率的市场决定因素。

3. 基于心理分析的汇率决定理论——汇兑心理理论及心理预期理论

（1）汇兑心理理论

汇兑心理理论诞生于国际金本位制度——国际固定汇率制度崩溃后的 19 世纪 20 年代，是从对市场供求进行判断而形成的交易心理视角阐述的汇率决定理论。汇兑心理理论是法国学者 Aftalion 提出的，该理论独树一帜地从主观心理评价的角度探讨汇率的升降关系，把主观评价同客观事实结合起来考察汇率。该理论认为：汇率决定的依据是人们对外汇的效用所作的主观评价，来自人们对货币市场供求变化的判断。人们之所以需要外国货币，是为了满足支付、投资、投机等需要，这种欲望是使外国货币具有价值的基础。外国货币的价值决定于外汇供需双方对外国货币所作的主观评价，相应产生外汇供求，供求双方通过市场达成均衡，均衡点就是外汇汇率。当均衡被打破时，汇率又将随着人们对外汇的主观评价变化达到新的均衡。汇兑心理理论开创了对汇率的微观层面市场决定因素研究的先河。

（2）心理预期理论

汇兑心理理论后来发展为心理预期理论，在外汇市场上，人们的心理预期对汇率产生重大影响。现代汇率决定理论认为，心理预期是使远期汇率偏离利率平价的重要因素。市场上投机者、套利者在远期外汇买卖中投入资金的行为与他们的汇率预期有关，从而影响其交易行为。汇兑心理理论主要用于分析外汇投机、资本外逃、国际储备下降或外债累积对未来汇率的影响。汇兑心理理论和心理预期理论都是短期汇率的决定理论。心理预期理论更加侧重于影响汇率变动的因素，而不是长期汇率的决定因素。

4. 基于外汇市场微观结构的汇率决定理论——指令流、做市商买卖价差、新闻分析理论

（1）指令流和做市商买卖价差

20 世纪 90 年代末，考虑到私有信息或异质的市场参与者存在，在不同的交易机制条件下，认为外汇市场的指令流（order flow）和差价

(bid-ask spread)是微观结构理论模型的核心变量(Lyons,2000)。在实证检验中发现,指令流对于汇率具有显著的长期影响(Evans,1998;Payne,2003),信息对于外汇市场交易者的行为起到关键的指导作用。

买卖价差是做市商在实际交易中控制交易成本的主要工具,是隐性交易成本的重要组成部分,可以从交易成本的角度反映流动性,买卖价差数据中也可以体现做市商的定价策略。

(2)新闻分析理论

Mussa(1979)在资产市场宏观结构模型的基础上,结合理性预期假说构建了汇率决定的新闻模型。新闻模型设定将非预期的、能够引起人们对汇率预期的新信息统称为"新闻"。假设投资者的主观预期与一组包含所有可公开的信息为条件的数学期望相同,运用计量经济学对历史数据进行分析,解释外汇市场即期汇率的波动。尽管现有的新闻模型还很不完善,实证的结果也不能完全令人满意,但是人们常常能够感觉到意外的来自市场的"新闻"信息对即期汇率的运动轨迹产生的影响,这就是新闻模型在理论上能令人信服的地方(陈雨露和侯杰,2005)。

5. 基于经济基本面的汇率决定理论——巴萨效应、NOEM 理论

(1)巴萨效应

巴萨效应认为,价格水平由可贸易商品与非贸易商品的两类价格构成,在市场经济下,要素价格水平取决于要素边际生产力。在劳动要素充分流动的前提下,一国可贸易商品相对于非贸易商品的生产率提高,用于生产两类商品的劳动工资提高,最终商品的价格提高,该国的总物价水平上升。因此,经济快速增长的国家实际汇率升值。根据杨长江(2002)的研究,巴萨效应的核心可表示为:

$$\frac{PP_1^2}{E_1^2} = F(y_2^1) \qquad (2-7)$$

其中,PP_1^2 表示以 A 国为基准的购买力平价汇率水平,E_1^2 表示以 A 国为基准的名义汇率水平,y_2^1 表示 A 国人均 GDP 与 B 国人均 GDP 之间的比值,即两国劳动生产率水平之比。式(2-7)说明各国在购买力平价条件下,汇率水平与实际汇率之间的偏差,与各国生产率水平差异之间存在线性关系。

(2)NOEM 理论

传统的汇率决定理论虽然可以从宏观经济层面对一国汇率制度选择

予以指导，但是宏观经济指标的变动会影响微观经济个体的决策，从而改变经济系统的结构参数。因此，缺乏微观基础的汇率理论模型会招致"卢卡斯批判"。为了弥补蒙代尔-弗莱明模型的缺陷，1995年Obstfeld和Rogoff（1995，2002）开创性地提出了NOEM的理论框架，将宏观经济学和微观经济学结合，并采用经常项目跨期均衡分析方法对微观层面进行分析。

（二）汇率制度选择理论

汇率制度选择理论始于固定汇率制度和浮动汇率制度之争的"两极论"。由历史经验来看，国际汇率制度存在从固定到浮动的演进过程，但是由于固定汇率制度和浮动汇率制度各有利弊，国际汇率制度存在市场化演进趋势的同时，也存在对固定汇率制度和浮动汇率制度的取舍。而国际汇率制度由角点解向中间解过渡的过程，打破了汇率制度选择理论中"两极论"和"中间汇率制度消失论"的观点。1997年亚洲金融危机爆发使学界重新审视钉住（固定）汇率制度的脆弱性，进而提出了货币危机理论。说明汇率制度选择理论的演进趋势，即国际汇率制度从最初的固定汇率制度或浮动汇率制度的角点解向相对浮动的中间汇率制度演化的过程。最优货币区理论则揭示了经济基本面的汇率选择因素。

1. "两极论"与"中间汇率制度消失论"

Eichengreen（1994）、Obstfled和Rogoff（1995）提出了汇率制度"两极论"，两种极端汇率制度为"货币联盟"和"独立浮动"，二者之间的其他汇率安排被称为"中间汇率制度"。亚洲金融危机前后，汇率制度选择呈现"两极论"和"中间汇率制度消失论"，即角点解与中间解之争（Fischer，2001）。"两极论"和"中间汇率制度消失论"认为，一国的汇率制度必将走向浮动汇率制度或者固定汇率制度，软钉住的汇率制度不可持续。当货币危机发生，中间汇率制度因为缺乏市场透明度和政策公信力而导致市场失衡，考虑到资本的全球流动，那些采用可调整的钉住汇率制度的国家的选择范围将越来越有限（高海红，2015）。

19世纪50年代，以Kindleberger为代表的一批学者推崇固定汇率制度。他们认为，固定汇率制度通过稳定汇率水平，为国际金融、贸易活动提供稳定的价格水平环境，以此规避汇率风险。而在浮动汇率制度下，汇率风险不利于国际贸易和投资环境的稳定。但是，汇率作为宏观经济调配的重要手段，需要适度的弹性空间。在固定汇率制度下无法采用汇率政策手段进行宏观经济调配，只能通过财政政策和货币政策达到内外均衡，政策目标可能发生冲突。而浮动汇率制度对于投机有稳定作用，在此基础上，部分经济学家指出，固定汇率制度下投机具有"单向赌博"特性。而与"两极论"和"中间汇率制度消失论"相悖的观点认为，汇率制度选择是可以存在中间解的。

2. 货币危机理论

Krugman 提出了第一代货币危机理论，主要思想是一国汇率政策和货币危机的发生与应对方式有关。实行固定汇率制度的国家会因在政府干预的过程中外汇储备耗尽、经济基本面恶化而导致固定汇率制度的崩溃，最终引发货币危机（Krugman，1979；Flood and Garber，1984）。Obsfeld（1996）、Allan 和 Masson（1994）等建立的第二代货币危机理论认为，贬值预期会改变政府对于捍卫钉住（固定）汇率制度的成本与收益的权衡，会导致政府的外汇储备枯竭而放弃捍卫固定汇率制度，最终导致货币危机的发生。根据货币危机理论，采取固定汇率制度的国家更容易发生货币危机。

Krugman 认为，1997 年东南亚货币危机爆发和传播的广度、深度与以往的货币危机相比均有显著的区别，对于彼此联系很少的经济体都造成影响，多重均衡是存在的。Krugman 进而提出了第三代货币危机理论，认为以往的货币危机理论强调投资行为而非实际经济体系在货币危机传染中的作用，本币贬值、高利率以及销售的下降恶化了企业的资产负债表，削弱了企业财务状况，最终导致货币危机的广泛传播。因此，第三代货币危机理论强调由于货币实际贬值或者经济衰退所带来的经常账户逆转和资本流动逆转的问题，紧急的资本管制政策是货币危机发生时的重要应对手段，金融体系的脆弱性和亲缘政治是货币危机发生的根源。

3. 最优货币区理论

Mundell（1961）提出了"最优货币区"（the theory of optimum currency area，OCA）理论，认为应该结合经济体的经济特征进行汇率制度选择。最优货币区是指采用单一货币，或者制定几种货币之间汇率固定、对外统一浮动的区域。成员国间应具有要素流动性和相似的宏观经济周期，甚至相似的贸易结构等。成员国之间的趋同程度越高，从货币合作中取得的收益越高。Mckinnon（1963）、Kenen（1969）、Heller（1978）在最优货币区理论的基础上提出了汇率制度选择的几个主要因素：经济规模、经济开放度、国际金融一体化程度、通货膨胀率、贸易格局等，对最优货币区理论进行了扩展。

二 三元悖论与汇率市场化

（一）传统的三元悖论及其角点解

20 世纪 60 年代，Mundell 和 Flemins 提出了开放经济条件下的蒙代尔-弗莱明模型（mundell-fleming model，M-F 模型）（Mundell，1963）。

假设跨境资本自由流动，资产完全替代，国内利率 r 等于世界利率 r_w，即：

$$r = r_w \tag{2-8}$$

开放经济条件下，产品市场均衡的 IS 曲线可表示为：

$$y = c(y) + i(r_w) + g + nx(e, y) \tag{2-9}$$

其中，y 为国民收入，c 为消费，i 为投资，g 为政府购买，nx 为净出口，e 为直接标价法下的汇率。投资取决于利率，净出口取决于国民收入和汇率。假设货币非中性，实际货币需求取决于国民收入和利率，假定短期内价格黏性，货币市场均衡的 LM 曲线可以表示为：

$$\frac{M_s}{P_0} = L(r_w, y) \tag{2-10}$$

其中，M_s 为货币供给，P_0 为不变的物价水平，L 表示实际货币需求。

M-F 模型中各曲线的交点表示产品、货币、资本和外汇市场都均衡时的汇率与收入水平，从中可以得出资本流动下汇率制度选择对一国货币政策调节宏观经济有效性的影响。

在浮动汇率制度下，外汇储备增加导致国内信贷扩张时，利率面临下行压力。资本外流导致国际收支逆差，汇率贬值，国际收支重新平衡，利率不变。由于货币非中性，汇率贬值刺激净出口增加，从而使收入随货币供应量增加，最终达到新的均衡。

在固定汇率制度下，当同样面临外汇储备增加导致国内信贷扩张时，利率面临下行压力，资本流出，汇率面临贬值压力。央行此时将采取外汇市场干预措施，卖出外汇，买入本币，以维持汇率水平，央行使用货币政策刺激产出的有效性被抵消。

此后 Krugman 和 Frankel 基于 M-F 模型，在《萧条经济学的回归》中提出了三元悖论（mundellian trilemma），又被称为"不可能三角"理论（impossible trinity），即小型开放经济体在货币政策独立性、汇率稳定性和资本自由流动中，只能同时实现两者。其中资本自由流动是指在利率平价条件下，国内外利差变动引起短期金融资本流动。在浮动汇率制度下，汇率水平由市场决定。

根据图 2-1 可以得出三元悖论的角点解。

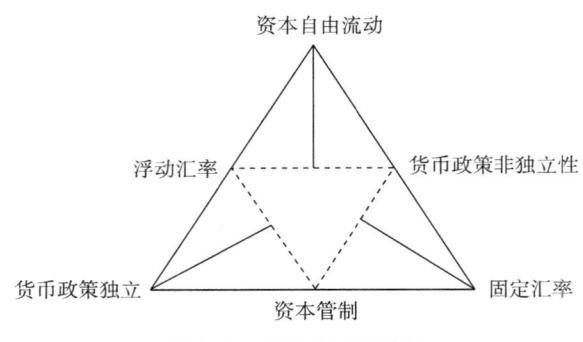

图 2-1　传统的三元悖论

1. 右边解

当一国实行固定汇率制度和资本自由流动政策时，很难维持独立的货币政策。如果国内利率低于外国利率，央行实行扩张的货币政策，国内资本流出，当非抛补利率平价成立，跨境套利会使本国利率与世界利率水平持平，国内货币政策独立性丧失。因此，宏观经济体需要放弃独立的货币政策加以化解。

2. 左边解

当一国资本自由流动同时维持货币政策独立时，汇率难以保持稳定，因为资本自由跨境流动会带来汇率的波动，央行维持汇率稳定的成本和风险骤然上升。一旦外汇储备不足，经济基本面低迷，极易遭遇国际游资的冲击，引发货币危机。因此，如果要维持汇率稳定，需要实施浮动汇率来化解。

3. 底边解

当一国实施固定汇率制同时维持独立的货币政策时，资本流动很难放开。一旦资本跨境流动放开，会改变外汇市场的供求力量，进而引起汇率波动，固定汇率制度便难以为继。因此，需要资本管制来加以维持。同时，实行资本管制，央行采取扩张的货币政策，国内利率下降。由于实行资本管制，不会引起出口下降，因此，减少国内经济过热不会引起出口下降，国内货币政策独立性有效。

（二）三元悖论中间化

三元悖论中间化是指三元悖论存在角点解以外的"中间地带"（middle ground）（Aizenman and Ito，2012）。货币当局通过采取外汇市场干预和国内冲销干预措施，使本国实现货币政策相对独立、资本部分开放和有管理的浮动汇率制度。大部分新兴市场和发展中国家由于缺乏完善的金融市场，无法提供汇率风险对冲工具，"浮动恐惧"现象存在，无法立刻采用浮动汇率制度，在频繁使用外汇储备干预汇率时，影响国内基础货币供给，货币政策独立性难以保证，而大型发展中经济体需要使用独立有效的货币政策调控本国经济。大部分新兴市场和发展中国家具备丰厚的外汇储备基础，在干预外汇市场、维持汇率稳定性的同时，使用法定存款准备金、政府在央行存款、央行票据等措施调控流动性供给，兼顾部分货币政策独立性。因此，三元悖论中间化下的中间汇率制度成为多数发展中国家的现实选择。

第二节 相关文献综述

一 三元悖论与汇率制度选择的研究文献综述

本书采用 Citespace 对三元悖论研究领域的文献进行可视化分析。其中，中文文献来自中国知网（CNKI）的 SCI 来源期刊、核心期刊和 CSSCI 来源期刊三大数据库，外文文献来自 Web of Science "核心合集"数据库。所有文献选取时段截至 2021 年。

中文文献所采用的文献检索方法依次为："主题＝三元悖论"，文献总计输出 114 篇；"主题＝不可能三角"，文献总计输出 78 篇。外文文献按照"Economics or Business Finance or Business"和"核心合集"的精练依据调整搜索范围，所采用的文献检索方法依次为："TS＝Trilemma"，文献总计输出 208 篇；"TS＝Impossible Trinity"，文献总计输出 39 篇。剔除重复文献和非本研究相关文献，[①] 得到中文文献 162 篇，外文文献 195

[①] 非本书研究相关文献是指"三元悖论"和"不可能三角"还广泛应用于经济学其他领域，如政治经济学的三元悖论，所指含义完全不同，并非本书要研究的内容，因此予以剔除。

篇。时间切片选择1年,阈值选择10,对关键词进行分析。

表2-1列出了三元悖论中文文献的高频关键词。可以看到,除了三元悖论的三项政策,外汇储备出现频次较高,中介中心性达到0.05,说明在三元悖论研究中,外汇储备具有重要的研究地位。二元悖论作为三元悖论的重要争议,金融稳定和金融安全是一国三元悖论政策选择的重要目标,也是出现频次较高的关键词。

表2-1　　　　三元悖论中文文献高频关键词

序号	关键词	年份	频次(次)	中心性	序号	关键词	年份	频次(次)	中心性
1	三元悖论	2000	90	0.72	10	汇率政策	2004	5	0.01
2	货币政策	2002	26	0.03	11	资本管制	2009	4	0.01
3	汇率制度	2001	22	0.08	12	政策组合	2000	3	0.03
4	外汇储备	2003	13	0.05	13	政策取向	2000	3	0.03
5	二元悖论	2015	10	0	14	汇率波动	2000	3	0.02
6	资本流动	2003	8	0	15	金融开放	2009	3	0.03
7	人民币	2004	6	0.08	16	金融改革	2015	2	0.03
8	金融稳定	2013	6	0.04	17	钉住美元	2003	2	0.02
9	金融安全	2009	5	0.03	18	一般均衡	2015	2	0.01

资料来源:根据中国知网文献数据,使用Citespace整理得到。

表2-2列出了三元悖论外文文献中频次最高的20个关键词。可以看出,除三元悖论的三项政策外,传递(transmission)、冲击(shock)、增长(growth)和外汇储备(international reserve)等也是出现频次较高的关键词。

表2-2　　　　三元悖论外文文献高频关键词

序号	关键词	年份	频次(次)	中心性	序号	关键词	年份	频次(次)	中心性
1	trilemma	2008	55	0.14	6	policy	2010	18	0.15
2	exchange rate	2009	42	0.34	7	flow	2013	14	0.08
3	monetary policy	2008	26	0.16	8	rate	2012	12	0.1
4	capital control	2008	22	0.24	9	shock	2008	12	0.08
5	transmission	2013	19	0.1	10	history	2008	11	0.03

续表

序号	关键词	年份	频次（次）	中心性	序号	关键词	年份	频次（次）	中心性
11	model	2010	10	0.11	16	international reserve	2012	9	0.05
12	growth	2013	10	0.06	17	crise	2010	9	0.03
13	capital mobility	2011	10	0.03	18	crisis	2010	8	0.1
14	market	2011	9	0.13	19	impact	2017	8	0.02
15	exchange rate regime	2010	9	0.06	20	monetary	2010	7	0.05

资料来源：根据 Web of Science 文献数据，使用 Citespace 整理得到。

图 2-2 是三元悖论中文文献关键词聚类分析图，过滤掉关键词少于 10 个的聚类后，共得到 8 个聚类。可以看到，在"克鲁格曼"聚类中，三元悖论和外汇储备是最突出的关键词。对三元悖论中文文献关键词的聚类时序进行分析，其中在"资本开放"的聚类中，汇率方面的研究从汇率稳定向浮动汇率转变，而在"克鲁格曼"相关研究的基础上，从最开始的"一篮子货币"、钉住美元的汇率制度以及使用外汇储备干预汇率稳定，到汇率弹性、汇率改革的相关研究，再到外汇管制的最佳策略，对应了中国由事实钉住美元的汇率制度逐渐放开汇率弹性区间，减少外汇市场干预，逐渐过渡到使用人民币汇率"逆周期因子"等短期外汇市场干预工具的汇率政策。金融开放和金融稳定两个聚类，体现了在人民币汇率制度市场化改革进程中，金融开放是中国重要的政策选择，金融稳定是三元悖论下政策选择的重要目标。

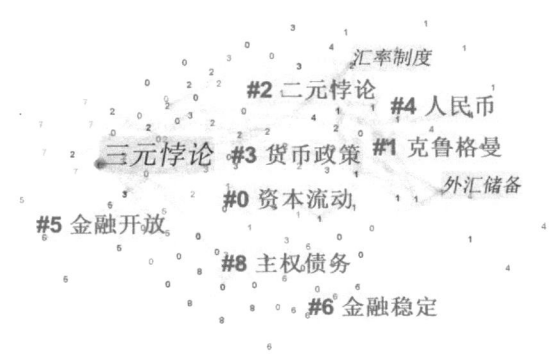

图 2-2 三元悖论中文文献关键词聚类分析

资料来源：根据中国知网文献数据，使用 Citespace 整理得到。

图2-3是三元悖论外文文献关键词聚类分析，其中，"平衡"（balance）聚类对应各国三元悖论选择最早关注的政策目标，并且在该聚类下，"危机"（crisis）、"冲击"（shock）等词也被重点提及。"金本位"（gold standard）下的三元悖论实现机制也是学界关注的重点。

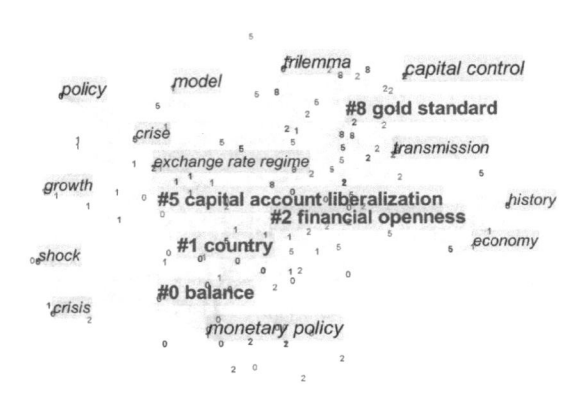

图2-3　三元悖论外文文献关键词聚类分析

资料来源：根据 Web of Science 文献数据，使用 Citespace 整理得到。

根据 Citespace 分析结果，在三元悖论中文文献中，二元悖论于2000年出现，于2018年成为热点问题，持续至本书分析的时间节点2021年，依然是热点。如图2-4所示，二元悖论的成因及其现实依据是学界近些年研究的重点，也是三元悖论是否成立的主要争议观点。

Top 1 Keywords with the Strongest Citation Bursts

Keywords	Year	Strength	Begin	End	2000—2021
二元悖论	2000	3.33	2018	2021	▬▬▬▬▬▬▬▬▬▬▬▬▬▬▬▬▬▬

图2-4　三元悖论中文文献关键词突变图谱

资料来源：根据中国知网文献数据，使用 Citespace 整理得到。

图2-5列出了三元悖论外文文献的前16位共被引突变情况。Aizenman 等（2010）研究了发展中国家的三元悖论政策选择的宏观经济效应，指出更多的货币政策独立性可以导致更小的产出波动，更多的汇率稳定

性会导致更大的产出波动，但是通过使用外汇储备可以对这些情况加以缓解，金融发展也是三元悖论政策选择的宏观经济绩效的影响因素。Obstfeld 等（2010）指出，金融开放和汇率政策选择是一国持有外汇储备的重要原因。以上观点代表的是 2013—2015 年三元悖论研究领域的热点，学界在此前后发现了在三元悖论政策选择中，外汇储备具有重要作用，有助于减小产出波动和提高金融稳定。此后学界对于三元悖论中间化下三项政策之间的关系进行研究，并于 2015—2018 年形成研究热点。Aizenman 等（2013）提出三元悖论三项政策之间存在线性关系，即三项政策之间存在"此消彼长"的权衡。此外，Forbes 等（2012）对全球因素下的资本流动的驱动因素进行分类分析。但在 2018 年前后，随着全球金融一体化进程的不断推进，学界打破传统三元悖论的观点，开始广泛注意到二元悖论的重要意义。Rey（2016）、Han 和 Wei（2016）等都对此进行了阐释和实证分析。本书在文献综述中列举和提炼其他文献的相关观点，研究当前三元悖论对于汇率制度选择是否仍具有指导意义、三元悖论中间化的影响因素以及已有文献中关于三元悖论或二元悖论成立的特征事实依据和实证方法。

Top 16 References with the Strongest Citation Bursts

References	Year	Strength	Begin	End	2008—2021
Obstfeld M,2005,REV ECON STAT,V87,P423,DOI 10.1162/0034653054638300, DOI	2005	4.31	2009	2010	
Chinn M,2008,J COMP POLICY ANAL,V10,P309		3.95	2010	2013	
Aizenman J,2010,J INT MONEY FINANC,V29,P615,DOI 10.1016/j.jimonfin.2010.01.005, DOI	2010	7.97	2011	2015	
Aizenman J,2009,REV INT ECON,V17,P777,DOI 10.1111/j.1467-9396.2009.00848.x, DOI	2009	2.93	2011	2014	
Aizenman J,2011,J JPN INT ECON,V25,P290,DOI 10.1016/j.jjie.2011.06.003, DOI	2011	4.79	2012	2016	
Obstfeld M,2010,AM ECON J-MACROECON,V2,P57,DOI 10.1257/mac.2.2.57, DOI	2010	5.19	2013	2015	
Aizenman J,2013,REV INT ECON, V21, P447,DOI 10.1111/roie.12047, DOI	2013	3.32	2014	2018	
Forbes KJ, 2012, J INT ECON,V88,P235,DOI 10.1016/j.jinteco.2012.03.006, DOI	2012	2.86	2016	2017	
Klein MW,2015, AM ECON J-MACROECON,V7,P33,DOI 10.1257/mac.20130237, DOI	2015	5.58	2017	2021	
Farhi E, 2014, IMF ECON REV,V62,P569,DOI 10.1057/imfer.2014.25, DOI	2014	3.01	2017	2019	
Rey H,2015,21162 NBER,V0,P0	2015	2.99	2017	2021	
Bruno V,2015,J MONETARY ECON,V71,P119,DOI 10.1016/j.jmoneco.2014.11.011, DOI	2015	4.06	2018	2021	
Aizenman J, 2016,J INT MONEY FINANC, V68,P298,DOI 10.1016/j.jimonfin.2016.02.008, DOI	2016	3.43	2018	2021	
Bruno V, 2015, REV ECON STUD,V82,P535,DOI 10.1093/restud/rdu042, DOI	2015	3.04	2018	2021	
Han XH, 2018, J INT ECON,V110,P205,DOI 10.1016/j.jinteco.2017.11.005, DOI	2018	4.07	2019	2021	
Rey H,2016,IMF ECON REV,V64,P6,DOI 10.1057/imfer.2016.4, DOI	2016	3.89	2019	2021	

图 2-5　三元悖论外文文献共被引突变图谱

资料来源：根据 Web of Science 文献数据，使用 Citespace 整理得到。

（一）传统三元悖论与汇率制度选择

大量的实证研究认为，三元悖论仍然成立。对三元悖论下汇率制度选择的研究，既包含在不同资本开放状态下汇率制度选择对货币政策独立性的影响，也包含三元悖论下汇率制度选择的宏观经济效应，具体可分为三类。

第一类研究了不同资本管制和汇率制度组合对于货币政策独立性的影响。Amr 等（2015）运用时变参数模型，分析了金本位制、布雷顿森林体系、后布雷顿森林体系下，实行不同汇率制度和资本管制的发达国家和发展中国家的货币政策独立性，发现采用钉住汇率制度和不进行资本管制的国家的货币政策独立性最低，放弃一个或两个目标会提高货币独立性。You 等（2014）基于 GMM 模型，研究了 88 个国家的汇率制度选择和资本开放程度对货币政策独立性的影响，发现当选择相同的汇率政策时，增强资本管制可以有效提高货币政策独立性。王珊珊和黄梅波（2014）认为，从长短期看，货币政策独立性受到资本开放和汇率稳定性的影响是不同的。从长期看，汇率制度弹性越大，资本账户开放程度越低，货币政策独立性越高；从短期看，汇率制度对货币政策独立性影响不显著，而资本账户开放的影响是显著的，且资本账户开放程度越高，货币政策越独立。Klein 和 Shambaugh（2015）研究了部分资本管制和有限的汇率灵活性是否允许更多货币政策具有独立性，发现除非实行相当严格的资本管制，否则部分资本管制通常不会比开放资本账户下获得更多的货币政策独立性，但适度的汇率灵活性会释放一定的货币政策独立性，特别是在新兴市场和发展中国家。

第二类研究控制了资本开放水平，考察了一国在固定汇率制度、中间汇率制度和浮动汇率制度下的货币政策独立性。Liu（2009）通过实证研究发现，在相同的资本账户开放水平下，选择固定汇率制度的本国利率变动受到外国利率变动的影响最大，中间汇率制度次之，浮动汇率制度最小。Obstfeld 等（2004）对 130 年的汇率和货币政策独立性权衡进行了分析，证实了三元悖论的存在。Shambaugh（2004）研究发现，非钉住汇率时期的利率要比钉住时期波动性高，并证实了害怕浮动论的存在。实行通货膨胀目标制也可能降低汇率政策的有效性，相对于实行非钉住汇率制度的国家，实行钉住汇率制度的国家的利率政策随基准国变动得要更多些。

第三类研究分析了在三元悖论下，经济体面临经济危机或外部冲击时，汇率制度选择对于经济发展和金融稳定的福利损失。Farhi 和 Werning（2014）基于新凯恩斯理论进行分析，认为资本管制和灵活的汇率制度可以起到阻止资本流动突然停止的作用。在经济危机中，灵活的汇率制度比资本管制更加重要，汇率贬值能有效缓解资本流动突然停止；在灵活的汇率制度下，资本管制有助于实现宏观经济稳定和贸易管理的双重目标；但不同于三元悖论的是，Farhi 认为即便在浮动汇率制度下，适当的资本管制仍有必要，对于资本流入和流出，分别逆向干预可以平滑跨境资本流动。Edwards 和 Rigobon（2009）根据智利数据，研究了资本管制是否影响汇率水平和稳定性，发现收紧资本流入管制，则汇率贬值；增加汇率波动性则会使汇率对外部冲击的敏感性降低。Céspedes 等（2004）加入金融加速器效应进行分析，认为实行浮动汇率制度能够更好地抵御外部经济冲击，促进宏观经济稳定。Hamada 和 Takeda（2001）以汇率高估程度、国家风险变动、危机经历时长和严重性为标准，比较了东亚经济体在复苏时期调整汇率制度的成本，认为有管理的浮动汇率制度和资本管制的政策组合对宏观经济表现有益，并且超过资本管制所带来的损失。

（二）三元悖论中间化与汇率制度选择

国际货币体系进入牙买加体系以来，发展中国家的三元悖论中间化趋势明显，即同时兼顾三项政策，实行资本部分流动、货币政策相对独立和中间汇率制度的政策组合。崔瀚中（2021）通过建立汇率制度的马尔科夫链模型，考察了基于 IMF 事实汇率制度分类方法和 RR 汇率制度分类方法，国际汇率制度的整体演进趋势，认为中间汇率制度会得到更多经济体的青睐，国际汇率制度体系呈现多元化格局。近年来，越来越多的发展中国家采用中间汇率制度，与"中间汇率制度消失论"的观点相悖。在中间汇率制度下，发展中国家使用外汇储备维持汇率稳定的同时，使用央行票据、存款准备金率等措施进行冲销干预，实现了三元悖论中间化发展，部分兼顾了三元悖论的三项政策。

易纲和汤弦（2001）在国内最早提出三元悖论非角点解的连续函数表达，并指出中间汇率制度的脆弱性。在此基础上，李成和李勇（2009）建立了央行的目标损失函数，认为在资本流动下，一国汇率政策和货币政策搭配的最优点处于三元悖论的中间地带，即三元悖论中间化可以使央行面临的政策目标损失最小。之后的大量研究通过构建央行政策损失函数模型，分析了两极汇率制度和中间汇率制度选择的优劣。

Aizenman（2011）在国外最早提出三元悖论中间化，指出在新兴市场和发展中国家持有大规模外汇储备后，可以放松三元悖论的政策选择限制，使三元悖论政策选择出现非角点解的"中间地带"。学界认为，三元悖论中间化演化可体现为三边之间不再局限于线性关系，即演化为非线性关系。Aizenman等（2013）提出了三元悖论三边的线性关系表达式，指出三个变量的加权和是一个常数，一个变量的增加对应着另外两个变量加权和的减少。张小波（2017）、邹新月和扈震（2015）指出，三元悖论三边之间存在非线性关系，各边之间的边际替代率不恒等于1，总效用之和不恒等于2，并加入了外汇储备的影响，基于三项政策的时变特征分别构建非线性的表达形式。三元悖论中间化选择也可以理解为一国货币国际化路径的过渡选择。曹远征等（2018）认为，人民币国际化路径选择是三元悖论非角点解的现实案例，也是向角点解过渡的过程。由此可见，三元悖论中间化可能存在不稳定性，最终是否滑向角点解，学界尚有争议。

外汇储备对于三元悖论中间化的实现具有重要意义，对于维持中间汇率制度具有重要作用。Aizenman等（2013）指出，在积累了高水平外汇储备的情况下，新兴市场和发展中国家的三元悖论政策选择呈现中间化发展，并不符合"中间汇率制度消失论"；而工业国家的三元悖论未呈现中间化发展，选择高度的汇率稳定、金融开放与较低的货币政策独立性，如欧元区。在新兴市场和发展中国家，大规模外汇储备积累有助于三元悖论向中间化收敛，并且使三元悖论面临的政策权衡减小（Law，2018；Yasin等，2014）。在2008年国际金融危机之后，新兴市场和发展中国家通过积累大规模外汇储备，维持了三元悖论的中间化演化，使产出波动更加稳定（Aizenman and Ito，2012）。Aizenman和Pinto（2013）指出，新兴市场和发展中国家积累大量的外汇储备，作为一种保险措施，主要是为了应对贸易的不确定性和资本流动的突然停止。但是，外汇储备规模并非越大越好。外汇储备增长形成通货膨胀压力，需要央行进行冲销干预（Aizenman and Glick，2009）。Aizenman和Sengupta（2013）以中国和印度为例，发现持有大规模的外汇储备后，外汇储备与三元悖论的政策选择是影响通货膨胀水平的重要原因。在中国，大量外汇储备有效维持了汇率稳定，但是货币政策独立性受到影响，需要央行进行冲销干预和外汇市场干预。Wu（2015）通过建模中国的货币政策和汇率政策，指出冲销干预对基础货币具有规模效应和汇率效应。规模效应是指基础货币调整后，国内资产净额部分抵消变动部分，冲销非金融资产变动；汇率效应是指依靠冲销干预的人民币升值导致外国资产损失。在三元悖论中间化发展下，各国在三元悖论三项政策选择中存在"钟摆效应"。在持有外汇储备下，各国会根据经济发展、金融深化程度以及政策需要，灵活调整三元悖论的政策选择。

三元悖论中间化有利于宏观经济和金融发展的稳定，金融稳定是新兴市场和发展中国家的三元悖论政策选择目标。Chow（2014）使用ARDL模型，检验了在长短期内，国际金融危机前后美国对亚洲国家利率的影响，发现三元悖论在亚洲国家存在，尤其是资本账户高度开放的国家。三元悖论呈现中间化的国家，如实行较灵活的汇率制度和资本流动管理，在国际金融危机期间受到美国利率的影响较小。但是也有研究认为，三元悖论政策目标的实现也受到其他因素的影响。Devereux 和 Yetman（2013）指出，即使在资本账户开放和浮动汇率制度下，流动性陷阱也可能使一国的货币政策独立性受到影响；同时，他们研究了在资本管制下全球流动性陷阱中的最优货币政策。在国家实现经济政策调控目标的过程中，财政政策主权的实现也会影响货币政策独立性。Beck 和 Prinz（2012）认为欧元区各国在财政政策主权缺失的情况下，如果同时面临财政政策无救援政策，会失去货币政策独立性。

"原罪论"（original sin）也是三元悖论政策目标实现的重要影响因素。如果存在货币替代，浮动汇率也不能保证货币政策独立性。在长短期内，国内国外变量共同决定利率。在分析脉冲响应时，美元化国家的国内利率只受美国因素，即美国利率和美国货币供给影响。实行硬钉住汇率制度国家的利率水平主要受美国变量的影响，但并不完全受美国变量的影响（Duburcq，2010）。基于原罪论，本币可自由兑换的国家遭受的三元悖论政策选择限制少些，而南美洲外围国家面临的三元悖论抉择要比中心国家难得多。以美元为例，在2008年国际金融危机中，美元贬值，投资者通过购买美元来实现购债避险，直至美元升值。但拉美其他国家只能依靠减少资本流动来保持部分货币政策的独立性（Camara-Neto and Vernengo，2009）。依据原罪论，较贫穷的国家无法以本币发行外债，大量的外币债务需要更多的外汇储备，以防止资本流动突然停止。国内财政负债规模可以转为外币，金融开放、从债务市场获得外币的能力和汇率政策都可以成为积累外汇储备的预示（Obstfeld, et al., 2010）。

(三) 全球金融一体化与汇率制度选择

随着全球金融一体化的深化,学界由最关心全球失衡下各国汇率制度的选择转向更加关注全球金融周期因素下跨境资本流动对于各国汇率制度选择的影响。当前,各国更多地把资本自由流动作为三元悖论政策选择的"主元",在货币政策独立性和汇率稳定性间进行取舍(王大卫和叶蜀君,2021)。这也是国际汇率制度趋向浮动的重要原因。

二元悖论的提出否认了三元悖论,认为随着全球金融一体化的推进,一国无论选择哪种汇率制度,都不能调节全球资本流动对于本国货币政策独立性的影响(Rey,2015)。通过在蒙代尔-弗莱明模型的基础上引入全球避险情绪指标VIX①,指出在金融制度不完善的国家,高全球避险情绪会使资本开放下的货币政策失效,而与本国的汇率制度选择无关。在Rey(2015)的基础上,其他研究证明了全球避险情绪和全球金融周期使二元悖论成立的具体原因。具体来讲,全球金融周期下资本流动直接影响货币政策独立性的途径为:金融渠道的传导速度快于实体经济渠道,导致外围国经济周期与金融周期背离,外围国想要稳定经济就不得不与美国保持同向的利率变化,因此,外围国会失去货币政策独立性。此外,外围国金融市场的发展程度越低,货币政策越容易在全球金融周期下受到中心国家货币政策的影响,货币政策独立性越低(张礼卿和钟茜,2020)。魏英辉和张军令(2018)研究了20个新兴市场和发展中国家的汇率制度选择对于货币政策独立性的影响,研究结果证实了Rey(2015)的结论。Ligonnierea(2018)使用三元悖论政策组合变量,加入了VIX指数,研究了货币政策独立性的影响因素,结果发现,全球金融周期放大了金融开放对货币政策独立性的影响,减弱了浮动汇率制度的调节作用,还发现较高的风险规避程度可能减弱三元悖论中三项政策此消彼长的效果,导致货币政策独立性降低。Rey(2016)使用VAR识别了美国货币政策冲击,研究了美国货币政策冲击对美国经济和全球因素的影响以及美国货币政策冲击对实行浮动汇率制度、资本开放的国家的影响。研究发现,全球金融周期是三元悖论的挑战,美国货币政策冲击在国家间传递,影响金融环境。即使实行通货膨胀目标制,具有大型金融市场的经

---

① VIX(CBOT Volatility Index,芝加哥期权交易所市场波动率指数)是衡量标准普尔500指数期权隐含波动性的指标,在相关研究中用以衡量市场不确定性和风险规避度。

济体也会受到影响。马勇和陈雨露（2014）基于开放经济下的新凯恩斯宏观经济模型，构建了研究经济开放度与货币政策有效性关系的微观基础。研究表明，随着中国经济开放度的提升，货币政策有效性下降，具体表现为利率调控对产出和价格的影响明显下降。

也有研究观点认为，在全球金融一体化进程的不断推进下，三元悖论与二元悖论在实践中是否成立不是一成不变的。伍戈和陆简（2016）认为，如果不考虑全球金融一体化因素（避险情绪）或避险情绪较弱（低于临界值），三元悖论总体依然成立。陆简（2017）发现，全球避险情绪越高，投资者对资本市场未来风险上升的预期越高，投资行为越趋于保守。采用固定效应模型验证了全球性避险情绪会对货币乘数产生负向影响，使宏观经济呈现出随着国际金融周期变化的二元悖论特征。虽然浮动汇率制度不能完全阻断这种影响，三元悖论依旧存在。陆简（2017）相应地提出为全球性避险情绪建立量化指标并将其纳入货币政策分析框架的政策建议。陈雷等（2021）认为，浮动汇率制度对于跨境资本流动波动率的缓冲作用有赖于全球风险水平，即在过高的全球风险水平下，浮动汇率制度对于跨境资本流动的缓冲作用减弱，是介于三元悖论与二元悖论之间的中间状态。因此，在全球风险水平较高的情况下，中国不宜过快推进人民币汇率制度市场化改革。

但即使在二元悖论成立的情况下，汇率制度选择仍然对货币政策独立性产生间接影响。范小云等（2015）证实了中国汇率制度选择对货币政策独立性存在门槛效应，因此，对于货币政策独立性而言，存在最优汇率制度。

综上所述，虽然相关研究更多地认为三元悖论仍然可信，但是也在不断挖掘二元悖论实现的原因，其中，不同类型的资本流动对于汇率制度选择的影响有所区别，浮动汇率制度对于总资本流动和净资本流动的调节效果也不尽相同。具体来讲，部分研究把资本流动按照流动性划分，也有部分研究把资本流动按照总资本流动和净资本流动进行划分。刘粮和陈雷（2018）基于149个国家的数据进行研究，发现浮动汇率制度能够吸收外部收益因素对净资本流动的冲击及外部风险因素对总资本流动的冲击，而由于其对外部风险冲击的缓冲效果较小，跨境总资本流动呈现出二元悖论假象。肖潇等（2017）以162个国家为样本，发现组合投资资本、短期资本和权益资本流动程度高的经济体倾向于选择更有弹性的汇率制度，而其余四类资本（FDI、其他资本、长期资本和债务资本）的流动则对汇率制度选择没有显著影响，即只有灵活性高的资本流动对汇率制度选择的影响符合三元悖论，而其他类型的资本流动对汇率制度选择的影响大多是中性的。相关研究也会按照资本的流入流出分别对人民币汇率的影响进行分析。朱孟楠和闫帅（2016）发现，相对于资本流入而言，资本流出冲击对人民币汇率的影响更为显著，再按照资本类型进行细分，发现证券投资资本流动对人民币汇率的影响最为强烈。

（四）利率和汇率的联动机制研究

传统研究认为，利率和汇率之间存在联动机制，也相应证实了利率平价理论。Macdonald 和 Nagayasu（1995）对 14 个工业国家的面板数据进行分析，结果认为，利率和汇率之间存在长期协整关系。何慧刚（2008）认为，中国利率和汇率在央行长期的管制下，阻断了利率和汇率之间的联动机制，指出今后要进一步推进中国利率和汇率的市场化改革。潘锡泉（2013）认为，利率和汇率之间的联动机制，是对通过利率（或汇率）的变动影响经常项目变动、资本项目变动和本外币资产转换的中介传导作用机制所引起的一系列效应进行传递。具体来讲，郝中中（2015）指出，国际资本流动净额是汇率和利率的联动机制的中介，利率对汇率的作用机制在经常项目渠道主要通过影响进出口货物的数量和品种影响汇率，而汇率对利率的影响机制主要是通过影响外汇储备量进而影响利率。从实证结果来看，中国利率和汇率政策联动性不足，因此，减少短期资本流动规模会更加有利于中国利率和汇率政策联动性的建议。金中夏和洪浩（2015）通过构建动态一般随机均衡模型（DSGE），指出均衡利率和均衡汇率之间存在内在影响关系，并在开放经济条件下，本国汇率均衡不仅与本国利率均衡情况有关，还与外国利率的均衡情况有关。

中心国家的利率变动会通过本国的利率和汇率联动机制影响汇率，进而引发外围国家货币政策的联动。陈雷和范小云（2017）基于微观金融主体行为视角，形成了对汇率波动现象的理论解释，提出"货币政策的汇率传染渠道"，即美联储的货币政策影响套息交易者的行为，导致汇率波动，从而引发其他国家货币政策的变动。

（五）汇率制度选择的宏观经济效应

部分实证研究分析了汇率制度选择的宏观经济效应，其中不乏对三元悖论的肯定，也对三元悖论政策搭配选择提供了参考。实行通货膨胀目标制对宏观经济运行的稳定作用并不明确。Kaltenbrunner 和 Painceira（2017）基于新兴市场和发展中国家数据，发现通货膨胀目标制可能使汇率政策仅成为货币政策工具，因为通货膨胀目标制在利率变化方面创造了高度的可预测性；随着各国为追求通货膨胀目标"逆风而行"，通货膨胀目标制可能导致结构性高利率和顺周期利率，认为新兴市场和发展中国家应该管理汇率的过度波动，配合资本账户管制，减少国际资本流动不稳定性的影响。De Mendonca 和 Veiga（2017）基于拉美国家数据，检验了在通货膨胀目标制下，三元悖论对产出波动和通货膨胀的影响，结果表明，增强汇率稳定和金融开放对提高拉美的宏观经济表现最为有效。

Yu（2012）检测了保加利亚的三元悖论政策选择对通货膨胀、GDP 增长和波动性的影响，结果发现，汇率稳定可以促进实际 GDP 增长，更多的货币政策独立性或资本开放会减少 GDP 增长率。三元悖论政策组合对通货膨胀、通胀波动和产出波动没有影响。在国际货币体系演进中，通货膨胀是金本位、布雷顿森林体系的重要锚定指标，战争和大萧条中的通货膨胀波动性显著，而经济增长和汇率制度改革间没有必然联系（Bordo，2003）。Cordero（2008）建立长期动态均衡模型，比较了通货膨胀目标制和实际汇率目标制下的货币政策在刺激经济增长方面的成效，发现前者在稳定物价方面有效，后者在刺激经济增长方面有效，但损害了增长和就业。且三元悖论的存在降低了公开市场操作的有效性。

Simeon 和 Kim（2018）基于泰勒规则，分析了 OECD 国家通货膨胀和产出缺口的合意利率水平，认为这些国家虽然把价格稳定作为名义目标，但其实际目标却不相同。如采用横截面数据进行分析，较高的事实货币政策指向国内经济目标的程度与低产出波动和通货膨胀相关；采用时间序列数据，则与低水平的经济压力有关。因此，具有高度经济压力的欠发达的 OECD 国家，不能同时实现一个以上的政策目标。Bǎdescu（2015）证实了汇率稳定是反通货膨胀的因素，三元悖论在罗马尼亚存在。另外，黄志刚（2010）研究了资本流动对于外部失衡的影响，认为无论处于何种程度的资本开放，更加灵活的汇率政策在稳定经济波动、调整速度和福利上都要优于调整国内价格的政策；适度的汇率干预可以有效降低资本流动对本国经济的冲击,降低经济波动。

二 人民币汇率制度市场化改革的研究文献综述

利用 Citespace 对人民币汇率制度市场化改革的相关文献进行可视化分析。检索数据库和参数设置与前述分析相同。文献检索如下:"主题=人民币汇率制度市场化改革",文献总计输出 48 篇;"主题=人民币汇率市场化",文献总计输出 290 篇;"TS=RMB Exchange Rate Regime Reform",文献总计输出 17 篇;"TS=RMB Exchange Rate Marketization",文献总计输出 4 篇。由此可见,对于人民币汇率制度市场化改革的研究主要集中于国内。剔除重复文献,最后得到中文文献 337 篇,外文文献 19 篇。

表 2-3 对于人民币汇率制度市场化改革中文文献的前 20 个高频关键词进行了总结,可以看到,中间价的频次为 12 次,中心性为 0.13,是相关研究的重点。人民币汇率中间价形成机制是人民币汇率制度市场化改革的重要内容。另外,货币政策和资本流动也是出现频次较高的关键词,符合三元悖论对于人民币汇率制度市场化改革的指导意义,也是本书要研究的主题。

表 2-3 人民币汇率制度市场化改革中文文献高频关键词

序号	关键词	年份	频次(次)	中心性	序号	关键词	年份	频次(次)	中心性
1	人民币	2011	12	0.1	11	汇率政策	2008	5	0
2	中间价	2011	12	0.13	12	利率政策	2008	5	0
3	汇率	2000	11	0.08	13	资本流动	2007	5	0.05
4	货币政策	2002	10	0.08	14	双向波动	2012	5	0.05
5	外汇储备	2003	9	0.14	15	钉住美元	2003	4	0.08
6	市场化	2001	8	0.12	16	汇率波动	2003	4	0.03
7	汇率改革	2006	8	0.03	17	sdr	2015	4	0.07
8	外汇市场	2005	7	0.06	18	利率	2004	4	0.01
9	汇率制度	1998	7	0.03	19	汇率弹性	2009	4	0.03
10	一篮子货币	2003	7	0.18	20	金融市场	2005	4	0.03

资料来源:根据中国知网文献数据,使用 Citespace 整理得到。

表 2-4 对人民币汇率制度市场化改革外文文献的前 20 个高频关键词

进行了总结，可以看出，相关文献更加注重人民币汇率制度市场化改革相关研究的量化分析方法，其中常用的有时间序列（time series）、协整（cointegration），出现频次较高的关键词有人民币汇率波动性（volatility）。此外，人民币汇率制度市场化改革对经济的影响的相关关键词有影响（impact）、出口（export）、FDI（foreign direct investment）等。

表2-4 人民币汇率制度市场化改革外文文献高频关键词

序号	关键词	年份	频次（次）	中心性	序号	关键词	年份	频次（次）	中心性
1	model	2016	4	1.12	11	rmb	2020	2	0.01
2	price	2013	3	0.15	12	firm	2014	2	0.03
3	time series	2015	3	0.16	13	stock	2020	2	0.23
4	volatility	2016	3	0.08	14	cointegration	2013	2	0.23
5	renminbi	2018	3	0.08	15	dependence	2015	2	0.42
6	unit root	2015	3	0.08	16	foreign trade	2013	2	0
7	market	2018	3	0.44	17	foreign direct investment	2014	2	0.03
8	rate volatility	2014	3	0.59	18	china	2020	2	0.16
9	currency	2018	2	0.16	19	export	2013	2	0
10	impact	2013	2	0	20	international trade	2013	2	0

资料来源：根据 Web of Science 文献数据，使用 Citespace 整理得到。

图2-6是对人民币汇率制度市场化改革的中文文献关键词进行聚类分析的结果。由于本检索结果对应的文献较多，可以汇报出聚类下的主要关键词。可以看到，在汇率聚类中，关键词有市场化；在固定汇率制度的聚类中，关键词包括钉住美元、外汇储备、篮子货币等。货币政策和资本流动分别成为两大聚类，说明在分析人民币汇率制度市场化改革时，三元悖论仍然起到重要的理论指导作用。

图2-7是对人民币汇率制度市场化改革的外文文献关键词进行聚类分析的结果。虽然相关文献的数量较少，但可以看到"汇率波动"（exchange rate volatility）和"汇率不确定性"（exchange rate uncertainty）的聚类，可见在人民币汇率制度市场化改革过程中，汇率波动是学界关注的焦点。

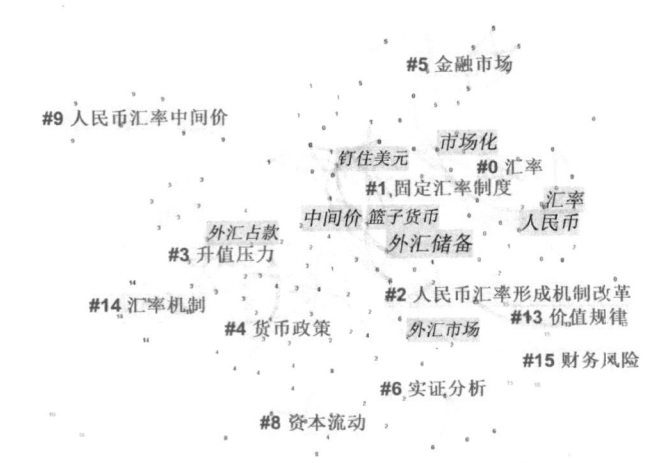

图 2-6 人民币汇率制度市场化改革中文文献关键词聚类分析

资料来源：根据中国知网文献数据，使用 Citespace 整理得到。

图 2-7 人民币汇率制度市场化改革外文文献关键词聚类分析

资料来源：根据 Web of Science 文献数据，使用 Citespace 整理得到。

本书也尝试通过 Citespace 对人民币汇率制度市场化改革的中文文献和外文文献关键词突变进行分析，但是均没有找到突变。另外，对于三元悖论与人民币汇率制度市场化改革同时进行关键词检索，检索规则如下："主题＝三元悖和人民币汇率制度市场化改革"，文献总计输出结果 0 篇；"主题＝三元悖论和人民币汇率市场化"，文献总计输出结果 3 篇；"主题＝不可能三角和人民币汇率制度市场化改革"，文献总计输出结果 1 篇；"主题＝不可能三角和人民币汇率市场化"，文献总计输出结果 3 篇。外文文献的相关搜索结果均为 0 篇，不再赘述。由此可见，基于三元悖论，结合中国经济发展实际分析人民币汇率制度市场化改革的系统研究相对较少，无法进行文献的可视化分析。

（一）三元悖论与人民币汇率制度选择

人民币汇率制度选择的研究起始于对固定汇率制度和浮动汇率制度的选择。随着三元悖论中间化的出现，人民币汇率制度选择转变为对"角点解"和"中间解"的抉择。1997 年亚洲金融危机之后，学界开始探讨人民币汇率是继续钉住美元还是采取更加灵活的汇率制度。长期以来，中国经历了多次汇率政策与货币政策的冲突后，更加倾向于采用相对浮动的人民币汇率制度（河合正弘和刘利刚，2015；刘晨阳和杨立娜，2017），从而使中国获得更多的货币政策独立性。孙华妤等（2009）指出，根据发达国家和发展中国家经验，目标明确的钉住汇率制度（包括一篮子钉住）比其他中间汇率制度和浮动汇率制度更加有利于经济稳定增长。

中国是高速发展的大型经济体，具有经济周期风险，应该加强人民币汇率的灵活性；中国又是一个出口导向型的经济体，具有脆弱的金融体系，这些因素又倾向于人民币汇率稳定，因此，建议缓慢放开人民币汇率弹性空间（Eichengreen，2006）。长期以来，人民币汇率的实际浮动区间滞后于央行名义宣称的汇率浮动区间，一个主要的原因是中国存在"浮动恐惧"（fear of floating），另一个原因是"原罪论"（Mckinnon，2010；Eichengreen and Hausmann，1999）。由于存在"浮动恐惧"，人民币汇率制度市场化改革的进程滞后于中国的经济发展情况。学界相应地提出了多种人民币汇率制度的设计方案，同时兼顾人民币汇率的稳定性和灵活性。刘力臻和谢朝阳（2003）考虑了东亚货币合作因素，指出在 1997 年亚洲金融危机之后，如果人民币继续钉住美元，东亚货币间的

"传染性贬值"会损害国内经济，提出人民币及东亚各经济体的货币可以实行共同钉住"混合货币篮"的汇率制度安排。胡祖六和郎平（2000）、李扬和余维彬（2005）、张礼卿（2004）、刘晓辉和郑庆茹（2007）认为，人民币汇率制度可以重归有管理的浮动。

长期以来，人民币汇率政策和中国货币政策存在冲突，因此，学界多用蒙代尔-弗莱明模型和不可能三角理论分析人民币汇率制度选择，多数研究认为，人民币汇率政策应让步于中国资本开放和货币政策独立性的选择。但是，从1997年亚洲金融危机至2005年人民币汇率制度市场化改革前，中国实行的是事实上单一钉住美元的汇率制度（余永定和肖立晟，2017；管涛，2017）。长期以汇率稳定性优先的政策目标限制了中国货币政策独立性。谢平和张晓朴（2002）指出，中国的货币政策和汇率政策之间存在冲突，应在货币政策的大框架下制定汇率政策。易纲（2002）指出，中国需要货币政策独立性，资本开放也是大势所趋，因此，人民币汇率要向着有弹性的、真正浮动的汇率制度方向发展。大量研究在考虑中国资本流动和货币政策独立性的需要后，认为当前实行有管理的浮动汇率制度是最佳的汇率制度选择（刘敏和李颖，2008）。周晴（2008）对三元悖论进行了实证分析，根据主成分分析法得出了中国的资本流动情况，并采用自然分类测算了实际汇率，结果证实在金本位制下，实行资本自由流动和固定汇率制度，货币政策独立性仍然存在；在布雷顿森林体系下，实行资本管制和固定汇率制度，货币政策独立性增强。由此可见，三元悖论仍然是一个可信的原则，其对人民币汇率制度选择具有指导作用。唐国强和王彬（2017）发现，从新兴市场和发展中国家的汇率制度选择和资本流动的国际经验来看，放开人民币汇率浮动区间不会引起中国跨境资本流动异常，反而可以使人民币汇率回归市场均衡水平，从而防止汇率异常波动对跨境资本流动造成冲击。综上所述，在三元悖论中间化下，学界对中国汇率制度选择的中间解更为支持，并认为人民币汇率政策应该从属于中国货币政策的大框架。

由于中国三元悖论中间化的优越性逐渐显现，学界开始系统地从理论和实践方面研究三元悖论中间化。在易纲和汤弦（2001）、李成和李勇（2009）构建的三元悖论中间化连续函数的理论框架基础之上，李晓峰和陈雨蒙（2017）构建了DSGE模型，比较了不同汇率制度下的央行政策组合及其福利损失，认为采用固定汇率制度和浮动汇率制度的福利损失明显高于其他情况，因此，可采用有管理的浮动汇率制度和资本流动管理相结合的宏观经济政策组合。大部分基于央行政策目标损失分析的研究证实了中国的三元悖论中间化。

对于人民币中间汇率制度的设计而言，部分学者提出了建立汇率目标区。赵蓓文（2004）指出，根据汇率目标区理论，中间汇率制度的灵活性特征使中国同时兼顾三元悖论的三项政策成为可能。许文彬（2003）设计了汇率目标区，确定将货币的一个平价值作为中心汇率，并允许本币币值围绕这一平价小幅波动。孙华妤（2007）发现中国通过冲销操作，而非资本管制，维持了钉住汇率制度下的货币政策独立性。中国的三元悖论政策选择的长期目标应该趋向于完全的资本自由流动，实现中间汇率制度和货币政策相对独立，而当前应当保持货币政策独立性，在汇率弹性和资本开放间摆动（程恩富和孙业霞，2015）。因此，三元悖论中间化允许中国根据经济目标、金融发展情况灵活调整政策。骆祚炎和赵迪（2017）指出，三元悖论中间化适用于中国的现实情况，维持汇率的阶段性稳定不会削弱货币政策独立性；可以在固定汇率制度和完全浮动汇率制度之间找到一个阶段性的平衡点，不必在短期内实行浮动汇率制度；当前在不宜过度增强汇率弹性的前提下，保留一定的资本管制是必要的。综上所述，学界较为推崇中间汇率制度下的汇率目标区制度，但是对目标区间的选取标准存在分歧，对目标区间值的界定也存在歧义，因此，对人民币汇率目标区的研究尚不够成熟。但是符合大部分研究结论的是，如果实行人民币汇率目标区，则要配合相应的资本管制，以增强人民币外汇市场干预的效果。

二元悖论使三元悖论受到挑战。孙华妤（2004）基于蒙代尔-弗莱明模型和 Dornbusch 汇率超调模型，认为在资本开放不可逆转的情况下，国内货币政策独立性必然受到影响。但是更多的实证结论认为，人民币汇率弹性增加有助于提高中国货币政策独立性。范小云等（2015）梳理了浮动汇率对货币政策独立性影响的理论逻辑，发现浮动汇率能够吸收外部冲击，从而增强货币政策的独立性，进而得出金融开放和金融发展水平越高的国家越适合采取浮动汇率制度的结论。该结论也符合经济学家 Mundell 对于一国最优汇率制度选择的观点。但在中间汇率制度下，由于汇率预期的不确定性，更大的汇率弹性不一定能够增强数量型货币政策独立性；当因汇率波动引起资本流动时，汇率弹性增加会造成更大规模的国际收支失衡,从而削弱数量型货币政策独立性;无论处于何种汇率制度下,中国的利率政策均可以独立于美国货币政策(解祥优,2018)。

(二)利率自由化、汇率市场化和资本开放的改革顺序

对于金融改革顺序,第一种观点认为,利率自由化、汇率市场化和资本开放应该按照一定的先后顺序完成改革,亦被称为金融改革顺序论,为一国进行三元悖论框架下的政策选择提供了新的依据。对此,学界多构建DSGE模型进行分析。肖卫国等(2015)认为,在中国经济受到国内外不同方向的利率和技术冲击时,利率和汇率市场化改革对中国经济有不同的作用效果。因此,政府和货币当局应在中国经济受到国内外利率和技术的不同方向的冲击时,对利率和汇率市场进行相应的管制或者放松管制。肖立晟和刘永余(2016)指出,放松资本管制有利于实现利率和汇率的联动,随着中国资本账户开放度的提升,以中间价为基础的人民币汇率形成机制与跨境资本流动的套利在短期内正面临越来越突出的矛盾;基于此,在人民币汇率和利率市场化改革前,先实现资本项目开放,会导致套汇套利资本的流动。陈创练等(2017)通过分析不同时期中国利率市场化改革、汇率改制及资本账户开放等对中美利差、汇率波动和国际资本流动的影响效应,发现在利率—汇率—资本流动三者相互传导的过程中,利率渠道最不顺畅,因此,中国金融市场化改革应按照利率市场化、汇率改革、资本账户开放的顺序改革。中国应该选择完全的资本账户开放和完全自由浮动的利率,维持钉住"一篮子货币"的汇率,且向更放松的方向发展。在顺序上,首先,应该实行利率市场化配合当前的资本账户管制;其次,完成资本账户开放;最后,钉住"一篮子"的汇率制度向更加浮动的方向发展。综上所述,相关研究多数认为应该先完成汇率市场化或者利率自由化,然后完成资本开放。

第二种观点不同于金融改革顺序论,认为二元悖论成立,从而否认三元悖论;认为资本开放直接影响中国的货币政策独立性,与汇率制度选择无关,因此,在利率市场化、汇率市场化和资本开放之间不存在必然的改革顺序。刘金全等(2018)通过研究汇率制度变迁是否会改变资本开放对货币政策独立性的影响,判断汇率市场化和资本项目自由化的先后顺序,认为目前中国的情况更加符合二元悖论而非三元悖论,汇率制度变迁不会动摇资本开放对于货币政策独立性的影响,因此,中国的汇率市场化和资本项目自由化不存在必然的先后顺序。

第三种研究观点认为，中国应该协调推进各项改革。金融改革协调推进论指出，固定顺序的金融改革会导致金融指标超调，"先内后外"的改革顺序不适合中国国情，只有协调推进各项金融改革，才能减少金融体系震荡，平稳顺利地完成金融市场化改革（盛松成和刘西，2015）。时任央行行长易纲在"2018金融街论坛年会"上表示，在金融开放过程中，一定要处理好金融对内、对外开放和汇率形成机制以及资本项目可兑换的"三驾马车"之间的关系，应该相互匹配、协同推进。汇率自由化与利率市场化互为因果，相互促进，共同推动资本开放进程；汇率自由化不仅有利于利率市场化、资本开放的实现，更有助于抑制货币危机的爆发。因此，三项改革的次序应是汇率自由化、利率市场化、资本开放（陈中飞等，2017）。赵茜（2018）认为，首先，资本开放会引起资金净流入，增大人民币升值压力，而汇率市场化则会削弱这种影响，甚至可能造成贬值压力；其次，现阶段推进资本账户有序开放不会引发与货币危机相关的贬值风险，外汇市场主要面临货币升值风险，但汇率市场化可能加剧货币贬值风险，只有二者相互配合，才能有效释放外汇市场风险；最后，汇率市场化应与资本开放进程互相协调、择机推进。彭红枫等（2018）构建了包含资本管制和外汇市场干预的开放经济DSGE模型，研究表明，实行浮动汇率制度并和资本开放相配合，获得的经济福利水平显著高于实行固定汇率制度或有管理的浮动汇率制度下的经济福利水平，进而提出中国应当协调推进汇率市场化和资本开放两大金融改革，并且在汇率完全市场化之前，有必要保持一定程度的资本管制。

（三）人民币汇率波动和汇率制度选择的影响因素

在人民币汇率制度市场化改革的背景下，汇率形成机制的变化直接影响汇率波幅。周远游等（2017）通过实证检验，得出汇率波动与汇率制度的改变、波幅限制和弹性空间等均高度相关的结论，并认为当前随着汇率制度改革的推进，汇率的小幅波动可能会被放大，从而形成异常波动，进而提出在当前条件下，人民币汇率波幅限制不宜被过度放开的观点。何启志（2017）通过实证研究发现，人民币汇率指数水平项是波动项的Granger原因，而人民币汇率指数波动项不是水平项的Granger原因。

国际资本流动是人民币汇率波动的重要影响因素。司登奎等（2019）把资本流动纳入泰勒规则的理论分析框架，考察了人民币汇率的动态决定机制。结果表明，国际资本流动、汇率预期、利差、通胀差、产出缺口差对即期汇率的影响均取决于利率平滑操作程度、本国与外国货币政策对汇率偏离的相对敏感程度，而且国际资本流动、产出缺口差及通胀差对汇率的影响还与货币政策的反应程度有关，包含国际资本流动的泰勒规则对汇率的影响可能具有时变性特征。

随着计量经济学的发展，近年来学界开始使用多种实证方法，基于多种汇率决定理论，提炼人民币汇率制度选择的影响因素并进行实证分析，结果多认为，目前实行有管理的浮动汇率制度是合意于中国现阶段经济发展的汇率制度选择的。王珊珊和黄梅波（2015）运用多元排序的Probit模型，加入股票市场发展变量，对中国汇率制度选择的因素进行实证研究，结果发现，最适合中国的是中间汇率制度，也就是有限弹性汇率制度和有管理的浮动汇率制度。陈中飞等（2018）根据 RR 汇率分类法，基于116个样本国家数据分析了汇率制度选择的国际经验，认为经济增长、外汇储备水平、通货膨胀水平、贸易开放度、金融开放度、政治因素等是一国汇率制度选择所考虑的基本要素，并且根据国际经验对比，认为中国当前应该选择偏自由的有管理的浮动汇率制度或自由浮动汇率制度。类似研究还有张三宝（2018）等。这些研究基于中国的数据，或把中国数据与多国面板数据的实证结果进行对比，表明有多种经济基本面因素影响汇率制度选择，这些影响因素主要包括经济规模、贸易水平、金融发展水平、外债、政治等，具体主要考虑的指标有经济规模、经济增长速度、外汇储备水平、通货膨胀水平、贸易开放度、贸易地理集中度、经济开放度、金融开放度、政权集中程度、政治民主程度、金融发展水平、外债总额/GDP 等。

人民币国际化与资本流动、汇率预期之间存在联动关系。短期资本流动通过促进人民币汇率升值，进而促进人民币国际化（李明明和秦凤鸣，2018）。而汇率预期被认为是短期国际资本流动最重要的驱动因素（方先明等，2012）。宿玉海等（2018）将 2015 年"8·11"汇改的影响作为外生变量进行实证研究，发现人民币国际化形成人民币汇率升值预期，二者相互循环强化，促进短期资本双向流动，有助于抵消汇率贬值和短期资本流出，提出可以进一步扩大人民币汇率浮动空间。"8·11"汇改后，人民币汇率大幅贬值，央行面临着汇率市场化、人民币国际化与维护汇率定价权的权衡取舍问题，同时，如何协同推进汇率市场化与人民币国际化也是亟待解决的问题（王盼盼等，2018）。

随着人民币汇率制度市场化改革进程的推进，人民币汇率的市场决定因素影响更大，国内外货币政策冲击对人民币汇率的影响更加复杂。吴安兵和金春雨（2019）基于Dornbusch（1976）提出的汇率超调理论，指出货币政策、产出冲击是人民币实际汇率波动的重要影响因素，并通过LT-TVP-VAR模型发现货币政策与产出冲击在不同的冲击方向、冲击强度上对人民币实际汇率波动存在明显的非对称性效应。赵文胜和张屹山（2012）采用Uhlig（2015）提出的短期约束和符号约束方法，对货币政策冲击进行识别，对中国2005—2011年的数据进行分析，结果表明，中国采取紧缩性货币政策和美国采取宽松货币政策均会引起人民币兑美元汇率的持久性升值，并认为人民币兑美元汇率没有出现超调，进而提出中国应该进行适度的外汇干预。江春等（2018）构建了基于拓展的泰勒规则的汇率模型，考察了人民币汇率动态变化过程中的汇率波动影响因素，研究发现，汇率预期在低区制环境下对汇率的影响幅度最大，而在高区制环境中，央行外汇干预对汇率的影响最大。随着人民币汇率制度市场化进程的推进，学界越来越多地关注微观市场交易对人民币汇率的影响。陈浪南等（2016）构建了符合人民币外汇市场微观结构的噪声交易模型，研究发现，人民币汇率主要受到中美的隔夜利率差的影响。

（四）人民币汇率制度市场化改革的宏观经济效应

学界对人民币汇率制度市场化改革的研究主要从改革方向、改革路径以及改革的经济效应方面展开，人民币汇率制度市场化改革的宏观经济效应包括经济增长、出口、股票价格、收入、通货膨胀等多个方面（许家云等，2015；吴丽华和傅广敏，2014；徐建炜和戴觅，2016；陈创练等，2018）。长期以来，中国一直进行外汇市场干预，以维持人民币汇率的稳定性。但是，随着全球金融一体化进程的推进，跨境资本流动增加，对中国外汇市场干预的有效性造成冲击。司登奎等（2018）认为，央行干预能够在短期内起到稳定人民币汇率的作用，但在长期会加剧汇率波动；央行干预短期内会加剧投资者情绪波动，使干预效果减弱，但在长期，投资者情绪对汇率的影响不明显。2015年"8·11"汇改后，人民币汇率实现了双向波动，汇率弹性增加，学界对于"8·11"汇改后的人民币汇率形成机制和汇率波动因素进行了研究。徐娟和杨亚慧（2019）认为，"8·11"汇改前，人民币汇率波动性低，不受政策和流动性影响，且人民币在岸和离岸市场联动性较低;"8·11"汇改后,汇率长期处于高波动状态,受汇率中间价、资本管制及流动性因素的影响,两地汇率联动性明显提升,并据此提出要把流动性因素纳入人民币汇率报价模型中,要重视国际市场风险和汇率预期对汇率波动的影响。可见,"8·11"汇改增强了人民币汇率的市场化决定因素,人民币汇率的波动性增强。2017年5月26日,在人民币兑美元中间价报价机制中引入逆周期因子,学界实证分析了逆周期因子对人民币汇率的影响。引入逆周期因子降低了人民币汇率波动性,但对人民币汇率的走势没有显著的影响(何青等,2018)。因此,逆周期因子有助于人民币在合理均衡水平上双向波动,有助于平稳推进人民币汇率制度市场化改革。

随着人民币汇率制度市场化改革的推进,人民币汇率形成机制、汇率弹性有了很大的改变。白晓燕和唐晶星(2013)基于2005—2011年的数据,运用交叉汇率滚动回归、多重结构变动模型、引入外汇市场压力的扩展模型,实证研究了人民币汇率形成机制的动态演变,具体研究了汇率与货币篮子的关联程度和汇率机制的灵活程度。结论表明,人民币汇率形成机制实际由货币篮子构成,其中货币的权重也在动态调整,人民币汇率制度市场化改革已见成效。陈奉先(2015)利用时变系数模型甄别了2000—2013年中国的事实汇率制度,发现人民币汇率弹性是在动态调整的,人民币汇率形成机制的"美元+其他货币"中,其他货币起到了降低"一篮子货币"组合的标准差的作用。

2015年"8·11"汇改后,人民币汇率市场化进程稳步推进,汇率预期对人民币汇率的影响明显增加,汇率预期与资本流动之间相互强化,对人民币汇率形成冲击。在此情况下,肖立晟和张潇(2017)认为,未来继续增强人民币汇率弹性,发挥汇率逆周期性,降低资本流动和市场情绪的顺周期性。董晨君(2019)提出,要在完善人民币汇率形成机制的同时完善人民币汇率预期管理。管涛(2018)指出,当前人民币汇率双向波动、市场预期分化是深化汇率市场化改革的有利时机。央行的汇率预期管理对不同的汇率波动方向的影响具有非对称性。汇率预期与央行外汇干预对人民币即期汇率具有显著的短期和长期非对称性影响,对遏制人民币升值和贬值也具有非对称性影响,其中对遏制人民币升值的干预更加有效(司登奎等,2016)。

中国的汇率制度市场化改革的过程也伴随着一些外汇管理的政策性

制度的改革，如 1994—2012 年，中国一直实行强制结售汇制度，外汇占款规模迅速增加。1994 年后，在国际收支双顺差和强制结售汇制度下，中国外汇储备迅速增加，被迫实行汇率稳定和资本单向流入的政策组合（李勇，2007）。张荔等（2006）认为，强制结售汇制度是导致外汇占款增加的主要原因，影响了中国冲销干预的有效性，从而影响了货币政策独立性。张小波（2017）指出，中国长期以来偏向于汇率稳定，但巨额外汇储备在金融开放中使中国面临巨大的通货膨胀压力，而过度追求汇率稳定会进一步恶化这种影响。2012 年，强制结售汇制度退出历史舞台，该制度对中国汇率稳定性和货币政策独立性的影响也随之结束。由此可见，外汇市场管理的政策性制度也会对人民币汇率制度市场化改革进程产生影响。

在汇率制度市场化改革的不同阶段，汇率制度市场化改革产生不同的宏观经济效应，这与资本管制状态有关，即不同的三元悖论政策组合会产生不同的经济影响。唐琳等（2015）基于中国 1998—2015 年的数据，指出中国仍然把汇率稳定性作为三元悖论的首要目标，当前扩大人民币汇率波幅有利于经济健康发展和资本开放。短期国际资本流动对资产价格上涨具有推动作用，汇率制度改革对资产价格与短期国际资本流动的关系有一定的影响（王博和王开元，2018）。因此，人民币汇率制度市场化改革增强了国际资本流动与中国资产市场的联系。人民币贬值对中国 GDP 的负面影响大于其升值对中国 GDP 的正面影响；随着资本管制的放松，人民币汇率变动的效应将会放大（魏巍贤和张军令，2018）。戴金平和安蕾（2018）测度了人民币汇率波动对 FDI 的门限效应，结果表明，在汇率波动幅度较小的情况下，汇率波动可能促进生产向低成本地区的转移，促进对外直接投资；但是如果汇率波动幅度较大，则带来汇率风险，不利于对外直接投资。由此可见，在人民币汇率制度市场化改革下，汇率波动对宏观经济基本面的影响是有利有弊的，人民币汇率小幅度波动可能对经济增长产生正向的促进作用，但是大幅波动则会带来汇率风险。钟意（2014）分析了汇率波动、金融稳定对货币政策的影响，指出汇率波动与金融不稳定可以导致货币政策偏离，极大地削弱了央行货币政策的有效性，而货币政策偏离与金融不稳定容易误导公众预期，导致政策不确定性的出现，政策不确定性又会反过来导致金融不稳定和汇率波动。蒋先玲和王婕（2017）指出，汇率波动使中国商业银行面临汇率风险，且外汇资产规模越大的银行汇率风险也越大，汇率因素给银行资产价值和收益带来的不确定性持续增加。因此，大部分研究认为，一定的汇率弹性空间可以对经济增长产生积极作用，也有助于中国获得更多的货币政策独立性，但是过度的汇率波动也会造成汇率风险。

对于中国汇率制度改革的推进，学界的看法分为渐进式改革和短期内实现清洁浮动汇率制度两种看法。认为渐进式改革合理的观点主要从汇率弹性过大的国家更易遭受货币危机以及汇率异常波动的角度进行阐释。王道平等（2017）指出，容忍本币汇率弹性过大的国家更容易遭受货币危机，因此，对外汇市场进行适当干预是必要的。周远游等（2017）发现，历次人民币汇率制度改革之后，汇率波动率会明显增加，自2012年汇率改革以来，人民币在岸汇率波动的自相关性逐渐增大，导致较小的波动可能被放大，从而形成异常波动，因此，在当前条件下，人民币汇率波幅限制不宜过度放开。余永定等（2016）认为，市场预期的非理性反应可能导致汇率超调，因此，中国可以暂时不实现自由浮动的汇率制度，而引入人民币汇率宽幅波动的汇率制度。此外，无论实行相对稳定的汇率制度还是引入人民币汇率宽幅波动区间，都要配合适当的资本管制，以防突然发生金融风险。

三 研究文献述评

从已有的三元悖论与汇率制度选择的研究文献可以看出，三元悖论研究起始于角点解。在传统的三元悖论下，资本管制对汇率稳定性的影响被广泛证实，即灵活的汇率对货币政策独立性的调节作用会受到资本管制的影响，且调节效果在长短期内不尽相同。在面临经济危机或外部冲击时，较为灵活的汇率制度可以对跨境资本流动产生缓冲器作用，降低外部冲击对汇率波动的影响，从而有助于宏观经济稳定。由此可见，三元悖论对一国政策搭配具有指导意义。

当前三元悖论政策选择呈现由角点解向中间解的转变，即在资本部分流动、货币政策相对独立下实行中间汇率制度。外汇储备在三元悖论中间化中起到重要作用，既可以放松各国对三元悖论政策选择的严格限制，也可以起到维持汇率稳定、保障本国金融安全的保险作用，有助于实现三元悖论的金融稳定的政策目标。学界指出，各国在资本开放、汇率稳定性和货币政策独立性的政策选择中存在"钟摆效应"，是动态调整的，体现了三元悖论存在中间解，具体表示为三边之间可能存在替代率不恒为1的非线性关系，据此挖掘三元悖论中间化的维持机制和影响因素，建立三项政策的非线性函数，是目前三元悖论研究的发展趋势。大部分研究认为，三元悖论中间化对于一国产出波动和金融稳定具有一定的积极意义，是相对于三元悖论角点解更加优化的选择。在三元悖论中间化下，采用中间汇率制度的国家增多的现实原因在于，相较于固定汇率制度，中间汇率制度可以同时兼顾部分汇率稳定性和灵活性。并且多数新兴市场和发展中国家在短期内不能实现资本自由流动，需要保留部分资本管制，在货币危机发生时可以减轻跨境资本流动对本币汇率的冲击。由此可见，在三元悖论中间化下，针对本国的经济发展目标灵活调整三项政策目标，实行中间汇率制度，是当前大多数国家的汇率制度选择的发展趋势。但是，三元悖论中间化是否可以作为各国稳定的政策搭配，是否最终要滑向角点解，相关研究虽有所提及，但探讨较少。除了外汇储备，三元悖论中间化及中间汇率制度维持机制和影响因素的系统理论分析和实证研究较少。

随着学界注意到全球金融周期因素对三元悖论的影响，资本开放更多地被作为三元悖论政策选择的"主元"，也产生了在现实中三元悖论成立还是二元悖论成立的争议。虽然现在大部分研究仍然认为三元悖论对各国汇率政策选择具有指导意义，但是不同类型的资本流动对汇率制度选择的影响可能不同。具体来讲，有的研究把资本流动按照流动性进行划分，也有部分研究把资本流动按照总资本流动和净资本流动进行划分，得出的实证研究结果不尽相同。即使二元悖论成立，汇率制度选择仍然对于跨境资本流动具有缓冲器作用，对于提高一国货币政策独立性仍然具有间接作用。随着全球金融一体化进程的推进，较高的全球风险规避水平可能影响汇率制度选择对于跨境资本流动的缓冲器作用。因此，全球避险情绪可能成为三元悖论可信度受到削弱的主因，但相关研究通过对资本流动类型进行细分可以发现，灵活性更高的资本流动仍然符合三元悖论对于各国汇率制度选择的指导意义。

利率和汇率联动渠道主要是通过经常账户和资本账户途径。在经常账户方面，利率变化通过影响企业成本和进出口，引起国际收支变化，从而影响汇率变化；在资本账户方面，利率会影响跨境套利资本流动，引起国际收支变动，进而影响汇率变化。利率和汇率市场化的不同步会导致二者之间的联动不畅。在三元悖论下，更加浮动的汇率制度会增强本国货币政策的独立性，使央行更加容易把利率维持在一定水平，并使用货币政策调节本国经济周期。而金融开放会影响利率和汇率之间的联动效果。从利率和汇率的联动机制来看，一国政策选择可以在汇率市场化和利率市场化之后，实现资本开放。而三元悖论的政策选择可以以资本开放和货币政策独立性为主，适当放开汇率稳定性，更有利于利率和汇率联动机制的畅通。

汇率制度选择的宏观经济效应包括产出波动、金融稳定、通货膨胀率、货币政策独立性等方面，三元悖论与政策目标的实现息息相关，不同三元悖论组合具有相应的宏观经济效应。考虑到三元悖论仍然可信，汇率制度选择要在央行政策目标的大框架下进行，因此，三元悖论仍是汇率制度选择的重要依据。相关研究的发展趋势是对不同三元悖论政策搭配组合的宏观经济效应进行分析，从而为汇率制度选择提供依据。

从已有的人民币汇率制度市场化改革的研究文献可以看出，随着三元悖论政策搭配的研究从角点解向中间解演变，对于人民币汇率制度选择，学界从最初在固定汇率制度和浮动汇率制度间选择角点解逐渐转为中间解，提出钉住"一篮子货币"、实行汇率目标区等中间汇率制度。长期以来，人民币汇率弹性不足，汇率政策和货币政策之间存在冲突，大部分研究认为，中国汇率政策应从属于货币政策的大框架下。因此，对于中国三元悖论政策的取舍，学界普遍认为可以进一步放开汇率浮动区间，实现更多的货币政策独立性或资本流动，也可以在三项政策间自由摆动，即存在"钟摆效应"，以适应中国在经济发展中根据经济发展目标调整政策的需要。Frankel（1999）指出，一国的最优汇率制度并不是一成不变的，而是根据本国的经济发展情况而改变的。大部分研究认为，在中短期内，中国实行有管理的浮动汇率制度，以"一篮子货币+收盘价"的方式作为人民币汇率形成机制最为合理。央行应注意人民币汇率市场预期与资本流动之间相互强化的影响，适当采取外汇市场干预机制，配合资本管制措施，控制因汇率超调造成的宏观经济波动。在中间汇率制度下，配合适当的资本管制，可以增强中国外汇市场调控的效果。

在利率自由化、汇率市场化和资本开放的改革顺序的相关研究中，第一种观点认为，三项改革应该是逐项推进的，一般认为汇率市场化或利率市场化改革先行，而后推进资本开放，防止套汇套利资本流动，影响汇率稳定；第二种观点认为，在二元悖论成立的情况下，汇率制度选择未必削弱本国货币政策独立性，因此，不必考虑金融改革的顺序问题；

第三种观点认为，三项改革应该相互促进、同时进行，更加有利于本国金融稳定。因此，中国三元悖论的政策选择可以结合中国资本市场、货币市场、外汇市场的发展情况，选择合适的改革路径。

在最优货币区理论、汇率超调理论等经典汇率决定理论的基础上，学界提炼了多个可能影响人民币汇率制度选择的因素并进行了量化分析。计量经济学的发展为研究人民币汇率制度选择因素提供了多种量化分析方法，传统的相关研究多分析经济变量间的线性，而后来关于经济变量间的非线性关系的研究逐渐增加。综合已有相关研究的结论，经济基本面、贸易开放水平、金融市场发展、外债规模、货币冲击、产出冲击、政治制度等是人民币汇率制度选择的重要因素，人民币国际化可被视为促进人民币汇率制度市场化改革的重要因素，也是人民币汇率制度市场化改革的重要成果。

随着人民币汇率制度市场化改革进程的推进，资本流动对人民币汇率波动的影响增强，离岸人民币与在岸人民币汇率的联动性增强，市场预期对人民币汇率的影响加强，人民币汇率波动的短期市场决定因素更加复杂。2015年"8·11"汇改后，对于市场预期管理而言，引入逆周期因子可以降低人民币汇率的波动性，而不影响人民币汇率的走向，因此，适当引入临时的汇率调控政策有助于在当前保证人民币汇率制度市场化改革顺利进行。实证研究表明，在当前事实上的人民币汇率形成机制中，钉住"一篮子货币"起到了稳定人民币汇率的作用。汇率预期与资本流动之间的实现机制是导致人民币汇率波动的重要原因，因此，人民币汇率制度的市场化改革要配合适当的资本管制。一定的汇率弹性空间可以对经济增长产生积极作用，也有助于中国获得更多的货币政策独立性，但是汇率波动过大也会造成汇率风险。更多的研究结论认为，人民币汇率制度市场化改革应该循序渐进地推行。

本章第一节首先对汇率市场化的一般理论进行了梳理，其中包括汇率决定理论和汇率制度选择理论；其次，梳理了三元悖论及其中间化对于汇率市场化的理论指导。第二节为三元悖论与汇率制度选择和人民币汇率制度市场化改革的研究文献综述。

本章主要结论包括六个方面，具体来讲，第一，汇率决定理论随着国际汇率制度市场化的推进，短期市场因素对于汇率决定的作用增加，并且更加复杂。汇率决定理论既包含汇率决定宏观层面的市场因素，如商品和货币使用价格、经济基本面等；又包含微观层面的市场因素，如人为心理动因、外汇市场微观结构等。

第二，汇率制度选择理论的"两极论"与"中间汇率制度消失论"同现实情况并不吻合，在三元悖论中间化下，国际汇率制度，包括人民币汇率制度，选择从固定汇率制度和浮动汇率制度的角点解逐渐转变为两极汇率制度或中间汇率制度。货币危机理论揭示了固定汇率制度的内在脆弱性。

第三，三元悖论中间化下，三项政策间的非线性关系是目前三元悖论研究的发展趋势。外汇储备在三元悖论中间化中起到重要作用，有助于实现三元悖论的金融稳定的政策目标。三元悖论三项政策间存在"钟摆效应"，是动态调整的，中间化是相对于三元悖论角点解更加优化的选择。但是，三元悖论中间化下人民币中间汇率制度的稳定性尚存在争议。

第四，二元悖论的提出不能完全否定三元悖论的存在，二者的合理性可能是动态调整的。灵活性更高的资本流动更加支持灵活汇率制度对于货币政策独立性的实现。即使二元悖论成立，汇率制度选择仍然对于跨境资本流动具有缓冲器作用，对于提高一国货币政策独立性具有间接作用。适当的资本管制可以提高放开人民币汇率弹性对于货币政策独立性的实现。汇率预期与资本流动之间的实现机制是导致人民币汇率波动的重要原因，因此，人民币汇率制度的市场化改革要配合适当的资本管制。

第五，从利率和汇率联动机制来看，更加浮动的汇率制度使央行容易维持利率水平，从而增强本国货币政策独立性。三元悖论的政策选择可以以资本开放和货币政策独立性为主，适当放开汇率稳定性，这更有利于利率和汇率联动机制的畅通。

第六，汇率制度选择的宏观经济效应包括产出波动、金融稳定、通货膨胀率、货币政策独立性等方面。经济基本面、贸易开放水平、金融市场发展、外债规模、货币冲击、产出冲击、政治制度等是人民币汇率制度选择的重要因素，人民币国际化可被视为促进人民币汇率制度市场化改革的重要因素，也是人民币汇率制度市场化改革的重要成果。

第三章 国际汇率制度及人民币汇率制度市场化改革的历史进程

国际汇率制度一共经历了两次从固定汇率制度到浮动汇率制度的循环演进，第一次是从金本位制下建立固定汇率制度到金本位制崩溃，国际汇率制度走向浮动汇率制度；第二次是从布雷顿森林体系下建立固定汇率制度到布雷顿森林体系崩溃，国际汇率制度再次走向浮动汇率制度。从布雷顿森林体系崩溃到牙买加体系建立至今，国际汇率制度一直处于多元化的浮动汇率制度状态。本章简要梳理国际汇率制度从固定到浮动循环演进的历史，并主要基于三元悖论框架，结合国际资本流动和货币政策对国内宏观经济的调节职能，具体分析国际汇率制度从固定汇率制度到浮动汇率制度循环往复的原因，总结出国际汇率制度选择的全球化因素。

第一节 国际汇率制度从固定到浮动的循环演进

一 国际汇率制度从固定到浮动的第一个循环

国际金本位制是以金属为本位货币的、严格的固定汇率制度。以货币含金量确定的固定汇率比价虽然稳定了国际汇兑价格，但以黄金储备为基础的货币发行严重制约了世界经济的发展，削弱了各国货币政策调节本国经济周期的职能，最终在第一次世界大战爆发后崩溃。之后，各国尝试重建金本位制，但因20世纪30年代的大危机最终崩溃。随着第二次世界大战的结束，各国再次建立美元与黄金挂钩的国际固定汇率制度——布雷顿森林体系。

（一）金本位制下国际固定汇率制由建立到崩溃

19世纪之后，英国率先开展了第一次工业革命，极大地提升了英国的国际经济地位。在此背景之下,逐步形成以伦敦为中心的全球金融和贸易市场。1816年,英国议会通过了《金本位制法案》,率先实行金本位制,即以金铸币作为英国的本位货币。在金本位制的全盛时期,黄金是各国主要的储备资产,而英镑是国际贸易中最主要的结算工具。表3-1总结了主要国家实行金本位制的年表,从此金本位制开始在世界各国逐渐推行开来,奠定了鼎盛三十年多年的由英镑主导、以黄金为本位货币的国际货币体系。

表3-1　　　　　　　　各国实行金本位制的年表

国名	年份	国名	年份	国名	年份	国名	年份
英国	1816	法国	1874	乌拉圭	1876	多米尼加	1901
葡萄牙	1854	比利时	1874	美国	1879	巴拿马	1904
德国	1871	瑞士	1874	奥地利	1892	墨西哥	1905
瑞典	1873	意大利	1874	智利	1895		
挪威	1873	希腊	1874	日本	1897		
丹麦	1873	荷兰	1875	俄国	1898		

资料来源:杨惠昶:《国际金融》,吉林大学出版社1994年版。

1. 金本位制下的三元悖论政策选择及演化

(1) 金本位制下资本自由流动与汇率稳定性的三元悖论实现机制

国际金本位制下的跨境资本自由流动是通过"黄金三自由"原则确立的,即金币可以自由铸造和熔化,流通中的其他货币可以自由兑换为金币,黄金可以自由跨境输出和输入。"黄金三自由"原则是国际金本位制下跨境资本自由流动的根本保障。同时,各国货币法定含金量、汇兑关系通过货币含金量进行计算,得出"铸币平价",形成国际汇率的自动稳定机制。在这种情况下,各国的汇率关系基本是稳定的,即金本位制下的固定汇率制度。这种黄金自由流动、自动调节汇率的机制被称为"物价与金币流动机制"(price-specie flow mechanism)。[①] 黄金作为最终

[①] 《论贸易差额》(见《政治论文集》)中论述的国家间货币量的自动调节机制,被称为"物价与黄金流动机制",亦称为"自动机制"。外汇市场上的供求关系变动会有一个限度,即"黄金输送点",其中,法定平价加上黄金的运送费用就是黄金输出点(gold export point),是汇率波动的上限;法定平价减去黄金输送点就是黄金输入点(gold import point),是汇率波动的下限。

支付手段，充当国际货币，在国家间自由流动，确保这种汇兑关系不会出现较大的偏离。

（2）削弱的金本位制及三元悖论演化

1914年，第一次世界大战的爆发导致了金本位制崩溃。各国纷纷实行资本管制，禁止黄金流出，维持金本位制下跨境资本自由流动的"黄金三自由"原则被打破。为了筹措军费，各国政府开始发行债券，放弃了金本位制下以黄金储备变动为基础的货币发行机制。虽然各国实现了不以黄金储备增长为依托的货币发行，实现了货币政策独立性，但是由于各国货币超发严重，在世界范围爆发了严重的通货膨胀。与此同时，各国央行没有进行汇率干预，导致国际汇率剧烈波动。第一次世界大战后，各国希望尽快找到可以平复世界通货膨胀水平、促进经济贸易重回平稳发展的国际货币体系，于是各国开始计划重返金本位制，金本位制开始短暂恢复。但第一次世界大战后物价飞涨，黄金供应短缺，原有的金本位制难以重建。于是在1922年，各国在意大利热那亚城召开的世界货币会议上宣告了金块本位制和金汇兑本位制的确立。表3-2总结了在金本位制向金块本位制和金汇兑本位制变形的过程中，三元悖论演化的主要特征事实。

表3-2　金本位制、金块本位制、金汇兑本位制下三元悖论政策搭配的主要特征事实

三元悖论政策	特征事项	金本位制	金块本位制	金汇兑本位制
汇率稳定性	货币—黄金挂钩机制	规定各国货币的铸币金平价	货币规定含金量，不再铸造金币，黄金作为储备资产	只规定货币含金量，通常不可兑换黄金；纸币不能直接兑换黄金，同另一个采用金块本位制的国家的货币单位相联系
资本流动	"黄金三自由"原则	自由铸造和熔化，自由兑换，自由输出和输入	国家不再铸造金币，以金块取代金币的流通，禁止私人输出黄金	不铸造和流通金币，只流通有法定含金量的纸币

续表

三元悖论政策	特征事项	金本位制	金块本位制	金汇兑本位制
货币政策独立性	黄金—货币发行机制	以黄金储备为依托的货币增长，各国失去货币政策独立性	黄金只作为货币发行的准备金集中于央行，而不再铸造金币。受到第一次世界大战后世界范围严重通货膨胀等市场动荡因素的影响，央行使用货币政策调节本国经济的能力较弱，即狭义上的货币政策独立性较弱	将本国货币的发行与某个实行金块本位制或金本位制的国家的货币相挂钩，基本失去货币政策独立性

注：货币政策独立性分为广义上的货币政策独立性和狭义上的货币政策独立性，前者是指本国利率、货币供应量等货币政策受到世界主要国家货币政策影响的程度，后者是指本国货币政策指向国内经济调节目标的能力。

资料来源：笔者整理。

在金块本位制下，各国相继开始对"黄金三自由"原则加以限制。国家把金块作为储备资产，规定纸币含金量，但不许自由铸造金币，纸币也不能自由兑换金币，仅在国际清偿支付时，可按规定的限制数量用纸币向央行兑换金块。由于第一次世界大战后各国黄金储备有很大差距，1926年美国持有近45%的世界黄金储备，其他国家的黄金储备无法满足第一次世界大战后重建的巨大需求；又因为黄金—外汇双层国际储备结构的出现，黄金的国际储备地位下降，黄金的货币职能受到削弱。由于黄金储备不足及黄金货币职能削弱等内在脆弱性，各国三元悖论政策选择的有效性受到极大削弱，金块本位制在1929年经济大萧条的冲击下很快崩溃了。

金汇兑本位制又被称为"虚金本位制"，是基于第一次世界大战后世界黄金储备短缺而设计的变形的金本位制。它保持了货币同黄金的联系，又使黄金的使用得到节约。在金汇兑本位制下，央行储备由外汇和黄金共同组成，建议大国完全以黄金作为储备资产，其他国家则以黄金和外汇共同作为储备资产，是"黄金+外汇"本位制。在金汇兑本位制下，货币单位仍规定含金量，但国内并不铸造和流通金币，只流通有法定含金量的纸币，纸币不能直接兑换黄金，只同另一个采用金块本位制的国家的货币单位相联系，以法律的形式规定二者之间的固定比价，并在该国存放外汇准备金、银行券等货币代用品,外汇准备金只能兑换外汇,不能兑换黄金,只有央行存放在实行金块本位制国家的外汇才可在这类国家兑换黄金。金汇兑本位制符合"节约黄金原则",以应对黄金供应不足和分布不均的问题。[①] 黄金的输出和输入由央行掌管,禁止私人输出黄金。金汇兑本位制实现了三元悖论中相对的货币政策独立性和部分资本流动,维持了汇率稳定性。金汇兑本位制的优点是更加节约黄金,缺点是具有很大的依附性和不稳定性,因为实行这一制度的国家的储备资产既是该国的,又是其所依附的实行金块本位制国家的黄金储备,一旦后者突然放弃金本位制,或者货币币值动荡不定,大幅贬值,则可能给采用金汇兑本位制的国家带来危机,而当实行金汇兑本位制的国家和实行金块本位制的国家的央行大量挤兑黄金时,也势必影响后者的货币稳定。在美国经济大萧条发生后的两年,世界其他国家的价格和收入水平低于美国的价格和收入水平,本应导致黄金从美国流向国外。但是,美国在此期间的黄金和货币存量均出现了上升而非下降,没有遵守金本位制规则,使其他国家不得不相应调整本国的货币政策,削弱了其他国家的货币政策独立性。

在经历了金本位制、金块本位制和金汇兑本位制三种形态后,金本位制彻底走向崩溃。之后,由于正值第一次世界大战后世界范围物价飞涨、黄金短缺的时期,各国金本位制的重建程度各不相同。表3-3列出了各国金本位制恢复年份、恢复形式和结束年份。1929年,美国纽约股市崩盘标志着十年经济大萧条的开始,并迅速演化为全球性的经济衰退,西方国家汇率频繁变动,各国开始实行以邻为壑的汇率政策。在维护各国自身的经济利益的前提下,国际货币体系分裂成三个货币集团:英联邦国家成立"英镑集团",美国周围的国家成立"美元集团",法国及其附属国成立"法郎集团"。由于缺乏国际统一的货币合作机制,各个货币集团的形成与发展加剧了货币集团之间的排斥与纷争。

---

① "节约黄金原则"是指在金块本位制下,货币单位仍然规定含金量,但国家不再铸造金币,黄金只作为货币发行的准备金集中于央行,央行以金块为准备发行的钞票取代金币的流通。银行券与黄金的兑换受到数量上的限制。当时英国规定以银行券兑换黄金的最低限额相当于400盎司黄金的银行券(约合1700英镑);法国规定银行券兑换黄金的最低限额为215000法郎,等于12千克黄金。这大大限制了用银行券兑换黄金的行为,也极大地节约了黄金。

表 3-3　各国金本位制恢复年份、恢复形式和结束年份

核心国家	恢复年份	恢复形式	结束年份
英国	1925	金块本位制	1931
德国	1924	金汇兑本位制	1931
法国	1928	金块本位制	1936
美国	—	金本位制	1971
瑞典	1924	金本位制	1931
意大利	1927	金汇兑本位制	1936
荷兰	1925	金本位制	1936

注：美国金本位制从建立后未中断；第二次世界大战后美国实施的应该是金块本位制，而不是金本位制。

资料来源：戴金平、熊爱宗、谭书诗：《国际货币体系：何去何从？》，厦门大学出版社 2012 年版。

2. 金本位制下的三元悖论政策选择与国际收支调节

金本位制下，跨境资本主要由英国、法国等工业国家流出，流向美国、德国、日本等新兴资本主义国家（张鑫，2019）。在"物价与金币流动机制"下，跨境资本流动对国际收支具有自动调节机制。金本位制下，当一国国际收支出现逆差，会引起黄金外流，而黄金外流会引起货币供给减少和物价下跌；当一国国际收支出现顺差，则会相应地引起黄金流入、货币供给增加、物价上升，最终使国际收支重新回归均衡水平。

（二）金本位制崩溃的原因

基于三元悖论，金本位制崩溃的原因主要有两个方面。第一，黄金产量约束各国货币政策调控职能；第二，"黄金三自由"原则因战争中断，打破了金本位制下跨境资本自由流动，破坏了国际收支的自动调节机制。金本位制下各国货币政策独立性的缺失使金本位制面临不能满足各国使用货币政策调节经济的内在缺陷，货币发行受制于本国黄金储备。在金本位制下，本国货币政策要服从于稳定的汇率—黄金平价。在该平价下，各国的货币发行以黄金储备的增加和减少为基础，因此，各国失去了本国的货币政策独立性。在金本位制下，一国的货币供给分为两部分，一部分是黄金，作为基础货币；另一部分是信用货币（包括存款货币和银行券），即派生货币。信用货币的发行量受到基础货币的绝对约束。金本位制下以黄金储备为货币发行基础的货币供给调节机制有效地抑制了通货膨胀，各国货币汇率稳定，贸易发展迅速，各经济体的失业、通货膨胀问题并不突出，内部均衡还没有成为政府关注的主要宏观调控问题。从1816年开始，世界经济增长率大幅提高。但在金本位制下，货币供给主要依赖黄金产量的增加，而不是依赖商品和劳务量的增加。据统计，在1900年，世界范围内的黄金储备约有386吨，此后黄金产量一直保持相对稳定，每年约有2500吨；但世界经济在20世纪的增长量约是19世纪的16.4倍（李圣涛，2011）。黄金产量无法满足世界经济增长对货币供应量的需求，最终容易诱发紧缩型经济衰退。根据刘力臻基于费雪方程的分析，得出：

$$P \times Y = M \times V \tag{3-1}$$

其中，V代表货币流通速度，P代表物价水平。当货币供应量M一定时，在总产出Y增加的情况下单位产出和劳动的价格会越来越低，在开放经济条件下，会最终导致全球范围的失业和经济衰退，并陷入经济低迷的恶性循环。当世界经济处在衰退或萧条时期，各国只能纷纷放弃金本位制，增加基础货币供给以重振经济。另外，在金本位制下，如果货币管理当局希望增加黄金储备以稳定货币价值，或用于对外支付，货币供给就会因货币管理当局出售本国资产而减少，从而引发经济衰退。

图3-1为金本位制下的三元悖论政策搭配，各国无法使用货币政策调节国内经济，本国货币政策要服务于宏观经济的外部均衡，而忽略内部均衡调节。金本位制属于政府对经济自由放任的"古典体制"，采用两部门经济的国民收入恒等式可表示为：

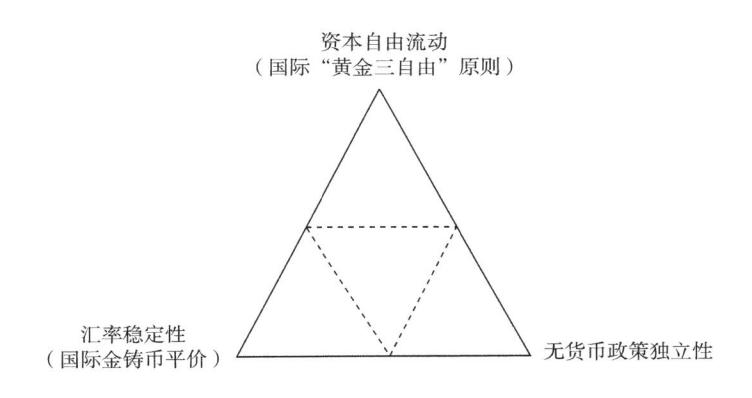

图3-1 金本位制下的三元悖论政策搭配

$$Y = C + I \qquad (3-2)$$

其中，Y 代表国民收入，C 代表消费，I 代表投资。国际收支的平衡靠"物价与黄金流动机制"自动调节。"现代体制"则是一种带有财政政策的开放型的经济体制，可表示为：

$$Y = C + I + G + (X - M) \qquad (3-3)$$

其中，G 代表政府支出，X 代表出口，M 代表进口。在缺乏财政政策的"古典体制"下，各国无法同时使用货币政策对内部失衡进行调节。以国际收支逆差国为例，黄金流出，国内货币供给下降，物价下跌。而与此同时，第一次世界大战的爆发使各国对进口的需求下降，贸易壁垒加剧，"黄金三自由"原则遭到破坏，使逆差国为调节国际收支逆差而进一步抽紧银根，出现物价下跌速度过快，这时的物价下跌不但不会提高该国商品的国际竞争力，反而会引发大批企业破产、失业增加的经济危机，使该国经济走向崩溃。但在金本位制下，黄金垄断国家开展贸易活动具有明显的优势，造成贸易发展不公平，制约世界经济的发展。

随着金本位制的"黄金三自由"原则因战争而中断。为了满足购买巨额战备物资的需要，各国开始打破以黄金储备为基础的货币发行原则，自由发行货币，导致货币超发，世界范围爆发严重的通货膨胀，国际汇率开始自由浮动。为了重新恢复平稳的世界经济秩序，国际货币体系重新寻锚。

二 国际汇率制度从固定到浮动的第二个循环

（一）布雷顿森林体系下固定汇率制度由建立到崩溃

1944 年 7 月，"联合国联盟国家国际货币金融会议"在美国新罕布什尔州的布雷顿森林召开，协定成立国际货币基金组织（the International Monetary Fund，IMF）来管理国际货币体系。其主要职能包括：稳定国际汇率，为各国国际收支的失衡提供融资；成立国际复兴开发银行（IBRD，世界银行的前身），负责战后世界经济重建和为贫困国家提供长期贷款，促进国际货币合作。布雷顿森林会议以后，根据《国际货币基金组织协定》的有关规则，世界各国货币汇率实行"双挂钩"制度，又被称为可调整的钉住汇率。[①] 如图 3-2 所示，美元与黄金挂钩，其他主要货币再与

---

① 在布雷顿森林体系下，只有一国国际收支发生"根本性不平衡"时才允许一国货币汇率变动，汇率的任何变动都要经过国际货币基金组织的批准。基本上，各国货币汇率如果在 10% 的幅度内变动，可以由货币当局自行决定；而如果在 10%—20% 的幅度内变动，则需要得到国际货币基金组织的批准。

美元挂钩。布雷顿森林体系建立之后，美元成为唯一可以兑换黄金的货币，各国政府可以随时用美元向美国政府兑换黄金，构建了黄金—美元本位制。在这一固定比价之上，各国货币对美元在固定波幅内调整，各国有义务在外汇市场上施加干预，以维持汇率的稳定，因此，"双挂钩"制度相较于金本位制下的固定汇率制度，既兼顾了汇率稳定性，又给予各国一定的汇率弹性调整空间，以满足当时各国对汇率制度安排的需求，是可调整的钉住汇率制度。

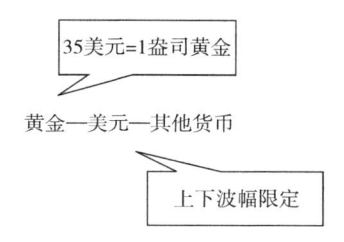

```
                35美元=1盎司黄金

            黄金—美元—其他货币

                 上下波幅限定
```

图 3-2　布雷顿森林体系下的"双挂钩"汇率稳定机制

布雷顿森林体系建立初期，由于战后防范经济危机以及国际储备匮乏，大部分国家实行资本管制，平稳维持了"双挂钩"机制下的可调整钉住汇率制度。图 3-3 描述了布雷顿森林体系下的三元悖论政策选择。这一时期的国际资本流动主要通过官方国际援助方式，1948 年的《对外援助法案》通过了由"经济合作总署"（ECA）负责执行的"欧洲复兴计划"（European Recovery Program，ERP），又被称为马歇尔计划（The Marshall Plan）。通过该计划，美国对欧洲提供了总计约 130 亿美元的经济援助。欧洲于 1950 年创建"欧洲支付同盟"（European Payments U-nion，EPU），积极促进欧洲地区资本流动。与此同时，跨境直接投资也随着战后国际金融和贸易的复苏而蓬勃发展。

由于战后经济发展的需要，1960 年前后，国际资本管制松动，资本流动对于固定汇率的冲击也开始显现出来。在布雷顿森林体系下，美元始终维持 35 美元兑换 1 盎司黄金的官价，本身已经使美元汇率相对高估。而由于战后美元超发以及美国黄金储备的迅速下降，美元面临贬值压力。20 世纪 60 年代，美元在外汇市场上共遭受了十几次大规模的冲击（陈平，2000）。当时的尼克松政府积极推进实施特别提款权（special drawing rights, SDR),并于 1961 年提议建立"黄金总库",各国共同负担对金价的干预,以稳定黄金价格,维护美元兑换黄金价格的稳定以及美元与黄金之间的可兑换性。图 3-4 为主要的"黄金总库"成员国提供的黄金份额。但是,"黄金总库"缺少强制的执行机制,很快各国纷纷打破了"黄金

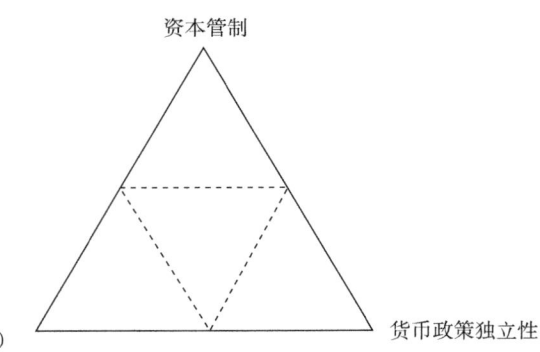

图 3-3 布雷顿森林体系下的三元悖论政策搭配

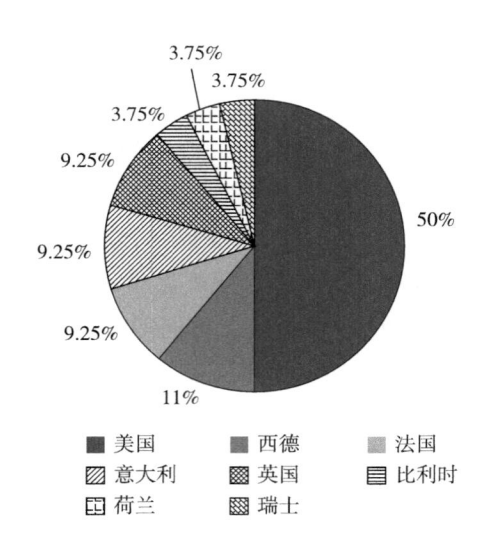

图 3-4 "黄金总库"成员国提供的黄金份额

资料来源:[美]巴里·艾肯格林:《全球失衡与布雷顿森林的教训》,张群群译. 东北财经大学出版社 2013 年版。

总库"安排的约定，最终"黄金总库"的安排仅仅维持了六年时间就土崩瓦解了，并于1968年开始实行黄金双价制。所谓"黄金双价制"，是指黄金在官方和私人市场实行不同的市场价格。在官方市场，各国依旧按照每盎司黄金35美元的官方兑换价格向美国兑换黄金；但在私人市场，黄金价格完全听凭市场供求决定。黄金双价制的实行标志着布雷顿森林体系瓦解的开始，此时美元事实上已经开始贬值，为了缓解美元的贬值趋势，美国要求其他发达国家的货币兑美元升值，但遭到其他国家的反对。

1969年，美国爆发了战后的第五次经济危机，国际投资者经过战后重建积累了大量美元，不断把美元兑换成黄金，私人市场金价不断攀升，美国国际收支逆差持续扩大。1971年8月6日，美国损失黄金和其他储备资产超过10亿美元，随后尼克松政府单方宣布，中止黄金与美元之间的可兑换性，美元与黄金脱钩，日元和马克等主要国家货币对美元大幅升值。1973年，布雷顿森林体系崩溃，世界各国开始进入浮动汇率时期。

（二）布雷顿森林体系崩溃的原因

1. 黄金—美元平价难以维系

各国使用美元外汇储备盈余向美国提取黄金反映了美元需求下降而黄金需求上升，表明美元的实际价值下降，黄金的实际价值上升。但在每盎司黄金35美元的固定官方兑换价格下，美元供给增加后，黄金和美元的供求无法通过兑换价格的变动达到再平衡。为了满足世界经济增长对美元的持续扩张性需求，美元供给规模持续增加，但黄金储备是有限的，导致了黄金—美元可兑换性必然走向崩溃。在西方国家积累了美元盈余后，纷纷向美国政府要求兑换黄金。

图3-5为布雷顿森林体系中后期美国的黄金储备。早在20世纪40年代中期，美国已经拥有全世界黄金储备70%的份额，因此，最初美国黄金储备的下降并没有造成其他国家的剧烈恐慌。1959年年末，外国持有的美元债权总额价值已经超过了美国货币黄金存量总额的价值，世界各国开始普遍对美国的偿债能力产生怀疑。1960年10月，伦敦金融市场上的私人黄金买卖价格已经从35.2美元/盎司上涨到40美元/盎司，35美元/盎司的美元兑黄金的官价承受了巨大的贬值压力，前后甚至引起了三次主要的美元危机，黄金—美元平价和可兑换性最终崩溃。在布雷顿森林体系的固定汇率制度的长期约束下，由"双挂钩"决定的汇价早已

背离了市场供求，背离了汇价的根基。而僵化的固定汇率制度遏制了价值规律的作用机理，汇价不能按市场供求、经济基本面、劳动生产力随机调整。因此，只能通过体制崩溃和变革的方式，促使各国货币币值回归，以反映真实市场供求的价格。

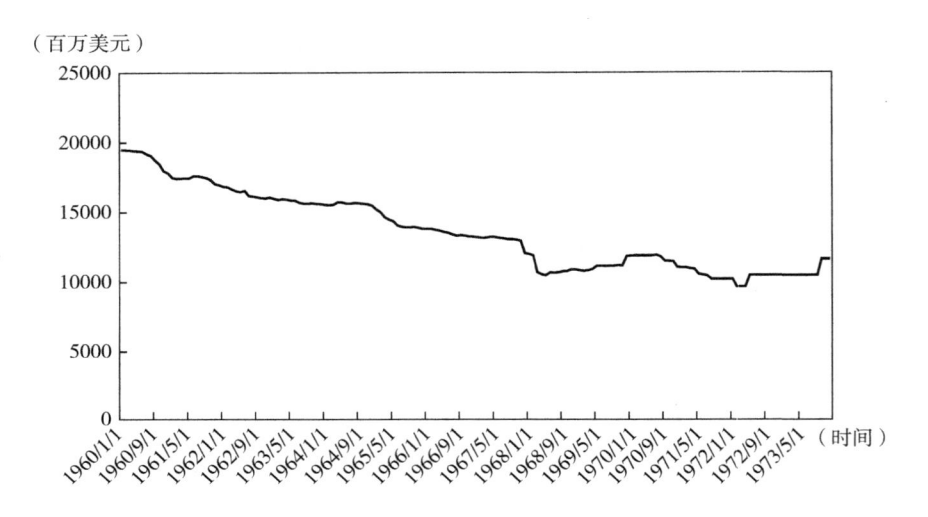

图 3-5　布雷顿森林体系中后期的美国黄金储备

资料来源：CEIC 数据库。

另外，美国耶鲁大学教授 Triffen 于 20 世纪 50 年代提出了著名的"特里芬两难"（triffen dilemma），指出了布雷顿森林体系中的黄金—美元平价具有内在的不可持续性，无法长期维持国际固定汇率制度。"特里芬两难"指出，在布雷顿森林体系下，美元作为一国的主权货币，同时肩负着世界货币的职能会产生两难问题，该货币要满足国际清偿需求，需要维持本国国际收支逆差；持续的国际收支逆差会造成本币贬值，而作为世界货币，应该维持经常项目顺差，以吸引黄金流入，才能维持布雷顿森林体系下的黄金—美元的可兑换性。

2. 跨境资本流动加剧对黄金—美元平价的冲击

布雷顿森林体系下，各国原本实行严格的资本管制，维持了黄金—美元平价。但是，在 20 世纪 50 年代以后，随着战后世界各国经济的不断恢复，跨境资本流动的规模逐渐扩大，对黄金—美元平价的冲击逐渐加剧。1973年石油危机爆发，引发了中东石油美元的大量输出，同年美国进入浮动汇率时期，资本大规模流动最终引发了汇率的剧烈波动。

3. 布雷顿森林体系后期跨境资本流动对货币政策独立性的冲击

在布雷顿森林体系下，35美元兑换1盎司黄金的官价使美元汇率相对高估。布雷顿森林体系初期，美国在马歇尔计划中向欧洲输送了大量美元，满足了欧洲战后重建经济的需要。而布雷顿森林体系后期，跨境资本流动激增，各国为兑换黄金，美元又回流到美国。由此可知，跨境资本流动对黄金—美元平价造成冲击。在布雷顿森林体系下，各国需要调整本国产出、就业以及货币政策，以维持黄金—美元平价，削弱本国的货币政策独立性。如果要保持各国的货币政策独立性，就需要资本管制，而随着各国经济对国际市场的需求和依赖增加，西方发达国家的资本项目逐步放开，三元政策间的矛盾日趋激化。虽然布雷顿森林体系下的固定汇率制度较金本位制时期具有一定弹性，给了各国一定的货币政策调整空间，但布雷顿森林体系下的固定汇率制度仍无法满足欧洲和其他国家使用汇率调节本国国际收支和刺激经济增长的宏观经济调控需要。

三　国际汇率制度市场化趋势

（一）牙买加体系下多元汇率制度的建立

1978年3月，国际货币基金组织正式宣布成立以《牙买加协定》为基础的新的国际货币体系——牙买加体系（Jamaica System），形成现在的国际货币体系的新格局。牙买加体系的主要变革有：第一，承认浮动汇率制度的合法性；第二，取消黄金的货币职能；第三，取消美元本位，以特别提款权作为储备资产；第四，国际货币基金组织对各种汇率安排实行监督。由于缺乏国际统一的货币体系特征，牙买加体系也被称为"无体系的体系"（no-system）。

牙买加体系下，各国可以按照本国的宏观经济政策目标选择多样化的汇率制度，但国际汇率体系缺乏统一的汇率"锚"，国际汇率体系由布雷顿森林体系下以美元为核心的单极化体系逐步蜕变成以美元为主体，以欧元、日元、英镑等为补充的弱单极化模式。但事实上，新兴市场和外围经济体的货币汇率依旧寻"锚"，锚定币种日趋丰富。图3-6显示了牙买加体系下的主要锚定货币及使用国家数量占比，可以看到，主要的锚定货币是美元和欧元，也有采取钉住"一篮子货币"的汇率制度的国家，其货币篮子一般以美元和多种货币组成，或以主要贸易往来国家的货币为汇率"锚"。随着市场经济发展，发展中国家逐渐放松了对美元的事实汇率钉住区间。2002年7月，欧元成为欧元区的唯一合法货币，在区域内实行固定汇率制度，牙买加体系下的国际汇率制度开始向多元化的汇率体系方向迈进。

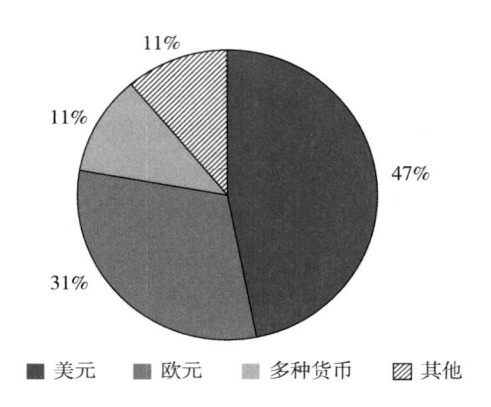

图 3-6　牙买加体系下的主要锚定货币及使用国家数量占比

数据来源：IMF 网站。

牙买加体系下，各国汇率制度选择的多元化还体现在名义汇率制度和事实汇率制度的分化方面。亚洲国家多存在"浮动恐惧"的现象，事实汇率制度比名义宣布的汇率制度更趋于固定。部分国家由于持有大量外币债务，害怕汇率风险带来汇兑损失，往往采用钉住债务计值货币的事实钉住汇率制度。存在"货币替代"现象的国家同样倾向于采用事实固定汇率制度。

图 3-7 收录了 IMF 统计的 2010—2018 年各种汇率制度安排的使用国家数量占比及趋势变化。在两极汇率制度中，使用浮动汇率安排的国家数量占比要明显多于使用硬钉住安排的国家数量占比。但是与"两极论"和"中间汇率制度消失论"相悖的是，使用软钉住汇率安排的国家数量占比并没有逐渐减少，但是相较于使用硬钉住安排和浮动汇率安排的国家数量占比具有更加显著的波动性。由此可见，在"浮动恐惧"现象、汇率预期的不确定性下，使用中间汇率制度的国家会更频繁地更改本国的汇率制度安排。剩余类别的汇率安排由于汇率政策及导向的不确定性，通常具有不稳定性，因此，在观测时段内也呈现出更频繁的使用国家数

量的变化。虽然中间汇率制度具有易受国际游资冲击、缺乏政策公信力等不利于宏观经济平稳发展的问题，但鉴于中间汇率制度不仅更加适合发展中国家的经济发展和金融市场发展状况，又可以部分兼顾浮动汇率制度和固定汇率制度的优点，中间汇率制度是国际上大多数发展中国家的现实选择。

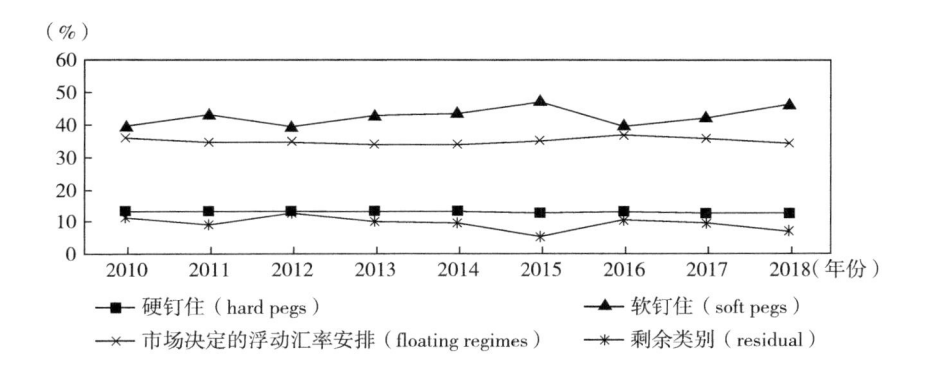

图 3-7　2010—2018 年各种汇率制度安排的使用国家数量占比及趋势变化

资料来源：Annual Report on Exchange Arrangements and Exchange Restrictions 2018，IMF 网站公布。

牙买加体系下，各国陆续实现了 IMF 关于经常项目可自由兑换的协定，推进资本自由流动。新兴市场和发展中国家货币汇率事实钉住美元，出口的蓬勃发展使新兴市场和发展中国家积累了大量外汇储备，造成国内基础货币供给增加，国内利率上升，货币政策独立性受到影响。在事实钉住美元的汇率制度下，美国货币政策变动对新兴市场和发展中国家的货币政策独立性产生影响。牙买加体系虽然允许各国自由选择多样化的汇率制度安排，但新兴市场和发展中国家多选择事实钉住美元的汇率制度，体现出"害怕浮动"，使汇率缺乏弹性。大量研究证实在 1997 年亚洲金融危机前后，新兴市场和发展中国家仍然采用事实钉住美元的汇率制度（Frankel and Wei，1992；Mckinnon，2003）。

新兴市场和发展中国家兼顾了三元悖论的资本部分管制、中间汇率制度下相对独立的货币政策。如果汇率受到冲击，即三元悖论中间化。当遭遇货币危机，本币币值下滑，资本项目放开会为资本外逃打开合法的渠道，因此，相对于角点解，三元悖论中间化可以规避汇率风险及资本外逃。在宏观经济调控方面，相对于金本位制和布雷顿森林体系，牙买加体系允许各国汇率政策兼顾内外均衡。在金本位制和布雷顿森林体系下，各国汇率制度安排服从国际统一的汇率安排，以维持外部均衡为首要目标，不能兼顾本国的经济周期和央行政策调控目标。在牙买加体系下，经济低迷时期，央行可以适度降低汇率以刺激出口。以物价稳定为主要目标的国家可以采用钉住通货膨胀水平的汇率制度，也可以适当提高或降低汇率以稳定产出。在各国积累了一定的外汇储备后，实行外汇市场干预和冲销干预，以实现在资本相对流动下汇率相对稳定和部分货币政策独立性，即三元悖论中间化发展。在牙买加体系下，美国不断增发美元以偿付债务并向外输出大量流动性，新兴市场和发展中国家在积累了大量美元储备后，基础货币供应量不断上升，导致国内货币政策独立性受限（见图3-8）。

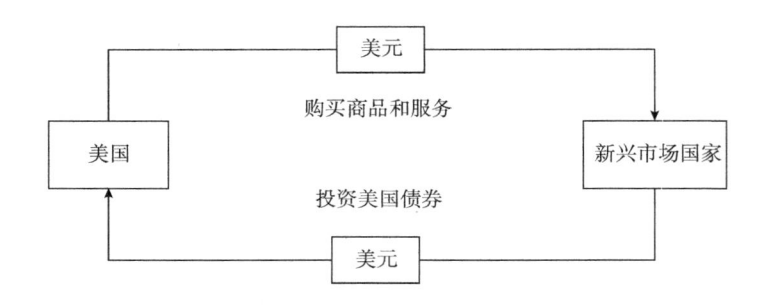

图 3-8　牙买加体系下的美元跨境流动

在布雷顿森林体系下，由于具有国际统一固定的黄金—美元平价，其汇率风险较小。跨境资本流动主要是官方资本流动，私人资本流动的规模较小。而在牙买加体系下，随着国际金融市场的发展，短期套汇套利资本规模不断增加，对汇率冲击较大。其汇率稳定性靠各国货币当局自行维持，具体的维持机制为：本币汇率升值，卖出本币，买入外汇储备，本币汇率贬值至合意水平；本币汇率贬值，卖出外汇储备，买入本币，本币汇率升值至合意水平。因此，本币贬值是以外汇储备进行外汇市场干预的。在短期内汇率频繁贬值的情况下，使用外汇储备进行外汇市场干预是不可持续的。因此，长期维持事实钉住美元的汇率制度具有不确定性。发展中国家为了同时兼顾三元悖论三边，在同时实行外汇市场干预和冲销干预的基础上，使三元悖论向着有管理的浮动汇率制度、资本部分流动、货币政策相对独立的中间化发展。

在金本位制度和布雷顿森林体系下，全球储备为单一黄金或者黄金与美元。图3-9是1995年与2019年的主要国际储备货币份额，可以看出，目前主要的国际储备依旧是美元，占国际储备货币的60.89%。牙买加体系建立之初，美元具备世界货币地位，美国具有世界第一的经济体量。新兴市场和发展中国家为了稳定本国外汇储备价值和规避出口贸易的汇兑风险，普遍采用事实钉住美元的汇率制度。但是随着欧元、人民币等货币国际化进程的推进，多种非美元国际储备的份额相较于1995年有了大幅提高，国际储备货币多元化已是大势所趋。近年来，新兴市场和发展中国家钉住的货币篮子也逐渐由单一美元增加为多币种。目前虽然国际货币体系仍然以美元本位为主，但欧元也已经成为发展中国家和新兴市场经济体的主要锚定货币。

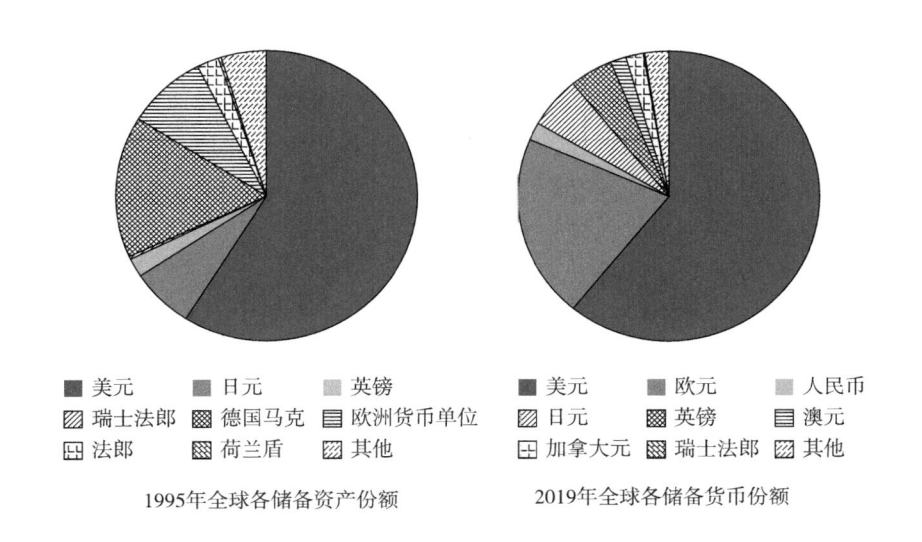

1995年全球各储备资产份额	2019年全球各储备货币份额
■ 美元　■ 日元　■ 英镑 ▨ 瑞士法郎　▨ 德国马克　▨ 欧洲货币单位 ▦ 法郎　▨ 荷兰盾　▨ 其他	■ 美元　■ 欧元　■ 人民币 ▨ 日元　▨ 英镑　▨ 澳元 ▦ 加拿大元　▨ 瑞士法郎　▨ 其他

图3-9　1995年与2019年的主要国际储备货币份额

资料来源：IMF（IFS），Currency Composition of Official Foreign Exchange Reserves（COFER）。

近年来，Dooley等（2003）针对当今不平衡的国际经济货币体系，提出了"布雷顿森林体系Ⅱ"，又被称为"复活的布雷顿森林体系"，认为当今的国际货币体系就是第二次世界大战后的布雷顿森林体系的延续，反映出当今国际经济秩序不平衡的现状。在"布雷顿森林体系Ⅱ"下，美元是美国的主权信用货币，同时也是世界货币，承担着维持国内和国际经济运转的双重职责。国际货币体系的稳定取决于美元的稳定，美元的稳定取决于美国的国际收支平衡，但全球清偿需要和外围国家对美元的持续扩张性需求依赖美国的长期国际收支逆差。美元币值受损，威胁到美元的世界货币地位，成为牙买加体系下新的"特里芬难题"。

（二）三元悖论的历史演化与国际汇率制度市场化趋势

本节将对前述三元悖论的历史演化进行总结，在此理论框架下，对国际汇率制度的市场化趋势加以分析。在跨境资本流动下，全球化因素对国际汇率制度选择的影响增加。全球化因素是指金融自由化、全球失衡、全球金融周期和汇率风险等。金融自由化的推进与国际汇率体系变迁有着一定的同步性，在跨境资金流动规模迅速增长的情况下，汇率波动加剧，实行固定汇率制度国家的汇率干预成本加大。在金融全球化不断推进的情况下，全球金融周期对各国汇率的波动具有重要的影响。美国、欧盟等大国货币政策、汇率政策、贸易政策对外围国家的溢出效应加大，形成汇率风险；外围国家的货币避险情绪受到全球金融周期的影响，货币当局的汇率政策和货币政策安排会相应做出调整，以适应全球金融周期变化。因此，在牙买加体系下，一国维持固定汇率制度的成本加大会促使国际汇率制度走向市场化。

1. 金融自由化

金融自由化（financial liberalization）描述的是一国解除金融管制、实行对外开放，从而与国际资本市场联系日益加强的过程，与金融全球化有着密切联系。在金融自由化下，跨境资本流动的规模迅速增长。历史上，金融自由化的发展阶段与国际汇率体系变迁有着一定的同步性。参考马欣原（2004），随着国际汇率体系的演进，全球金融自由化进程可以分为四个阶段。

第一阶段为国际金本位制时期（1870—1914年）。在金本位下，各国货币可以自由兑换成黄金且自由流动，全球资本高度流动，不存在资本管制。在此期间，各国的货币政策服从于稳定汇率—黄金平价，汇率政策和货币政策不能被各国政府用于调节国内失业、投资等，为维持内部均衡，各国无货币政策独立性。

第二阶段为金本位制崩溃后的无序时期（1915—1944年）。由于第一次世界大战爆发，金本位制走向崩溃。为了保护本国的黄金储备，防止货币危机的发生，各国纷纷禁运黄金，实行汇兑管制，国际汇率体系陷入混乱，国际资本流动陷入停滞。随着1929年"大萧条"时期的到来，金本位制彻底崩溃，各国实行贸易限制、资本管制，防止资本外逃造成本币的大幅贬值。

第三阶段为布雷顿森林体系时期（1945—1972年）。第二次世界大战后，全球建立起布雷顿森林体系下的钉住汇率制度。为了维护本国货币与美元的固定汇率平价，各国在布雷顿森林体系建立之初，跨境资本流动的规模较小。随着第二次世界大战后全球经济发展的逐渐恢复，贸易自由化和资本项目自由化重启，资本管制越来越难以维持。欧洲主要国家于1950年成立欧洲清算联盟（European Payments Union），推动了欧洲地区内部的资本自由流动。在20世纪60年代后期，国际资本流动规模不断增加，布雷顿森林体系下的固定汇率制度被冲破。

第四阶段为牙买加体系时期（1973年至今）。随着牙买加体系的建立，国际金融环境出现了很大变化，西方国家开始普遍实行浮动汇率制度，在各国资本项目逐步开放的同时，货币政策独立性得到提高。但在20世纪70年代，西方国家出现了通货膨胀与失业并存的"滞胀"现象，各国政府开始推崇由市场主导的自由主义经济体制，放松政府对宏观经济的干预力度。于是在牙买加体系下，金融自由化和金融全球化的兴起要求资本在国家间自由流动，英国、日本、澳大利亚、新西兰等国家率先完成了资本自由化改革，发展中国家也在加大本币汇率弹性、推行金融自由化的进程中。

从国际资本流动的历史进程来看，金融自由化具有不可逆性。图3-10揭示出在金融全球化进程中，各国资本账户开放过程的不可逆性。BP代表资本账户平衡，随着金融全球化程度的日益提高，资本流动规模会随之逐渐升高，BP曲线斜率会逐渐增大，曲线形状会由陡峭逐渐趋向平坦。根据BIS的外汇市场交易调查报告，到2019年4月，外汇市场每日交易额达到6.6万亿美元，高于三年前的5.1万亿美元。其中，美元保持主导货币地位，在所有贸易中占88%，涉及欧元的贸易份额有所扩大，达到32%；然后是日元，达到所有交易的17%。外汇掉期主要用于市场参与者管理资金流动性和对冲汇率风险，交易量达到每日3.2万亿美元，几乎达到外汇市场每日交易额的一半。新兴市场经济体（EME）的货币市场份额再次上升，达到全球总交易额的 25%。

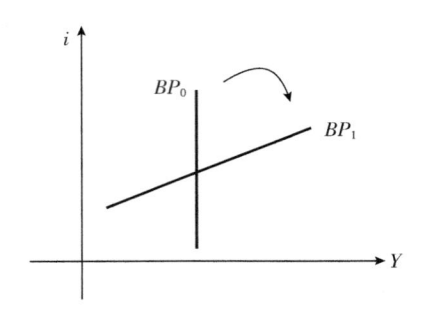

图 3-10　资本账户开放的不可逆性

资料来源：Bordo, M. D., *Exchange Rate Regime Choice in Historical Perspective*, NBER Working Paper, 2003。

相较于资本项目自由化进程，经常项目可兑换进程更加迅速。IMF 协定第八条款中关于经常项目可自由兑换的要求在大多数成员国中得到实施。1950 年欧洲清算联盟建立后，大多数成员国完成了经常项目可兑换。日本在实行逐步放松经常项目交易的过程后，于 1964 年完成了经常项目可兑换。2017 年，IMF 的 189 个成员国中有 171 个实现了经常项目可兑换。

图 3-11 表示牙买加体系下中国、美国、德国、日本、英国的经常账户净资本流动情况，可以看出，各国资本流动在牙买加体系下呈现出增长趋势。在 2008 年国际金融危机前后，中国、美国资本流动呈现下降趋势，但总体上各国的资本流动规模仍然持续扩大。对比各国的资本流动情况与汇率变动情况，金本位制与牙买加体系同处于资本高度流动的环境之中，但是汇率稳定性完全不同，Feldstein and Horioka（1980）提出的"FH 之谜"（FH Puzzle）揭示了这一现象。

虽然两次世界大战暂时中断了金融自由化的发展进程，但是金融自由化还是随着国际汇率制度从固定到浮动的演进而逐渐推进的。跨境套汇套利资本规模的不断增加要求国际汇率制度具有适度的灵活性，缩小跨境资本套汇套利空间。表 3-4 是几个主要工业国实现利率、汇率市场化和金融自由化的进程对照。研究显示，美国采用"先外后内"的改革

第三章　国际汇率制度及人民币汇率制度市场化改革的历史进程 | 75

顺序，依次实行本币国际化、放宽资本管制度、汇率自由化和利率市场化；英德两国在1973年实行浮动汇率制度，1979年前后完成资本账户开放；日本资本账户开放的时间相对较晚，20世纪90年代前后才基本实现资本账户开放。进入牙买加体系后，德国、日本、英国、美国等西方国家先后实行浮动汇率制度，完成汇率市场化进程，放松资本管制与汇率市场化进程几乎同时进行。

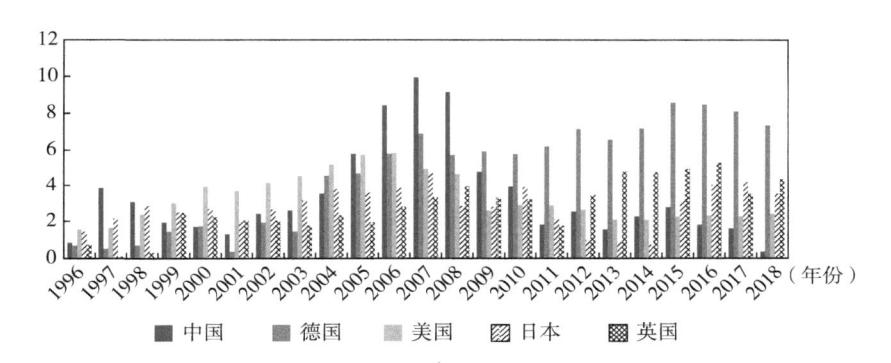

图3-11　牙买加体系下中国、美国、德国、日本、英国的经常账户净资本流动情况

注：参考 Alan M. Taylor, "International Capital Mobility In History: the Savings—Investment Relationship", *NBER Working Paper*, No. 5743, 1996. 采用 CA/GDP 的绝对值代表各国经常账户净资本流动情况。

资料来源：世界银行 WDI 数据库。

表3-4　几个主要工业国实现利率、汇率市场化和金融自由化的进程对照

开放进程	美国	德国	日本	英国	中国
汇率市场化进程	浮动汇率制度（1978年）	浮动汇率制度（1973年）欧元区（1999年）	浮动汇率制度（1973年）	浮动汇率制度（1973年）	有管理的浮动汇率制度（2005年）
资本账户开放进程	取消资本管制（1974年）	马克实现自由兑换（1959—1981年）	放松资本流入限制（1979年）放松资本流出限制（1985年）取消跨境交易限制（1995年）	1958—1979年，资本管制存在反复，但最终实现完全开放	1992年实现资本开放

资料来源：中国人民银行、国家外汇管理局网站。

基于货币危机理论，资本开放先于汇率市场化的国家具有潜在的货币危机。部分亚洲国家先行开放本国资本账户，实行固定汇率制度。1997年，泰国在资本账户开放和钉住汇率制度并存的情况下，泰铢受到巨额国际游资的冲击，导致固定汇率制度崩溃，泰铢大幅贬值，最终引发亚洲金融危机。在牙买加体系下，国际游资规模日益扩大，增加了使用固定汇率制度的国家发生货币危机的可能，因此，国际汇率体系走向浮动是大势所趋。据IMF统计，全球跨境游资规模高达7万亿美元左右，投机者可以运用6000亿—10000亿美元进行货币攻击（杨小军，2008）。

2. 大国货币政策对外围国家货币政策的溢出效应

在牙买加体系下，各国金融环境、货币政策会受到全球因素变动的强烈影响，美国的货币政策变动通过全球资本流动对新兴市场和发展中国家货币政策的影响日趋加深。金融全球化（financial globalization）描述了全球资本通过不同形式（如FDI）的跨国运动加深相互联系的态势，是全球金融运行活动和金融风险发生机制日益密切和趋同的过程（Kose，et al.，2003）。二元悖论的相关研究指出，在金融全球化不断发展的背景下，全球金融周期对于各国经济的影响规模日益扩大，影响速度日益加剧，全球金融周期变化带动国际资本流动，使投资者对资本市场、外汇市场的风险预期增加，各国无论采用何种汇率制度，货币政策独立性都会失去（Rey，2015）。但贯穿金本位制、布雷顿森林体系、牙买加体系的历史实证分析表明，三元悖论确实存在；同时，大量实证研究也能证实三元悖论的存在。此外，汇率浮动区间的放开可以提高一国的货币政策独立性。

从国际汇率制度的演进历史来看，作为基准国家的大国货币政策对外围国家货币政策的影响各不相同。Obstfeld等（2004）对基准国家影响外围国家货币政策独立性进行实证研究，结果表明，在金本位制下，英国作为世界经济、政治地位排名第一、贸易体量最大的国家，在国际固定汇率制度下，英国货币政策变动对其他国家货币政策变动的影响明显；在布雷顿森林体系下，基于钉住汇率制度，美国货币政策的变动对其他国家货币政策变动的影响明显；在牙买加体系下，虽然国际货币体系已经呈现多元化，但是美国仍然是大多数国家货币政策的主要基准国家，实行钉住汇率制度国家的货币政策比其他国家的货币政策独立性要高。牙买加体系下，假设资本自由流动，在外围国家采用固定汇率制度下，美国货币政策对外围国家货币政策的溢出效应如图3-12所示。

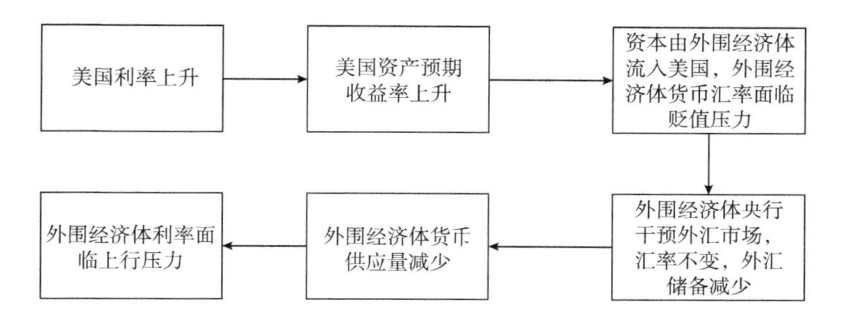

第三章 国际汇率制度及人民币汇率制度市场化改革的历史进程 | 77

图 3-12 固定汇率制度下美国利率上升对外围国家货币政策的溢出效应

图 3-12 表示在外围国家实行固定汇率制度下，美国利率上升会导致美国资产预期收益率上升，资本由外围经济体流入美国，外围经济体货币汇率面临贬值压力。在固定汇率制度下，外围经济体央行使用外汇储备干预汇率，使汇率维持在原来水平，但同时导致外汇储备减少，国内货币供应量减少，利率面临上行压力。因此，在固定汇率制度下，美国利率上升最终会通过资本流动导致外围经济体利率相应上升，失去货币政策独立性。

图 3-13 表示在外围经济体实行固定汇率制度下，美国利率下降通过资本流动，最终导致外围经济体利率相应上升，失去货币政策独立性。因此在固定汇率制度下，外围经济体实现了三元悖论三边中的汇率稳定性、资本流动，失去了货币政策独立性。在外围国家采用浮动汇率制度下，美国货币政策对外围国家货币政策的溢出效应如图 3-14 所示。

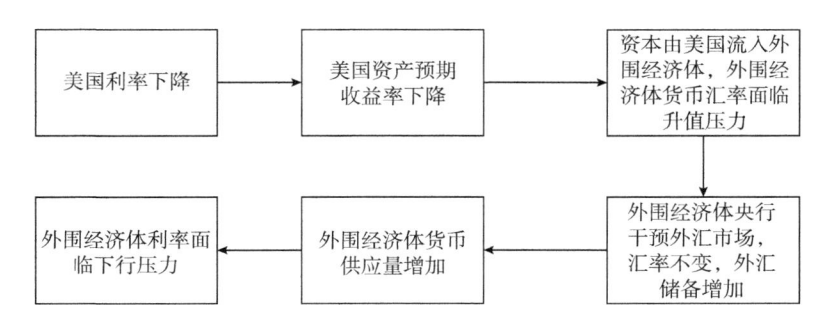

图 3-13 固定汇率制度下美国利率下降对外围国家货币政策的溢出效应
资料来源：作者整理。

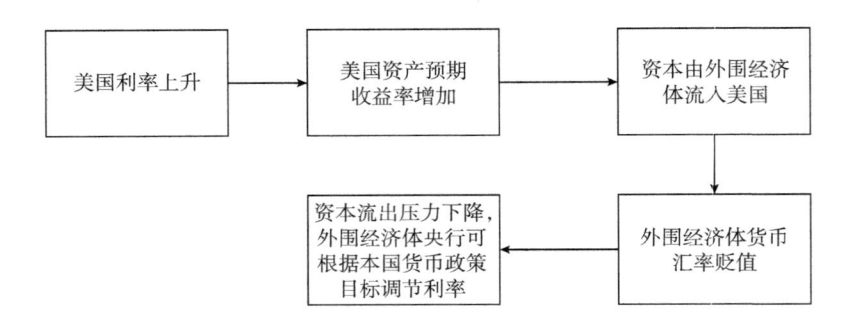

图 3-14 浮动汇率制度下美国利率上升对外围国家货币政策的溢出效应

资料来源：笔者整理。

图 3-14 表示在浮动汇率制度下，美国利率上升对外围经济体形成资本流入压力，外围经济体汇率贬值后，资本流入压力下降，外围经济体可以自行调节本国利率水平，实现货币政策独立性。

图 3-15 表示在浮动汇率下，美国利率下降导致美国资产预期收益率下降，资本由美国流入外围经济体，外围经济体汇率升值，资本流入压力下降，此时外围经济体央行可以根据本国货币政策目标调节利率水平。因此在浮动汇率制度下，外围经济体央行可以通过汇率变动，缓解跨境资本流入或流出压力，实现本国的货币政策独立性。在现阶段金融市场发展相对落后的情况下，新兴市场和发展中国家选择有管理的浮动汇率制度，在三元悖论的三难抉择中选择三项都部分保留的中间解，兼顾本国汇率稳定性的同时，增加汇率弹性，提高本国的货币政策独立性。

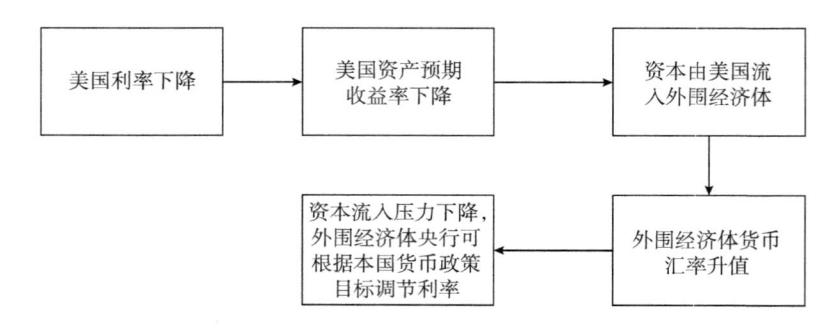

图 3-15 浮动汇率制度下美国利率下降对外围国家货币政策的溢出效应

资料来源：笔者整理。

3. 国际浮动汇率体系下的汇率市场化趋势

在牙买加体系下，各国采取更加灵活的汇率制度，汇率波动加剧。从国际汇率体系演进的历史进程来看，各国经历了从金本位制下的固定汇率制度到布雷顿森林体系下的钉住汇率制度，再到牙买加体系下多元化的浮动汇率制度，汇率浮动区间逐渐放开。在金本位制下，各国通过立法保证金铸币平价。在布雷顿森林体系下，由国际货币基金组织（IMF）制定各国货币同美元挂钩、美元同黄金挂钩的钉住汇率制度。在牙买加体系下，随着金融全球化进程的推进，全球金融市场风险具有更加迅速的传播性和联动性，大国货币汇率频繁变动，对新兴市场和发展中国家货币汇率波动具有重要影响。相较于布雷顿森林体系，各主要经济体兑美元汇率波动性加剧。图3-16显示了1960年以来美元兑英镑、日元、人民币汇率，可以看出，在1973年黄金—美元平价的国际固定汇率体系瓦解之后，美元兑各货币汇率的波动性明显增加。

在牙买加体系下，国际货币体系由主权货币组成，金属货币仅作为储备货币，因此，各国可以自行选择货币政策安排，调节货币供应量，由此引发了各国货币的汇率波动。在牙买加体系下，由于各国缺乏发行货币的约束机制，货币超发成为汇率波动的重要原因。以美国为例，1980年以来，随着美国量化宽松政策的持续，美国广义货币供应量不断增加，美元有效汇率指数整体呈现上升趋势（见图3-17）。

新兴市场和发展中国家为实现本国经济增长，发展出口贸易，在20世纪90年代普遍采用钉住美元和相对低估的汇率政策。中国经常项目顺差逐年扩大，人民币升值压力明显。在各国以本国货币政策目标为前提的汇率政策下，汇率扭曲程度加大，名义汇率对均衡汇率形成偏离，新兴市场和发展中国家需要更加浮动的汇率制度，以释放本国货币的升值或贬值压力。

实行浮动汇率制度虽然可以释放本国货币汇率的升贬值压力，但是脱离本国央行管制的汇率波动也会形成相应的汇率风险。1997年亚洲金融危机后，发展中国家加大资本管制与汇率制度的协调配合，防止本国在汇率面临贬值压力时形成资本外逃。在发展中国家金融市场现阶段发展不够健全的情况下，更加适合实行有管理的浮动汇率制度等中间汇率制度，兼顾汇率弹性和汇率风险管理，同时配合部分资本管制措施，防止汇率风险对本国经济发展造成的伤害。

(a) 1960年以来美元兑英镑汇率

(b) 1960年以来美元兑日元汇率

(c) 1960年以来美元兑人民币汇率

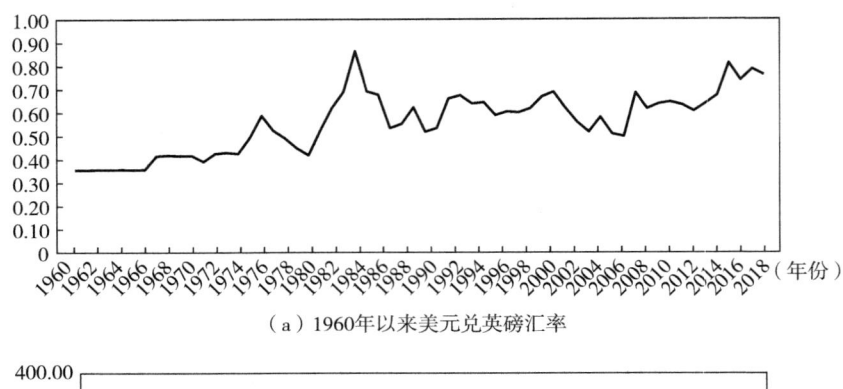

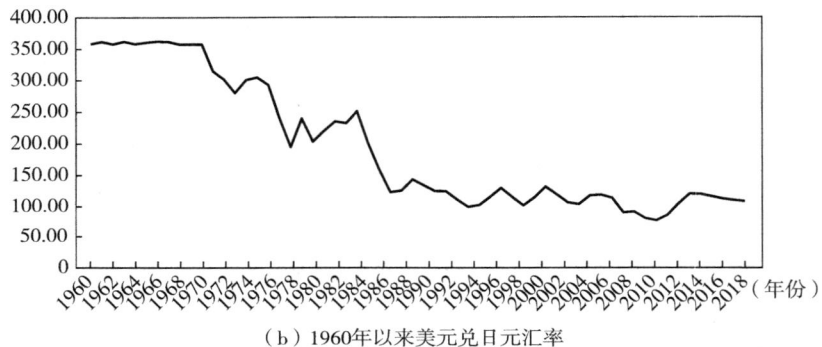

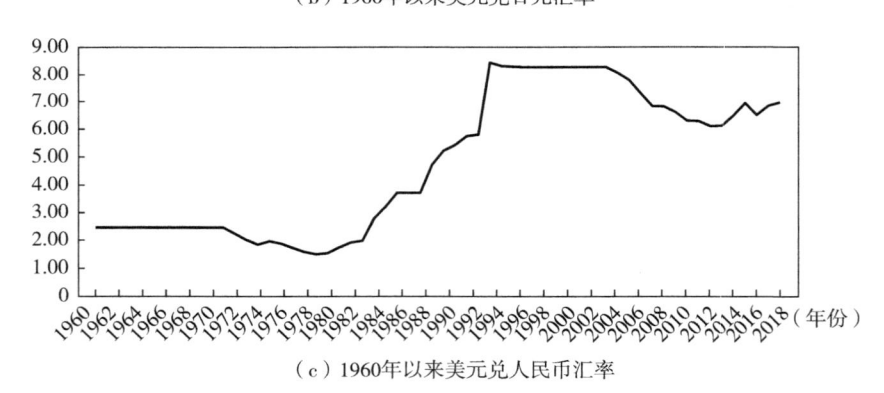

图 3-16 1960 年以来美元兑英镑、日元、人民币汇率

资料来源：世界银行 WDI 数据库。

综上所述，由表 3-5 可知，在国际汇率体系市场化进程中，各国政策搭配基本符合三元悖论，且存在由角点解向中间化发展的形态变化。

第三章　国际汇率制度及人民币汇率制度市场化改革的历史进程 | 81

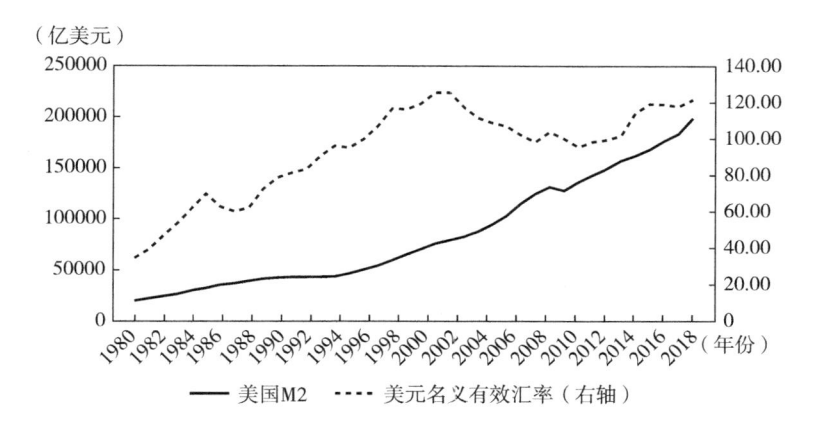

图 3-17　1980—2018 年美国货币供应量和美元名义有效汇率

资料来源：IFS（IMF），世界银行。

表 3-5　国际汇率体系演进中各国三元悖论政策搭配及形态变化

时期	国际汇率体系	资本自由流动	汇率稳定性	货币政策独立性	三元悖论形态
1870—1914 年	金本位制	"黄金三自由"原则下，资本自由流动	铸币规定含金量，汇率稳定	黄金—货币的货币发行机制，无货币政策独立性	角点解
1915—1944 年	脱离金本位制（战时）	黄金运输受战争影响，资本部分管制	金本位制不断受到削弱直至崩溃，国际汇率浮动	黄金—货币的货币发行机制崩溃，但战时国际经济环境动荡，各国货币政策有效性仍然受到影响	趋向中间化，但由于国际经济环境动荡，阻碍了单项政策的实现效果
1945—1972 年	布雷顿森林体系	为了维持"双挂钩"汇率稳定机制，大部分国家实行资本管制	黄金—美元的"双挂钩"机制，汇率稳定	独立的货币政策	角点解
1973 年至今	牙买加体系	全球金融一体化不断推进，资本管制效率下降，跨境资本流动规模增加	国际汇率制度呈现多元化，虽然存在汇率制度选择的循环往复，但总体来看，实行中间汇率制度国家相对较多，存在市场化趋势	在配套政策下实现相对独立的货币政策	中间化

资料来源：笔者整理。

第二节　人民币汇率制度市场化改革的历史演进

本节将对中国三元悖论政策搭配变化下，人民币汇率制度市场化改革的历史演进进行梳理。人民币汇率制度市场化改革经历了从复汇率制度到单一汇率制度、从钉住美元到有管理的浮动汇率制度、加大人民币汇率弹性、完善汇率制度市场化改革的多个阶段。人民币汇率制度市场化改革进程伴随着中国从计划经济体制向社会主义市场经济体制转型的过程，并有在固定汇率制度和浮动汇率制度间循环往复的选择过程，与中国不同经济发展阶段的宏观经济目标相契合。

一　资本管制下的固定汇率制

1949—1993 年，中国资本开放政策和人民币汇率制度的转变主要分为三个阶段。

第一阶段为 1949—1952 年，中国在"奖出限入，照顾侨汇"的政策方针下，人民币汇率频繁下调。从 1950 年 3 月到 1952 年年底，中国转向实行"鼓励出口、兼顾进口、照顾侨汇"的政策方针，资本管制轻微放松，人民币汇率逐步调高。

第二阶段为 1953—1972 年，中国进入计划经济时期，国有经济在对外贸易中占据主导地位，对外贸易由国家通过经济计划进行垄断性经营，人民币汇率仅作为编制计划和外贸部门内部核算的工具。彼时人民币汇率刚性与布雷顿森林体系时期的国际固定汇率制度相契合。1955 年，中国进行币值改革，按 1∶10000 的比例用新币取代旧币，人民币兑美元汇率由原来的 2.62 调整至 2.46，该汇率一直保持至布雷顿森林体系结束。

第三阶段为 1973—1993 年。图 3-18 是徐建炜、黄懿杰（2014）测算的人民币汇率低估程度，可以看出，名义的人民币兑美元汇率在 1973 年布雷顿森林体系崩溃前大致维持在稳定的汇率水平上，但难以维持在市场均衡水平上。随着布雷顿森林体系解体，国际汇率制度进入浮动汇率制度时期，西方国家发生恶性通货膨胀，美元走弱，人民币对美元升值。在这样的情况下，人民币汇率参考"一篮子货币"进行计算，并基于保值目的将人民币汇率稍微定高。在维持汇率稳定的前提下，以发展对外贸易为原则，在一定幅度内调整人民币汇率。1979 年 7 月，中国颁布《中华人民共和国中外合资经营企业法》，吸引外商投资，开启资本开放。同年，外贸体制改革启动，计划经济下"大一统"的外贸体制被打破，一些地方外贸公司、私人工业和企业也获得了外贸经营权。由此，汇率高估带来的成本问题开始显现出来。为了适应外贸体制改革和发展出口的需要，中国从1981年起采用贸易内部结算价，形成贸易汇率和非贸易汇率并存的双重汇率制度。到1979年年底，人民币兑美元汇率升至1.5左右，这一汇率升值幅度已经远高于美元本身的贬值幅度，人民币汇率出现明显高估。人民币汇率的不断上调削弱了中国出口产品的国际竞争力，同时也刺激了资本外流的倾向。但当时中国外贸部门采取"进出核算，以进贴出"的办法进行内部核算，有效地减弱了人民币汇率高估对资本流动的影响。1985—1993年，由于中国外汇调剂业务发展较快，事实上形成了官方汇率和外汇调剂价并存的新的双重汇率制度。但随着中国改革开放的不断深入，官方汇率与外汇调剂价格并存的人民币汇率双轨制的弊端逐渐显现出来。1993年年底，人民币兑美元的官方汇率是5.8，而外汇调剂市场汇率是8.7，在双重汇率制度下存在巨大的套利空间，造成外汇市场混乱。

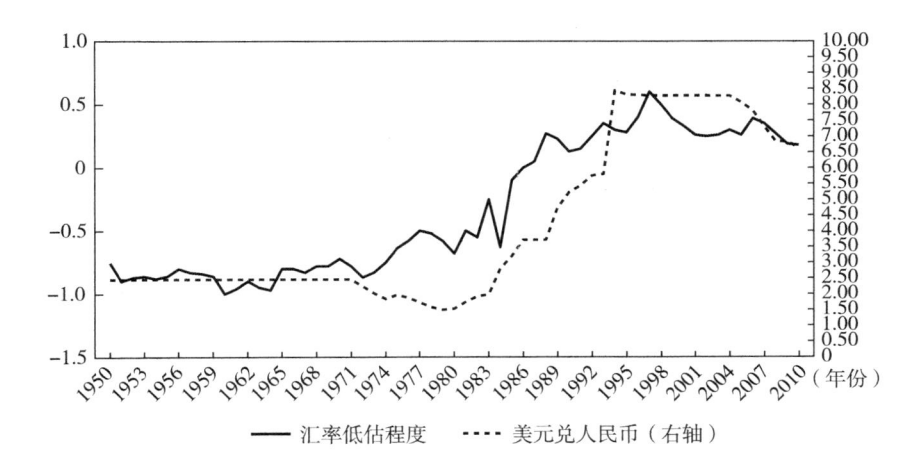

图 3-18 人民币汇率及低估程度

资料来源：徐建炜、黄懿杰：《汇率自由化与资本账户开放：孰先孰后？——对外金融开放次序的探讨》，《东南大学学报》（哲学社会科学版）2014年第6期。

二 从人民币复汇率制度到市场化改革的单一市场汇率制度

1994年，中国实行人民币官方汇率和外汇调剂价格并轨；建立以市场供求为基础的、单一的、有管理的浮动汇率制度；取消外汇留成和上缴制度，实行银行结售汇制度；建立全国统一规范的外汇交易市场等。其中，"单一的、有管理的浮动汇率制度"不再是单一钉住美元的汇率制度，而是相对于复汇率制度的"单一"汇率制度。在汇率制度改革之初，人民币汇率贬值预期明显。而在汇率制度改革之后，通过央行同时实施紧缩的财政、货币政策，实现基本维持汇率稳定和增加外汇储备的双重目标。汇率并轨从根本上解决了人民币汇率高估的问题，消除了外汇调剂汇率和官方汇率价差所带来的巨大的套利空间。在汇率并轨改革之后，人民币兑美元汇率在保持稳定的基础上小幅升值，1997年升至8.3，基本回归到当时人民币的均衡汇率水平。此外，中国的外汇储备从1993年年底至1994年年底增加了304亿美元。

人民币汇率并轨改革后，各商业银行对汇率报价的浮动范围仅在0.3%以内，因此，虽然名义上宣布人民币汇率由市场供求决定，但实际上是由央行公布的。此后，中国实现了经常项目可兑换，国际收支的"双顺差"不断扩大，人民币兑美元汇率稳中有升，从8.7上升至8.3。

三 从钉住美元汇率制度到有管理的浮动汇率制度

1997年亚洲金融危机爆发后，亚洲国家资本外逃，汇率加速贬值。为维持人民币汇率稳定，央行加强了外汇市场干预，维持了人民币汇率稳定。自此，人民币兑美元汇率基本稳定在8.28左右。1999年，IMF把人民币汇率制度纳入"事实上钉住美元"的类别。但在亚洲金融危机之后，长期单一钉住美元的汇率制度安排导致人民币兑美元汇率缺乏弹性，中国货币政策受制于美国货币政策，而人民币与其他主要货币的汇率波动频繁，不利于宏观经济稳定。由于中国经济增长在亚洲金融危机后持续下滑，1999年起，中国实行宽松的货币政策，刺激经济增长。

恢复经济增长后，中国于2000—2003年实行稳健的货币政策，并根据国内外经济形势变化进行微调，货币政策的调控效果良好。在此期间，人民币贬值压力基本消失，在全球经济复苏和中国国际收支"双顺差"持续扩大的情况下，人民币再次步入升值通道。这一时期中国的经济目标在于促进出口和弥补内需不足，因此，中国汇率水平相对低估。2003年年末，中国外汇储备余额达到4032.51亿美元，位居世界第二，人民币升值预期加剧。外汇储备的持续增加导致中国基础货币供给大规模增加，央行不得不发行央行票据、提高存款准备金率，以冲销市场的过剩流动性供给。

2005年7月21日，央行宣布中国开始实行以市场供求为基础的、参考"一篮子货币"进行调节、有管理的浮动汇率制度，并采用不公开权重、对美元浮动不超过0.3%的汇率浮动区间，人民币兑美元汇率一次性升值2%。此次汇改之后，虽然人民币汇率的波幅较过去有所放宽，但实际上仍然缺乏弹性。从长远来看，中国资本账户将逐步走向开放，僵化的汇率制度难以维系。2006年2月底，中国外汇储备高达8536.72亿美元，超过日本（8501亿美元）位列世界第一。2007—2008年，大量热钱涌入中国，增加了中国通货膨胀压力。在这种情况下，人民币汇率在2007—2008年年初加速升值。2008年4月以后，受美国次贷危机影响，人民币汇率受到冲击。国际方面，新加坡、马来西亚、泰国和菲律宾等东亚经济体本币对美元的双边汇率纷纷贬值。在短期内难以预测危机影响的深度和广度的条件下，中国采用"贝叶斯决策"，即爬行钉住美元（收窄人民币汇率实际波幅）的汇率政策和适度宽松的货币政策进行协调，有效遏制了通货紧缩和经济下滑的发展趋势，有力地促进了经济回稳。

四　从人民币汇率单向浮动到市场化改革双向浮动

随着2008年金融危机退潮，中国人民银行于2010年6月19日宣布，进一步推进人民币汇率形成机制改革，以市场供求为基础，参考"一篮子货币"进行调节，保持人民币汇率维持在合理且均衡的水平上。此次人民币汇率改革被称为"二次汇改"，旨在强调基于2005年人民币汇率改革，进一步推进人民币汇率形成机制改革。国际清算银行数据显示，2010年1月1日至2011年5月末，人民币实际有效汇率升值了2.75%，人民币兑美元汇率中间价已累计上涨5.5%。自2012年4月16日起，央行宣布银行间即期外汇的人民币兑美元交易价浮动幅度由0.5%扩大至1.0%。同年，国际货币基金组织（IMF）在年度磋商报告中将人民币汇率水平低估的评论由"显著低估"改为"中度（或温和）低估"（IMF，2012）。2014年7月1日，人民银行宣布进一步扩大人民币兑美元汇率浮动区间至 2%。2015 年 5 月，IMF 对外明确宣称 "人民币汇率水平已不再低估"（IMF，2015）。

党的十八届三中全会通过的《中共中央关于全面深化改革若干重大问题的决定》指出，要发挥市场在资源配置中的决定性作用，必须尊重和遵循市场经济的一般规律，才能发展社会主义市场经济。2015 年 8 月 11 日，中国人民银行发表《关于完善人民币兑美元汇率中间价报价的声明》，宣布调整人民币兑美元汇率的中间价报价机制，初步形成 "收盘汇率+一篮子货币汇率变化" 的新人民币中间价定价机制，这一调整使人民币兑美元汇率中间价机制进一步市场化，更加真实地反映了当期外汇市场的供求关系。

从图 3-19 可以看出，长期以来，人民币汇率维持固定水平，具有单边升值或贬值趋势，又于 1997 年后重回钉住美元汇率，人民币汇率僵化。2015 年 "8·11" 汇改打破了人民币单边升值和贬值的走势，从此人民币汇率进入双向波动通道。"8·11" 汇改当日，在岸和离岸人民币兑美元分别贬值 1.8% 和 2.8%，是继 1994 年人民币汇率改革后人民币的最大单日跌幅，其主要原因是在新的人民币汇率机制中，人民币兑美元汇率中间价主要参考前日收盘价决定，人民币汇率的加速下跌加剧了人民币汇率的贬值预期，同年 8 月，人民币兑美元中间价下跌 4.3%。为了干预外汇市场，央行动用了大量外汇储备，国外资产部分的变动，导致中国货币政策独立性受限。

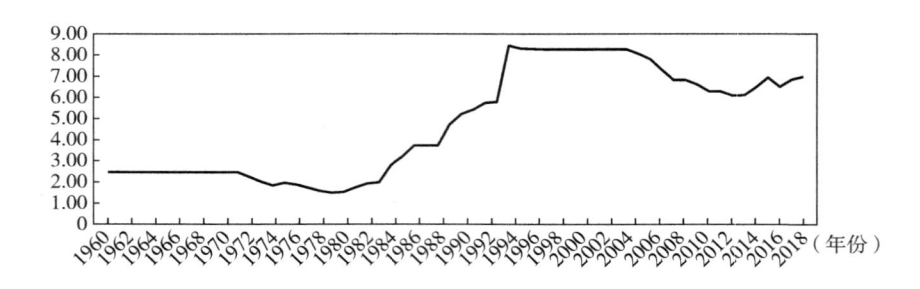

图 3-19　1960—2018 年美元兑人民币汇率

资料来源：IFS（IMF）。

2015 年 12 月 11 日，中国外汇交易中心开始公布 CFETS、BIS 和 SDR

三个货币篮子和对应的权重和基期，使市场成员可以自行计算货币篮子，明确了"参考一篮子货币"的基本标准。2016年2月，中国人民银行公开了"收盘汇率+一篮子货币汇率"定价规则的具体内容是：当日中间价＝前日中间价＋［（前日收盘价－前日中间价）＋（24小时货币篮子稳定的理论中间价－前日中间价）］/2。同上述公式等价的另一种表达式是：当日中间价＝（前日收盘价＋24小时货币篮子稳定的理论中间价）/2。前日收盘价和24小时货币篮子稳定的理论中间价之差反映了外汇市场人民币贬值或升值压力的方向和强度。当日中间价定价公式中包含这一项反映了货币当局释放升值或贬值压力，实现市场出清；同时，当日中间价定价公式中引入"一篮子货币"因素，意味着央行在决定汇率水平时，不仅要考虑国内因素，而且要考虑美元指数等国际因素（余永定和肖立晟，2017）。有市场人士认为，货币篮子的主要参考是人民币汇率指数（China Foreign Exchange Trade System，CFETS），共包括13种货币兑人民币的汇率。2017年1月1日起，按照CFETS货币篮子选样规则，新增11种2016年挂牌人民币兑外汇交易币种，包括南非兰特、韩元、阿联酋迪拉姆、沙特里亚尔、匈牙利福林、波兰兹罗提、丹麦克朗、瑞典克朗、挪威克朗、土耳其里拉、墨西哥比索，其主要特征是汇率波动性更高的新兴市场和发展中国家货币。

为了消除"8·11"汇改后人民币的持续贬值预期，央行于2017年引入逆周期因子，充分体现了有管理的浮动汇率制度。逆周期因子就是典型的政策参数，为应对中国外汇市场可能会受到的非理性预期的影响，缓解可能存在的"羊群效应"。2017年5月前后，美元大幅回落，人民币兑美元汇率在按照"收盘价+一篮子货币"的中间价定价机制下不断贬值。而在引入逆周期因子后，从5月25日开始，人民币兑美元中间价持续大幅上调。在汇率形成机制中加入逆周期因子，其结果就是人民币汇率由预期发散单边升值（贬值）逐渐收敛为有弹性的双向波动。目前人民币汇率政策在市场化规则和政策参数两个方面具备了实现"汇率稳定"的能力。在消除人民币单边贬值预期后，逆周期因子于2018年退出了人民币汇率管理。

按照上述特征事实，表3-6总结了中国三元悖论下人民币汇率制度的演进历程。

表3-6　　　　中国三元悖论下人民币汇率制度的演进历程

时间	人民币汇率制度	资本开放	货币政策独立性
1949—1952年	单一汇率下的浮动汇率制度	奖出限入，资本管制轻微放松	改革开放前，货币政策仅作为信贷政策的体现，国家主要采用财政政策进行宏观经济调控，央行主要通过现金投放实现货币政策职能
1953—1972年	单一汇率下的固定汇率制度	计划经济体制下较为严格的资本管制	
1973—1980年	以"一篮子货币"计算的、单一汇率下的浮动汇率制度	计划经济体制下较为严格的资本管制	
1981—1984年	官方汇率与贸易外汇内部结算价并存的"汇率双轨制"	吸引外商投资，开启资本开放（从1978年开启中国资本开放的第一阶段）	央行直接调控现金投放，货币政策有效性相对较高
1985—1993年	官方汇率与外汇调剂价格并存的"汇率双轨制"	吸引外商投资，开启资本开放	货币政策有效性相对较高
1994—1997年	单一汇率下的、有管理的浮动汇率制度	确立了对外开放的战略地位，进一步扩大对外开放	外汇储备增加，引发通货膨胀，央行被动提高利率、增加回收再贷款，以控制货币供给
1998—2004年	事实上钉住美元的汇率制度	受金融危机影响，中国推迟资本开放进程	中国货币政策受制于美国政策，转向公开市场操作，发行央行票据
2005—2014年	以市场供求为基础的、参考"一篮子货币"进行调节的、有管理的浮动汇率制度	资本账户开放持续推进，热钱流入	外汇储备激增，维持货币政策独立性的难度增加，货币政策独立性受到削弱，增加货币政策调控方式
2015年至今	在完善的中间价报价机制下，参考"收盘价+一篮子货币"进行调节的、有管理的浮动汇率制度	资本账户进一步有序开放	维持相对独立的货币政策，货币政策独立性增强

资料来源：笔者整理。

第三节　国际汇率制度演进与人民币汇率制度市场化改革的同步性

一　布雷顿森林体系时期资本管制下的人民币固定汇率制度

国际汇率制度经历了从金本位制下的固定汇率制度到布雷顿森林体系下的钉住汇率制度，再到牙买加体系下的多元汇率制度安排的三个主要阶段，其间由于种种因素，两次经历了从固定汇率制度建立到崩溃的过程。从国际汇率制度演进历程来看，中国人民币汇率制度市场化改革的进程基本与之契合。1944 年，布雷顿森林体系建立，各国开始实行本币汇率与美元挂钩、美元与黄金汇率挂钩的"双挂钩"的钉住汇率制度。在此期间，中国进入计划经济时期，国际贸易根据中央计划统一进行，汇率仅用于国际贸易结算。在国际货币体系采取固定汇率制度的情况下，人民币汇率固定成为一种刚性选择。

二　牙买加体系时期资本开放进程中的人民币有管理的浮动汇率制度

1972 年，国际货币体系进入牙买加体系，国际汇率体系呈现多元化的汇率制度安排，各国货币汇率弹性明显增加，市场供求对于汇率决定的作用逐渐显现。进入牙买加体系以来，人民币汇率制度市场化改革不断推进。1994 年，中国完成了人民币汇率制度从复汇率制度到单一汇率制度的改革。2001 年，中国加入世贸组织，为实现人民币自由兑换提供了可能。2005 年"7·21"汇改，央行宣布中国开始实行以市场供求为基础的、参考"一篮子货币"调节、有管理的浮动汇率制度，此次汇改标志着人民币脱离了钉住美元的汇率制度，此后中美利差逐渐扩大，中国经常项目顺差逐渐扩大，人民币面临单边升值趋势。2015 年"8·11"汇改，央行宣布调整人民币兑美元汇率的中间价报价机制，做市商参考前日银行间外汇市场收盘汇率，向中国外汇交易中心提供中间价报价（人民币中间价=收盘价+一篮子货币汇率变化+逆周期因子）。这一调整使人民币兑美元汇率的中间价机制进一步市场化，更加真实地反映了当期外汇市场的供求关系。"8·11"汇改之后，人民币汇率进入双向波动通道。2016 年人民币加入 SDR 后，人民币的国际货币地位得到大幅提升，是人民币国际化进程的里程碑。在此背景下，需要完善人民币汇率的市场供求决定机制，加大人民币汇率弹性。但是，由于在国际金融一体化逐渐推进过程中，跨境资本流动引起了更加频繁的汇率波动，人民币汇率"浮动恐惧"的现象仍然存在，因此，不能在短期内直接采用浮动汇率制度。总体来看，在国际货币体系进入牙买加体系以后，在多样化的汇率制度安排下，市场供求在汇率决定中的作用越发明显，人民币汇率总体经历了从固定的官方汇率到由市场决定的、有管理的浮动汇率。

从汇率制度选择的国际经验来看，大部分新兴市场和发展中国家金融市场发展相对落后，不能提供足够的汇率风险对冲工具，因此便采用兼顾汇率稳定性和一定汇率弹性的中间汇率制度。中国从2005年开始一直采用的有管理的浮动汇率制度，也属于中间汇率制度。在此过程中，虽然也存在人民币汇率弹性区间的收紧和放松，但是整体上在向更加市场化的汇率制度迈进。在2015年"8·11"汇改后，人民币汇率进入双向波动通道，短期内人民币汇率的贬值预期明显。为了管理外汇市场预期引起的人民币大幅波动，央行于2017年引入逆周期因子，有效缓解了人民币汇率非理性预期对汇率波动的影响。在人民币单边贬值预期消除后，逆周期因子退出人民币汇率管理。逆周期因子的加入与退出，体现了有管理的浮动汇率制度的优越性，既维持了市场供求的汇率决定作用，又修正了市场非理性预期引起的人民币单边升值或贬值预期。综上所述，在牙买加体系下，中国于资本开放进程中，配合人民币汇率制度市场化改革，是符合宏观经济调控需要的。

第一，国际汇率制度的历史演进历程符合三元悖论规律。金本位制下，实行资本开放下的固定汇率制度，使各国失去货币政策独立性，属于三元悖论的角点解；布雷顿森林体系下，大部分国家实行资本管制下的钉住汇率制度，保留了各国的货币政策独立性，属于三元悖论的角点解；牙买加体系下，新兴市场和发展中国家在积累了大量的外汇储备之后，进行外汇市场干预和冲销干预，实现了兼顾资本部分开放、中间汇率制度下相对独立的货币政策，即三元悖论中间化。

第二，基于三元悖论的分析框架可以得出，随着全球金融一体化的推进，跨境资本流动对各国货币政策独立性的冲击加剧，但是，各国对于货币政策独立性有所需要，因此，国际汇率制度从固定走向浮动具有一定的历史必然性。但在国际汇率制度从固定到浮动的进程中存在循环往复的过程,说明一国的汇率制度选择不是一成不变的,而且会相应地影响一国三元悖论政策搭配的变化。随着世界经济的发展,在资本开放下,相对浮动的汇率制度和独立的货币政策成为各国的政策搭配取向。

第三,在国际汇率制度演进过程中,三元悖论角点解的政策搭配的宏观经济效应各有优劣,三元悖论中间化是优于角点解的政策搭配选择,因此,在三元悖论分析框架下,本书更加支持国际汇率制度从相对固定的汇率制度向更加市场化的中间汇率制度演进。金本位制下,资本自由流动,有利于国际经济、贸易的发展,而在资本开放下实行固定汇率制度,虽然使各国失去了独立的货币政策,且由于黄金产量的不足引起了世界经济通货紧缩,各国无法使用货币发行手段调节本国经济,导致在金本位制下的固定汇率制度走向瓦解。但是,金本位制为各国提供了货币发行的约束条件,从而保持了世界范围内较低的通货膨胀水平。同时,金本位制也为国际收支平衡提供了自动调节机制。布雷顿森林体系下,资本管制下的汇率稳定和独立的货币政策无法适应国际资本流动对黄金—美元平价的冲击,黄金—美元平价也需要各国削弱一定的货币政策独立性来维系,对本国在就业、产出等宏观经济调控方面产生影响。进入牙买加体系以来,国际汇率制度允许各国实行多元化的汇率制度安排。随着全球金融一体化程度的加深,各国根据宏观经济调控需要,灵活地调整汇率制度并加以配套政策,使中间汇率制度兼顾汇率稳定性和一定的汇率灵活性,更加符合各国,尤其是新兴市场和发展中国家的经济调控需要。

第四,三元悖论中间化下有管理的浮动汇率制度符合中国现阶段人民币汇率制度改革的政策需要。由于中国长期以来以经济稳定发展为前提,三元悖论的政策目标以金融稳定为主,其政策搭配从资本管制下的人民币汇率稳定和独立的货币政策逐渐过渡为同时部分兼顾三项政策,实现了典型的新兴市场和发展中国家的三元悖论中间化发展。有管理的浮动汇率制度是在当前中国资本项目逐步开放、国内金融市场发展以及经济增长情况下的合理选择,适合作为中国从固定汇率制度到浮动汇率制度过程中的过渡汇率制度安排。在中国人民币汇率制度市场化改革进程中,与资本开放协调推进,提高了市场决定因素在人民币汇率形成机制中的作用,同时也能使用适当的资本管制,维持汇率在市场均衡水平的相对稳定。

第五，国际汇率制度演进与人民币汇率制度市场化改革基本同步。结合国际资本流动规模的日益增加，现行人民币有管理的浮动汇率制度是汇率市场化的折中方案，人民币汇率制度市场化改革符合国际汇率制度市场化的大趋势，可以作为中国汇率制度选择的长期发展方向。

第四章　三元悖论中间化与人民币汇率制度市场化改革的方向选择

前文从历史维度对三元悖论下国际汇率制度及人民币汇率制度市场化改革的历史进程进行了梳理，找到了中国三元悖论中间化的历史因素和国际汇率制度演进对人民币汇率制度市场化改革的影响因素。但是，国别经济基本面、政策选择等的差异性对汇率制度选择的影响因素同样重要。因此，本章基于更加具体的国际经验案例，对三元悖论选择的综合因素进行分析，从而探讨人民币汇率制度市场化改革的选择空间。本章首先分析了三元悖论下汇率制度的选择空间及三元悖论中间化的影响因素；其次，探讨了现行的人民币有管理的浮动汇率制度是否合意于中国经济发展；最后，通过实证分析，对三元悖论与汇率制度选择的影响因素进行提炼，据此分析三元悖论下人民币汇率制度市场化改革的适配度和改革方向。

第一节　三元悖论与人民币汇率制度的选择空间及中间化

一　三元悖论与人民币汇率制度的选择空间

（一）资本管制下的固定汇率制度

中国曾在计划经济体制内实行资本管制下的固定汇率制度，但随着市场经济的发展，僵化的汇率制度无法调节国际收支。随着国际汇率制度由布雷顿森林体系下的钉住汇率制度转变为牙买加体系下的多元汇率制度，中国的主要贸易伙伴国家或实行浮动汇率制度，或实行中间汇率制度，具有一定的汇率弹性空间。如果中国实行固定汇率制度，维持固定汇率制度的成本会增加。自2016年起，人民币加入SDR，人民币国际化已是大势所趋。此时实行资本管制不利于中国经济发展，会阻碍人民币国际化进程，限制中国跨境金融和贸易活动的发展。因此，资本管制下的固定汇率制度并不能满足中国经济发展需要。

（二）资本开放下的钉住汇率制度

1. 中国香港货币局制度的经验参照

布雷顿森林体系崩溃后，中国香港建立了货币局制度（Currency Board Arrangement），是典型的资本开放下的钉住汇率制度。中国香港的货币局制度包括四个方面内容。第一，港元与美元之间的固定汇率。第二，美元储备量决定港元的发行量，如果发钞银行（汇丰银行、恒生银行、中国银行）要发行港元，则需按固定汇率向外汇基金交存美元；如果发钞银行向外汇基金退回港元，则需按固定汇率赎回美元。第三，港元与美元之间完全可兑换，可实现资本自由流动。中国香港外汇市场上的港元与美元交易不受限制，汇率由市场供求决定，但是，限定在一个狭窄的浮动区间内。第四，通过法律确保形成长期承诺。因此，从三元悖论角度来看，中国香港货币局制度选择了资本自由流动、汇率稳定性两边，放弃了货币政策独立性。中国香港存在官方汇率和市场汇率两个汇率，只要市场汇率偏离官方汇率，二者间就存在套利空间。

中国香港 2019 年的 GDP 总额约为 2.52 万亿元，在中国城市的 2019 年 GDP 排名中位列第 16，属于中小型经济体。在中国实行改革开放以前，中国香港与美国的贸易关系十分紧密，中国香港内部的经济结构相对简单，这些都为中国香港选择货币局制度创造了条件。自 1997 年以来，GDP 增速仅在 1998 年、2009 年和 2019 年有所收缩，因此，中国香港货币局制度长期以来适合于中国香港经济发展。

从长期来看，中国香港实行货币局制度要考虑中国香港经济和贸易伙伴的转变。随着中国实行改革开放，在地理位置因素的影响下，中国香港与内地的贸易关系越发紧密，与美国的贸易关系有所减弱。按照贸易引力模型，地理位置上越相近的经济体，越能够建立紧密的贸易关系。在 1997 年亚洲金融危机、2008 年国际金融危机等风波下，中国香港货币局制度暴露了资本开放下固定汇率制度的弊端。随着美国长期以来实行量化宽松政策，美元超发，中国香港良好的经济基础吸引了资本流入，港元需求增加，使港元面临升值压力，从而加大维持固定汇率的成本。

总体来看，货币局制度的采用国家数量不断减少。20 世纪 90 年代，阿根廷、爱沙尼亚、立陶宛等通货膨胀严重的国家开始采用货币局制度。其中阿根廷于1997年亚洲金融危机波及南美各国后，由于相对于爱沙尼亚、立陶宛等属于大型经济体，在货币局制度下只能使用财政政策刺激经济，因此，阿根廷财政赤字持续扩大，最终造成了货币局制度的崩溃。

2. 中国选择资本开放下钉住汇率制度的分析

1997年的亚洲金融危机中，实行资本开放下的钉住汇率制度的国家最先受到跨境资本流动的冲击，如泰国，暴露了资本开放和钉住汇率制度的政策组合的脆弱性。在外汇储备耗尽之后，央行将失去外汇市场干预能力，无法继续维持钉住汇率制度，本币汇率将遭受剧烈冲击。而如果为了干预汇率，持有巨额外汇储备规模，也会使持有外汇储备的管理成本过高，影响本国货币政策独立性。

中国选择资本开放下的钉住汇率制度，可能会失去货币政策独立性。2019年，中国GDP总计为99.08万亿元，稳居世界第二大经济体。如果选择资本开放下的钉住汇率制度，根据三元悖论框架的分析，中国的货币政策独立性将受限。近年来，中国与美国经济周期相悖。历史上，美国曾长期采取量化宽松的货币政策，下调利率，增发美元，以应对经济下行压力。而中国经济增长，外汇储备增加，名义货币供应量增加，央行提高存款准备金率，增发央行票据，以对冲过剩流动性，无法紧跟美国宽松的货币政策。

一国可以采用钉住汇率制度的重要先决条件之一就是与所钉住汇率的国家有相当比重的贸易往来。而从对外贸易情况来看，中国2018年对美国的货物进出口总额占比为13.7%，对欧盟的货物进出口总额占比为14.8%，对日本的货物进出口总额占比为7%。[①] 从对外贸易情况来看，中国对主要货币国家的贸易情况都不占据进出口总额的很大比重，因此，中国并不满足采用钉住单一主要货币汇率制度的重要先决条件。

此外，中国香港货币局制度中存在官方汇率和市场汇率并存的平行市场，对于中国来说也是不合适的。中国曾经存在平行市场汇率，在"双轨制"下，官方交易和外汇市场交易并存，使外汇市场难以监管。中国资本开放以后，在平行市场汇率存在下，套利空间将导致更多的短期资本流动，放大人民币汇率波动。

---

① 笔者根据中宏统计数据库数据计算得到。

（三）资本开放下的浮动汇率制度

1. 日本汇率制度市场化改革的经验参照

随着布雷顿森林体系解体，日本于 1971 年开始进行汇率制度市场化改革，实行有管理的浮动汇率制度。为了发展出口贸易，日本央行通过外汇市场干预，压低日元汇率，日本经济规模持续扩张，于 1968 年成为世界第二大经济体。美国对日本的贸易逆差持续扩大。但在 1971 年华盛顿协议、1985 年广场协议后，日元兑美元汇率升值超过 50%，开始正式进入浮动汇率制度。此后的十年里，日元持续升值，外向型的经济增长遭受重创，对内影响了本国制造业的发展，大量国内投资转向海外，国内产业发展陷入停滞，失业增加。此后，日本一直采取扩张性的货币政策，阻止日元过度升值，使日本陷入"流动性陷阱"，货币政策失效。

过快的汇率制度市场化改革历程也影响了日本的资本开放。早在 20 世纪 60 年代，日本已经开始开放金融市场。日本于 1964 年开始实行 IMF 第八条款，实现经常项目自由化。又于 1984 年实现资本项目可兑换。在 20 世纪 70 年代，为应对日元升值导致的套利资本流入，日本对短期资本流动采取了严进宽出的临时管制。1985 年至今，日本逐步完成金融自由化改革，在金融开放中采取相机抉择与审慎松紧的渐进式的开放模式（何碧英等，2019）。2003 年以后，日本经济有所恢复，日元有进一步升值的倾向。2008 年国际金融危机之后，各国纷纷把日元作为避险货币，大量资本流入日本，日元需求持续增加，使日元面临进一步升值趋势。对此，日本政府于 2012 年开始持续的量化宽松政策，日元汇率逐渐趋向稳定，不再进一步升值。

综上所述，汇率制度市场化改革应该循序渐进地推进。过快推进汇率市场化可能导致汇率超调，伤害本国经济。在汇率制度市场化改革进程中，有管理的浮动汇率制度不失为合适的选择。金融开放可以配合汇率市场化，在汇率单边升值贬值预期形成或汇率异常波动的时候，适时控制资本流入或流出，引导资本流向，消除汇率单边升值贬值预期，使汇率回归正常的双向波动。

2. 中国选择资本开放下浮动汇率制度的分析

中日经济发展轨迹具有一定的相似性，日本的汇率制度市场化改革历程可以给予我们经验参照。从改革背景来看，20 世纪 70 年代日本经济崛起，而当今中国经济增速高于世界平均水平、GDP 总量稳居世界第二位。从当前的经济体量来看,中国倾向于采用浮动汇率制度。但中国近年来人均 GDP 水平的世界排名低于经济总量。在 2005 年"7·21"汇改以前,人民币汇率钉住美元,以维持出口导向型的经济增长模式。图 4-1 为 1980—2020 年中国出口占 GDP 比重与美元兑人民币汇率,从 2005 年"7·21"汇改开始,随着人民币汇率单边升值压力的释放,出口占 GDP 比重由 2006 年最高位时的 36.04% 下降至 2020 年的 18.50%,出口对中国 GDP 增长的贡献在长期呈下降趋势。

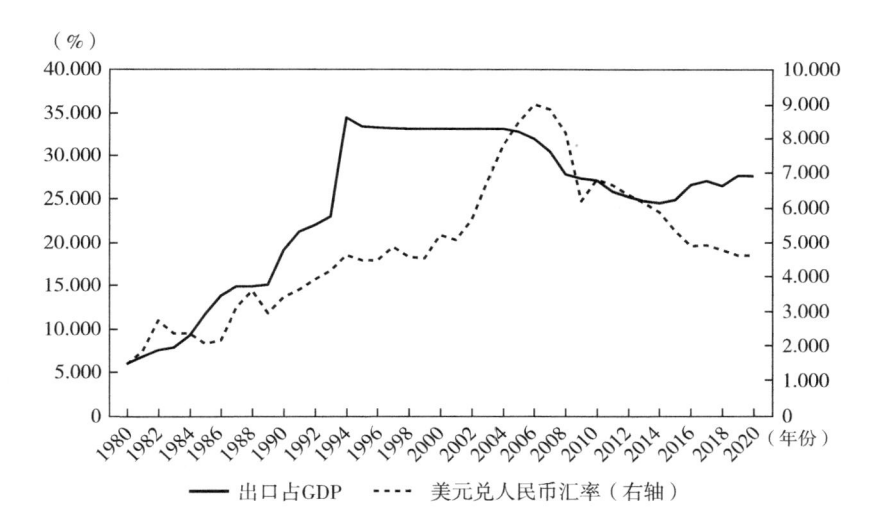

图 4-1 1980—2020 年我国出口占 GDP 比重与美元兑人民币汇率

资料来源:世界银行 WDI 数据库。

现阶段,中国依旧实行有管理的浮动汇率制度。2015 年"8·11"汇改后,市场决定的人民币汇率形成机制初步形成,人民币汇率进入双向波动通道。但是此后,人民币汇率经历了几次大幅单边升值贬值,其中人民币汇率预期对资本流动和汇率波动具有重要作用。如果现阶段实行浮动汇率制度,在现行人民币汇率形成机制下,人民币汇率预期对人民币汇率的影响较大,跨境资本流动会对人民币汇率的稳定造成冲击。结合日本过快推进汇率制度市场化改革的经验教训,中国应结合渐进式的资本开放,配合适当的资本管制,实行渐进式的汇率制度市场化改革。

二 三元悖论中间化与中间汇率制度分析

（一）三元悖论中间化的国际经验参照和汇率波动的影响因素

1. 新加坡有管理的浮动汇率制度的经验参照

20 世纪 80 年代，新兴市场和发展中国家基本完成工业化。发达国家向发展中国家转入大量劳动密集型产业，为后者提供了大量的资金和技术。韩国在这样的机会下迅速崛起，成为"亚洲四小龙"之一。进入 20 世纪 90 年代，新兴市场和发展中国家依靠出口贸易的迅速发展，积累了巨额外汇储备，长期的国际收支顺差使各国普遍面临资本流入压力，本币具有升值趋势。1997 年亚洲金融危机爆发，泰国等原本实行资本开放和钉住汇率制度的新兴市场和发展中国家受国际游资的冲击，最终因外汇储备耗尽而放弃了钉住汇率制度。之后，由于新兴市场和发展中国家持有高额的外汇储备，需要相对稳定的汇率来发展对外贸易，考虑到钉住汇率制度易受国际游资冲击，这些国家实施了资本部分管制下的中间汇率制度，三元悖论趋向中间化。

在 1997 年亚洲金融危机中，新加坡作为小型开放经济体，在有管理的浮动汇率制度下成功稳定了物价，实现了经济发展目标。从新加坡汇率制度的演进历程来看，1946—1973 年，新加坡实行固定汇率制度，由钉住英镑转为钉住美元；1973—1980 年，新加坡实行浮动汇率制度；1981 年至今，新加坡实行有管理的浮动汇率制度，即参考"一篮子货币"进行调节，限定波动范围，允许中间汇率爬行调整。货币篮子根据双边贸易规模变化选取，不对外公布币种和权重，每三个月左右调整一次汇率浮动区间。由此可见，在中间汇率制度下，新加坡会循序渐进地调整汇率。

以新加坡为例，在经济发展具有较高的对外贸易依存度的情况下，汇率波动引起的贸易变动将对经济发展产生较大影响，因此，这类经济体倾向于采用固定汇率制度或中间汇率制度。新兴市场和发展中国家采用中间汇率制度，作为汇率制度市场化改革进程中的折中方案。

2. 中间汇率制度下汇率波动的影响因素

在三元悖论中间化下，由于汇率预期和资本流动具有相互强化的作用，又由于"浮动恐惧"的存在，汇率波动的影响因素十分复杂，因此，本节将对上述影响机制进行系统分析。

(1) 汇率预期、资本流动与汇率波动

在浮动汇率制度下，汇率水平由市场供求调节，政府短期干预汇率的行为不会严重影响汇率预期；在固定汇率制度下，市场对政府的汇率干预有固定预期。因此，在两极汇率制度下，市场的汇率预期变动较小。而在实行中间汇率制度的国家，汇率预期变动来自汇率制度公信力的脆弱性和政府干预的不确定性。政府干预行为与市场汇率预期之间的偏离往往导致政府稳定汇率的政策失效。在中间汇率制度下，汇率预期会放大资本流动，资本流动又会强化汇率预期，最终资本流动所引起的外汇市场供求变化会造成汇率波动。假设无抵补利率平价成立，即：

$$r = r_w + (e^E - e)/e \tag{4-1}$$

其中，e 为即期汇率，e^E 为汇率预期水平，$(e^E-e)/e$ 为本币对外币的预期变动率。假设在固定汇率制度下，市场参与者预期 e 会保持不变，即 $(e^E-e)/e=0$。在中间汇率制度下，当 $(e^E-e)/e>0$，表示汇率预期升值；当 $(e^E-e)/e<0$，表示汇率预期贬值。

根据前文分析，由于在三元悖论中间化下，外围国家的资本净流入会受到中心国家货币政策变动、汇率预期变动影响。本书引入刘粮（2018）的资本流动表达式并加入汇率预期变动因素和国内外利差作为新兴市场和发展中国家资本净流入的影响因素，即：

$$k = (\delta_{vix} + \delta_{ex\_vix} \times exrgm \times (e^E-e)/e) \times VIX + \delta_{ex\_vix} \times (r_w-r) \tag{4-2}$$

把式（4-1）代入式（4-2）整理得到：

$$k = (\delta_{vix} + \delta_{ex\_vix} \times exrgm \times (e^E-e)/e) \times VIX - \delta_{ex\_vix} \times (e^E-e)/e \tag{4-3}$$

其中，k 为新兴市场和发展中国家的资本净流入，$exrgm$ 为汇率制度的代理变量。VIX 为全球金融周期因素，代表大国货币政策变动。VIX 是美国标准普尔指数，被广泛用于表示全球金融周期、全球金融市场的动荡程度与全球投资者的避险情绪。该指数越高，代表动荡程度和避险情绪越高。δ_{ex_vix} 表示不同汇率制度下，中心国家货币政策变动对总资本流动的影响程度。$\delta_{ex\_vix} \times (r_w-r)$ 表示大国货币政策变动因素会通过影响国内外利差变动，进而影响新兴市场和发展中国家资本净流入，而跨境资本流动主要受境内外利差的影响。汇率制度选择会对汇率预期产生影响，进而影响资本流动。不同汇率制度下的中心国家货币政策冲击对新兴市场和发展中国家资本净流入的影响程度不同，体现了三元悖论下的政策搭配。

货币当局动用外汇储备，使汇率在一定的宽波幅内变动时被称为有管理的中间汇率制度。在蒙代尔-弗莱明模型中，假定市场预期是不变的。而在中间汇率制度下，政府对汇率波动进行不确定的干预，增加了汇率预期的不确定性。在无抵补利率平价下，本币汇率预期升值率与国内利率变动共同构成影响资本流动的重要因素。如图4-2所示，当本币汇率预期升值，本币资产预期收益率增加，本币汇率升值。本币资产预期收益率的上升导致资本流入，外汇储备增加，货币供应量增加，国内通货膨胀增加，国内名义利率面临下行压力。

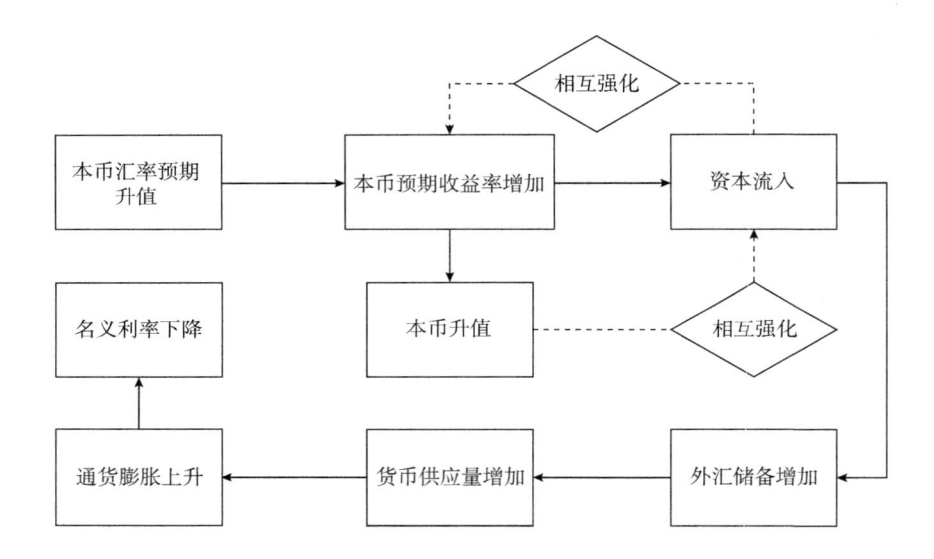

图 4-2　中间汇率制度下汇率预期、资本流动对汇率波动的影响过程

在强烈的汇率贬值预期的指导下，资本外逃会对汇率波动产生影响。图4-3为NDF与人民币即期汇率，NDF常用于表示人民币汇率预期，可见汇率预期与人民币即期汇率具有高度相近的走势。2015年"8·11"汇改后，人民币汇率进入双向波动通道，人民币贬值压力得到释放，此后人民币汇率预期和人民币即期汇率的短期波动加剧。人民币贬值预期促使大量资本外逃，而资本外逃又反过来进一步促进贬值预期的形成，最终导致人民币汇率不断贬值。在贬值预期形成时，央行最可能采取的直接干预手段有两种，一是动用外汇储备干预汇率，二是资本管制，届时央行将面临三元悖论的政策选择。因此,在中间汇率制度下,汇率预期调控十分重要。

图 4-3 NDF 与人民币即期汇率

资料来源:WIND 数据库。

(2)浮动恐惧与汇率波动

浮动恐惧(Fear of Floating)是指一些国家名义上宣布实行更加浮动的汇率制度,而实际上通过外汇市场干预,使汇率波动维持在一个狭小的浮动范围,从而变为事实上相对固定的汇率制度(Calvo and Reinhart,2000)。"浮动恐惧"现象多存在于新兴市场和发展中国家,其中大多数是由于害怕在实行更加浮动的汇率制度后,本币大幅贬值。新兴市场和发展中国家害怕本币贬值的原因主要有三个。第一,由于本国经济发展相对落后,或经济规模较小,一旦面临经济危机,容易发生资本外逃;第二,受全球金融周期的影响,货币持有者会受到货币避险情绪的影响,持有的外币资产以美元为主,新兴市场和发展中国家的货币需求下降,往往面临贬值趋势;第三,新兴市场和发展中国家的"浮动恐惧"现象是货币错配(Conflicted Virtue Syndrome)以及债务美元化的现象导致本国面临较高的汇率风险。一旦发生货币贬值,会引发政府和企业资产负债表恶化,导致经济衰退。根据"原罪论",发展中国家既担心由于"原罪"问题而使汇率浮动面临高昂的成本,又害怕严格的固定汇率制度会在危机时期剥夺或限制其灵活调整政策的空间(Krugman and Obstfeld,2012)。同时,新兴市场和发展中国家的"浮动恐惧"不仅表现为害怕贬值,也表现为害怕升值,原因是本币升值会损害本国的出口商品竞争力

(Calvo and Reinhart,2000)。因此,新兴市场和发展中国家往往把汇率稳定作为三元悖论的首选。

在现实中,存在"浮动恐惧"的相关国家在汇率政策执行中通常具有三种特点。第一种是一些国家所宣布的名义汇率制度与实际汇率制度的表现不符,虽然名义上宣布实行浮动汇率制度或者有弹性的汇率制度,但实际上汇率浮动区间很小;第二种是具有"浮动恐惧"的国家的外汇储备通常高度变动,政府频繁动用外汇储备对汇率进行较大程度的干预;第三种是 IMF 汇率制度分类下,剩余类别中的其他管理浮动汇率安排中的国家,虽然没有明确公开汇率干预政策,但实际上实行的都是缺乏公信力的类似钉住汇率制度。而根据 IMF 最新统计的各国汇率制度实行情况,大部分新兴市场和发展中国家已转为实行更加市场化的中间汇率制度,以兼顾三元悖论的三项政策。但在中间汇率制度下,由于面临汇率预期波动增加而带来的资本流动增加,新兴市场和发展中国家的"浮动恐惧"现象依然存在。

(二)三元悖论中间化的央行干预机制分析

三元悖论中间化是在央行干预机制下维持的,主要包括使用外汇储备进行外汇市场干预以及使用存款准备金、央行票据冲销外汇占款带来基础货币供给增加等方式。

1. 三元悖论中间化的央行干预机制理论分析

根据三元悖论,在固定汇率制度下,一国的货币供应量、利率水平受国际收支情况的影响;而在浮动汇率制度下,货币供应量、利率水平可以恢复外生性。本节在梳理国际汇率制度演进历史的过程中发现,新兴市场和发展中国家可以部分兼顾资本账户开放和汇率稳定性,并根据自身经济周期调节本国的货币政策,兼顾本国货币政策独立性,实现三元悖论中间化。新兴市场和发展中国家拥有高额的外汇储备,在外汇储备可持续下,施加外汇市场干预,维持汇率稳定性。央行使用存款准备金、央行票据等方式对外汇占款引起的基础货币供给变动进行冲销。

图 4-4 揭示了央行使用外汇储备维持汇率稳定的过程。当本币面临升值压力时,货币当局买入外汇,外汇储备增加,基础货币供给增加,本币升值预期消失;当本币面临贬值压力时,货币当局卖出外汇,外汇储备减少,本币贬值预期消失。外汇储备变动会相应引起国内基础货币

供给变动，继而影响国内货币供给。

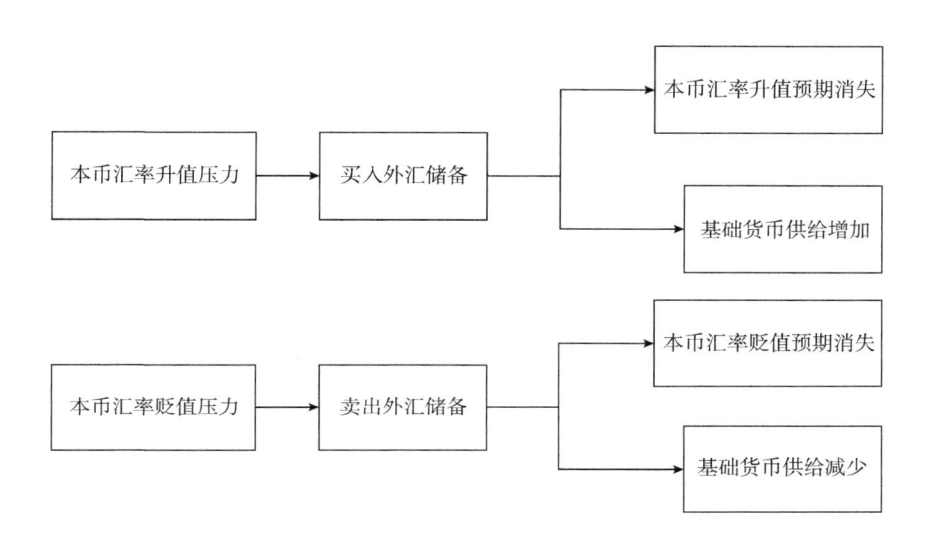

```
本币汇率升值压力 → 买入外汇储备 → 本币汇率升值预期消失
                              → 基础货币供给增加

本币汇率贬值压力 → 卖出外汇储备 → 本币汇率贬值预期消失
                              → 基础货币供给减少
```

图 4-4　央行使用外汇储备维持汇率稳定的过程

央行在基础货币供给增加后，实行冲销干预，虽然可以维持本国的货币政策独立性，但会带来央行票据的存量下降，或存款准备金率上升。央行采取外汇市场干预和冲销干预措施的强度决定了对汇率稳定性和货币政策独立性的干预效果，当不采取完全的外汇市场干预，仅采取部分冲销干预时，央行将维持三元悖论中间化，即采取部分资本管制、汇率相对稳定和相对的货币政策独立性。

图 4-5 表示，央行首先通过外汇市场干预，使用外汇储备维持汇率在一定浮动区间内稳定。但在中间汇率制度下，政府干预汇市的行为具有一定的不确定性，市场汇率预期变动较大。当汇率预期实现后，境内外利差相应变动，进而引起资本流动。由于政府进行部分资本管制，会降低跨境资本流动的规模。央行对跨境资本流动实行部分冲销，维持货币政策的相对独立。

2. 三元悖论中间化的配套政策有效性的实证分析

基于前文的理论分析，本节将对三元悖论中间化的配套政策有效性进行实证分析。根据国际货币基金组织（IMF）的宏观审慎政策数据库关于宏观审慎政策的定义，宏观审慎工具用于限制系统性风险。在部分实证研究中，存款准备金率、资本缓冲、资本充足率、贷款价值比等均被视为宏观审慎政策工具（樊明太和叶思晖，2020）。1997 年亚洲金融危机后，新兴市场和发展中国家的三元悖论政策目标强化了金融稳定，为此增加了外汇储备管理和宏观审慎监管等一系列措施（Aizenman，2019）。党的二十大报告指出，稳步扩大规则、规制、管理、标准等制度型开放。宏观审慎政策可作为维护宏观经济稳定和国家金融安全的重要宏观调控工具。

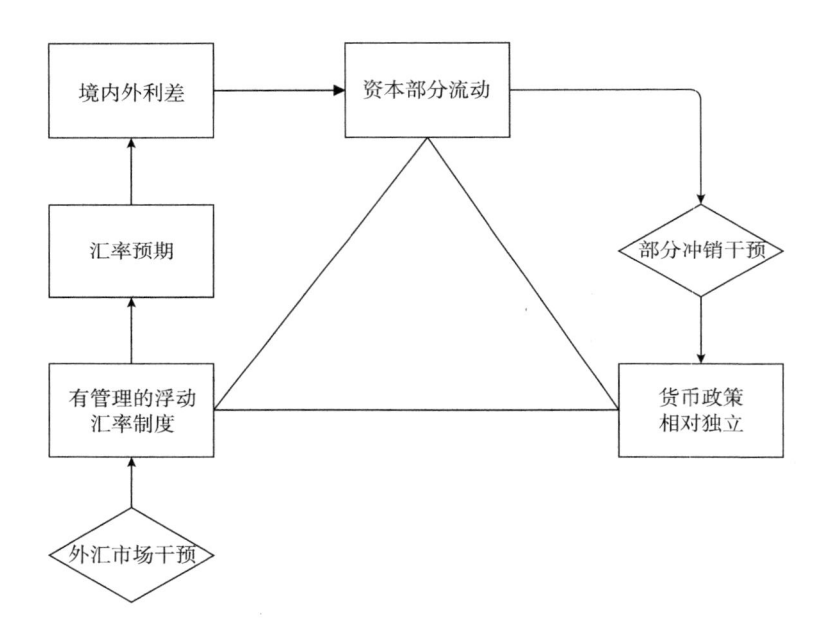

图 4-5　三元悖论中间化的央行维持机制

根据文献综述，相关实证研究找到了外汇储备及其他央行干预措施对三元悖论三项政策分别具有促进作用的现实依据。新兴市场和发展中国家持有大规模的外汇储备，对三元悖论中间化具有促进作用。相关研究也证实了宏观审慎政策对三元悖论的三项政策（汇率稳定性、货币政策独立性和跨境资本流动）分别具有调节作用，但是并没有考虑宏观审慎政策对三元悖论中间化的影响。Ouyang 和 Guo（2019）通过对 37 个新兴市场和小型发达经济体样本构建 DSGE 模型发现，宏观审慎政策的实施能够有效缓解美国利率冲击造成的实际汇率波动。Cerutti 等（2017）通过对119个国家的宏观审慎政策使用进行监控发现，新兴经济体最频繁地使用宏观审慎政策抑制金融周期，特别是进行外汇相关的调控。Devereux和Yu（2019）研究了在应对新兴市场经济体资本流动突然停止的金融危机时，在不同的汇率制度下对政策承诺和宏观审慎监管进行设计，从而使货币和资本市场在危机中有最佳反应，结果发现，在浮动汇率下，最优政策几乎不包含宏观审慎监管因素；但在钉住汇率制度下，宏观审慎政策是最优政策框架的一部分。因此，宏观审慎政策可以作为对汇率政策、货币政策和资本管制措施的补充，对三元悖论的三项政策的有效性均可能有补充促进作用。因此本书假设，宏观审慎政策对三元悖论中间化可以起到促进作用，是三元悖论中间化的有效配套政策。

新兴市场和发展中国家使用宏观审慎政策维持金融稳定，通过构建宏观审慎监管框架，增强抵御外部冲击的能力。在经济危机发生时，新兴市场和发展中国家往往面临资本外逃和资本流动"突然停止"（Sudden Stop），导致本币汇率贬值，需要使用外汇储备进行外汇市场干预以稳定汇率。在亚洲金融危机中，由于"原罪论"现象在新兴市场和发展中国家广泛存在，其资产负债情况恶化，仅使用有限的外汇储备进行外汇市场干预不足以维持金融稳定。因此，在1997年亚洲金融危机后，新兴市场和发展中国家纳入包括宏观审慎监管在内的一系列措施，以维持三元悖论政策选择的金融稳定政策目标。宏观审慎政策可以通过缓解外部冲击对开放经济体的影响，维持本币汇率稳定。货币政策和宏观审慎政策之间可能存在相互替代性，单靠货币政策不足以维持金融稳定（Lubis, et al.，2019）。宏观审慎政策可能通过补充货币政策的调控效果来增强货币政策的独立性和有效性。跨境资本流动存在明显的顺周期性。不同于直接的资本管制措施，宏观审慎政策通过管控跨境资本流动可能带来的风险来管理跨境资本流动。

综上所述，本书假设在以新兴市场和发展中国家作为研究对象时，外汇储备与宏观审慎政策都有助于三元悖论中间化，而一国的经济规模、金融发展、外债规模和制度因素等有可能成为三元悖论中间化政策选择的影响因素。接下来通过基于新兴市场和发展中国家的数据，构建理论模型，再通过实证研究，对上述假设进行实证检验。考虑到模型可能存在线性关系与非线性关系，先对面板数据进行混合回归、固定效应和随机效应检验，再进行门槛效应检验。

(1) 面板门槛回归模型设定

由于储备规模和宏观审慎政策在不同的区间内可能对三元悖论中间化产生不同影响，变量间可能存在非线性关系。本节采用 Hansen（1999）提出的面板门槛回归模型对上述非线性关系进行检验。面板门槛回归模型的基本原理为：首先，在可以反映因果关系的变量中寻找门槛变量；其次，根据样本数据，对门槛值进行估算；最后，根据门槛值进行区间划分，对样本组内的参数值进行估计，分别得出不同区制的估计结果。根据前文的逻辑梳理和变量选取，本书设定面板门槛回归模型为：

$$ipd_{it} = \beta_0 + \beta_1 \ln ir_{it} \cdot 1(\ln ir_{it} \leq \gamma) + \beta_2 \ln ir_{it} \cdot 1(\ln ir_{it} > \gamma) + \beta_3 mpi_{it} + \alpha \ln X_{it} + \mu_{it} \tag{4-4}$$

其中，ipd 代表三元悖论中间化指数，$\ln ir$ 代表外汇储备规模，mpi 代表宏观审慎政策指数，i 和 t 分别代表国家和年份，$1(\cdot)$ 为示性函数，当括号中表达式为假时，取值为 0，否则取值为 1。根据门槛变量 $\ln ir$ 是否大于门槛值 γ，可以将样本区间划分为两个区制，分别采用斜率值 β_1 和 β_2 进行区别。X 代表控制变量，包括经济规模（$\ln gdp$）、通货膨胀率（inf）、经济开放度（$open$）、外债规模（$exdebt$）、金融发展水平（fd）、政权民主程度（dem）和政治不稳定性（$pols$）。

考虑到模型中可能存在多个门槛值（Multiple Thresholds），因此，在上述一门槛值模型的基础上，建立两门槛值模型，即：

$$ipd_{it} = \beta_0 + \beta_1 \ln ir_{it} \cdot 1(\ln ir_{it} \leq \gamma_1) + \beta_2 \ln ir_{it} \cdot 1(\gamma_1 < \ln ir_{it} \leq \gamma_2) +$$
$$\beta_3 \ln ir_{it} \cdot 1(\ln ir_{it} > \gamma_2) + \beta_4 mpi_{it} + \alpha \ln X_{it} + \mu_{it} \tag{4-5}$$

其中，$\gamma_1 < \gamma_2$，在第一个门槛值确定的基础上，再进行第二个门槛值的估计。二门槛值模型仅是多门槛值模型的一个范例，多门槛值模型均可在一门槛值模型的基础上进行拓展。

(2) 样本选择、变量选取与数据来源

参考胡必亮和刘清杰（2021）的新兴市场和发展中国家分类方法，根据数据的可得性，遴选 1990—2019 年的 24 个新兴市场和发展中国家的平衡面板年度数据，包括亚洲的 10 个国家（中国、印度、印度尼西亚、哈萨克斯坦、马来西亚、巴基斯坦、菲律宾、泰国、土耳其、越南）、拉丁美洲的 7 个国家（阿根廷、巴西、智利、哥伦比亚、厄瓜多尔、墨西哥、秘鲁）、非洲的 4 个国家（加纳、摩洛哥、南非、突尼斯）、欧洲的 3 个国家（波兰、罗马尼亚、俄罗斯）。具体采用的变量名称、含义、处理方法及数据来源如表 4-1 所示。

表 4-1　　　　变量名称、含义、处理方法和数据来源

变量		含义	处理方法	数据来源
被解释变量	ipd	三元悖论中间化指数	原指标引用	Aizenman 等（2012）
政策调控因素	mpi	宏观审慎政策指数	原指标引用	Alam 等（2019）和国际货币基金组织（IMF）
经济因素	lnir	外汇储备规模	外汇储备，取自然对数	世界银行世界发展指标（WDI）
	lngdp	经济规模	美元，取自然对数	世界银行世界发展指标（WDI）
	inf	通货膨胀率	GDP 平减指数	世界银行世界发展指标（WDI）
	open	经济开放度	进出口总额与 GDP 比值	世界银行世界发展指标（WDI）
	exdebt	外债规模	外部债务与 GDP 比值	世界银行世界发展指标（WDI）和 CEIC
金融因素	fd	金融发展水平	国内金融发展水平指数	国际货币基金组织（IMF）
制度因素	dem	政权民主程度	原指标引用	Polity V 数据库
	pols	政治不稳定性	原指标引用	MEPV 数据库

资料来源：笔者整理。

被解释变量采用 Aizenman 等（2012）构建的三元悖论政策离散指数来衡量三元悖论中间化程度（ipd），即：

$$ipd_{it}=\sqrt{(mi\_r_{it}-1)^2+(ers\_r_{it}-1)^2+(fo\_r_{it}-1)^2} \quad (4-6)$$

其中，$X\_r_{it}=x_{it}/\bar{x}_t$，$X=mi$、$ers$、$fo$，$mi$、$ers$、$fo$ 分别代表货币政策独立性、汇率稳定性和资本开放度；$\bar{x}_t$ 代表所有国家 X 在 t 年的均值。该指数值越小，表示新兴市场和发展中国家的政策选择越"趋同"（Convergence），越倾向于三元悖论中间化；反之，该指标数值越大，表示新兴市场和发展中国家越"发散"（Divergence），越倾向于三元悖论非中间化，即越倾向于三元悖论角点解。

核心解释变量宏观审慎政策指数（mpi）来自 IMAPP。本书采用该数

据库中的 MaPP 工作表中的 Sum_17 指标,该指标是 17 项宏观审慎工具的政策动向之和,当每个收紧的政策工具引起指数值加 1 时,每个放松的政策工具引起指数值减 1。该指标数值越大,表示宏观审慎越收紧;该指标数值越小,表示宏观审慎越放松。① 本书采用均值法,把该月度数据转为年度数据。需要说明的是,Sum_17 指标已经包含央行存款准备金,因此,在前文理论框架中指出的存款准备金和央行票据等央行冲销干预政策工具并未作为单独变量纳入实证模型。门槛变量外汇储备规模($lnir$)采用外汇储备的自然对数。

在控制变量中,选择代表经济发展因素的经济规模($lngdp$)取自然对数。结合已有相关文献的结论,经济规模与三元悖论政策选择的关系尚有争议。本书根据文献分析和事实梳理,假设一国经济规模与三元悖论中间化负相关,因为多数经济规模较大的经济体一般更加追求金融开放度,倾向于实行更加浮动的汇率制度,即实现三元悖论的角点解。但是也有经济规模较大的经济体现阶段仍然实行资本相对开放和有管理的浮动汇率制度,即三元悖论中间化,例如中国。因此,本书将通过实证研究结果进一步分析经济规模对三元悖论中间化的影响关系。通货膨胀率(inf)采用 GDP 平减指数,通货膨胀率高的国家相对追求汇率稳定,并且可以维持更高的央行货币政策独立性,以调控本国通货膨胀水平,即更加追求三元悖论的角点解,因此,本书假设一国通货膨胀率与三元悖论负相关。经济开放度($open$)采用进出口总额与 GDP 的比值,考虑到新兴市场和发展中国家的外债规模可能成为汇率制度选择的重要因素,从而影响一国的三元悖论中间化政策搭配,因此,模型加入外债规模($exdebt$),用外债规模与 GDP 的比值计算得到。金融因素选择金融发展水平(fd)。制度因素采用 Polity V 数据库中的 Polity2 指标测算民主程度。该指标介于 -10—10 的离散值,其值越高,表明民主程度越高。采用 MEPV(Major Episodes of Political Violence)数据库中的 ACTOTAL 指标测

---

① 17 项宏观审慎工具包括对银行维持反周期资本缓冲的要求,对银行维持资本保全缓冲的要求,银行资本要求,银行杠杆限制,贷款损失准备金要求,信贷增长限制,贷款限制,外币贷款限制,贷款价值比限制,对还本付息与收入比率和贷款与收入比率的限制,特定交易、资产或负债的税费,为缓解系统性流动性和融资风险而采取的措施,对贷款与存款比率的限制,未平仓外汇(FX)头寸净额或总额限制、外汇敞口和外汇融资限制及货币错配规定,出于宏观审慎目的的准备金要求(本币或外币),为缓解全球和国内系统重要性金融机构(SIFI)的风险而采取的措施以及上述类别中未包含的其他宏观审慎措施。

算政治不稳定程度，该指标介于 0—10 的离散值，其值越高，意味着政治越不稳定。缺失数据占 1% 左右，采用"线性插值"的方法填补（陈强，2010），从而得到 24 个新兴市场和发展中国家从 1990 年到 2019 年的平衡面板数据。

（3）数据描述性统计分析

表 4-2 是变量描述性统计结果。其中，各变量观测数相同，符合平衡面板数据特征。

表 4-2　　　　　　　　　　变量描述性统计

变量	观测数	平均值	标准差	最小值	p25	中位数	p75	最大值
ipd	720	0.966	0.423	0.124	0.681	0.903	1.206	3.666
mpi	720	0.289	0.784	-2.000	0.000	0.000	0.000	5.000
$\ln ir$	720	23.677	1.795	18.112	22.544	23.810	24.738	28.981
$\ln gdp$	720	25.886	1.410	22.329	24.888	25.902	26.762	30.290
inf	720	65.333	38.546	13.753	39.424	55.725	80.268	278.741
$open$	720	46.089	311.134	-27.632	3.085	6.147	13.557	6261.240
$exdebt$	720	44.713	29.577	0.100	27.495	38.504	56.536	384.012
fd	720	0.343	0.141	0.082	0.236	0.332	0.433	0.739
dem	720	4.106	5.946	-8.000	-1.000	7.000	8.000	10.000
$pols$	720	1.204	2.100	0.000	0.000	0.000	2.000	10.000

资料来源：笔者整理计算得到。

（4）单位根和变量多重共线性检验分析

为了避免出现伪回归，确保回归结果的有效性，在进行回归分析前需对数据的平稳性进行检验。根据陈强（2010），采用 LLC、Fisher-ADF 和 Fisher-PP 检验方法，得到"调整 R 方"（Adjusted R Square）和"修正的逆卡方变换"（Modified Inverse Chi-squared Transformation）统计量及相应的 P 值，对平衡面板数据的平稳性进行检验。从表 4-3 可以看出，各面板数据序列的检验结果均显著，因此拒绝原假设，认为各面板序列均是平稳的。

表 4-3　　　　　　　　　　各变量单位根检验

检验方法	ipd		mpi		$lnir$		$lngdp$		inf	
	统计量	P 值	统计量	P 值	统计量	P 值	统计量	P 值	统计量	P 值
LLC	-6.034	0.000	-1.897	0.029	-1.347	0.089	-1.947	0.026	-2.8e+02	0.000
Fisher-ADF	13.523	0.000	25.171	0.000	5.437	0.000	1.461	0.072	113.853	0.000
Fisher-PP	13.523	0.000	25.171	0.000	5.437	0.000	1.365	0.086	113.853	0.000
检验方法	fd		$open$		$Polity2$		$actotal$		$exdebt$	
	统计量	P 值	统计量	P 值	统计量	P 值	统计量	P 值	统计量	P 值
LLC	-2.217	0.013	-1.604	0.054	-3.070	0.001	-1.357	0.087	-2.216	0.013
Fisher-ADF	2.046	0.020	6.542	0.000	6.058	0.000	2.109	0.018	6.330	0.000
Fisher-PP	2.046	0.020	6.542	0.000	6.058	0.000	2.109	0.018	6.330	0.000

资料来源：笔者根据 Stata 单位根检验结果整理得到。

对变量的多重共线性进行检验，整体面板数据模型的方差膨胀因子（VIF）的平均值为 3.010，单个解释变量的检测值均低于 10.000，说明模型不存在多重共线性（陈强，2010）。

（5）实证结果及分析

以外汇储备规模（lnir）为门槛变量，以宏观审慎政策指数（mpi）为核心解释变量，以三元悖论中间化指数（ipd）为被解释变量，对 24 个新兴市场和发展中国家不存在门槛值、存在 1 个门槛值、2 个门槛值和 3 个门槛值的情况分别进行估计，根据 Hansen（1999）的"自助法"（Bootstrap）进行反复抽样 1000 次，从而得出检验统计量对应的 P 值，并用该值判断 F 统计量在多大的显著性水平下通过门槛效应检验，从而判断模型是否存在门槛效应。结果显示，3 个门槛值没有通过显著性检验，因此，只汇报 2 个门槛值的检验结果（见表 4-4）。

表 4-4　　　　　　　　　　门槛效应检验结果

门槛变量	门槛个数	F 值	P 值	10%临界值水平	5%临界值水平	1%临界值水平
lnir	1 个门槛	7.684	0.006	2.559	3.804	6.560
	2 个门槛	7.111	0.009	2.372	3.639	6.582

资料来源：作者根据 Stata 计算整理得到。

由表 4-4 可以看出，F 统计量在 1 个门槛值模型和 2 个门槛值模型中，在 1% 的显著性水平下显著，说明 1 个门槛值和 2 个门槛值是存在的。表 4-5 是面板门槛值估计结果。

表 4-5　　　　　　　　面板门槛值估计结果

门槛变量	门槛值	ir 对应值	95% 的置信区间
lnir	25.014	73020057454.03	(22.525, 25.318)
	25.379	105186415638.40	(20.582, 26.593)

资料来源：作者根据 Stata 计算整理得到。

根据门槛模型的基本原理，门槛估计值是似然比统计量 LR 趋近于 0 时对应的 γ 值。图 4-6 为 2 个门槛值分别为 25.014 和 25.379 的外汇储备规模 2 个门槛值估计结果。其中 LR 统计量最低点为对应的真实门槛值，虚线表示临界值 7.35，由于临界值 7.35 明显大于 2 个门槛值，可以认为 2 个门槛值是真实有效的。

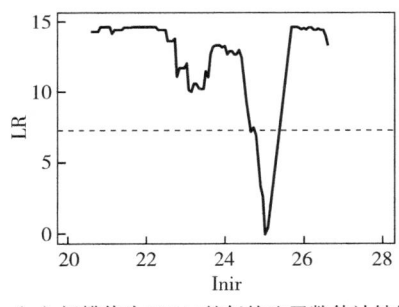

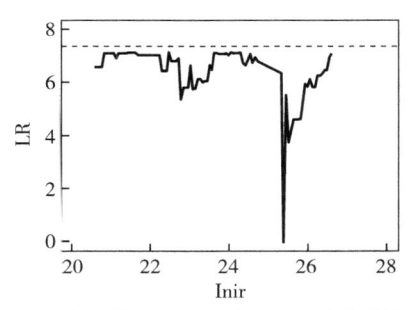

（a）门槛值为 25.014 的似然比函数估计结果　（b）门槛值为 25.379 的似然比函数估计结果

图 4-6　外汇储备规模 2 个门槛值估计结果

资料来源：作者根据 Stata 计算整理得到。

表 4-6 是面板门槛回归模型的参数估计结果。可以看到，在个体固定效应模型中，控制变量经济开放度（open）的回归系数为正值，在 5% 的显著性水平下显著。金融发展水平（fd）的回归系数为负值，政权民主程度（dem）的回归系数为负值，政治不稳定性（pols）的回归系数为正值。以上三个控制变量在 1% 的显著性水平下显著，其他控制变量的回归结果未能通过显著性检验。在 2 个门槛值模型中，当外汇储备规模

（lnir）取值在第一区间（lnir≤25.014）时，回归系数为0.060，即当外汇储备规模小于或等于25.014时，宏观审慎政策对于三元悖论指数离散程度的影响为正。在第二区间（25.014<lnir≤25.379）时，回归系数为-0.148，即当外汇储备规模大于25.014且小于或等于25.379时，宏观审慎政策对三元悖论指数离散程度的影响为负。在第三区间（lnir>25.379）的回归系数为-0.004，仍为负值，即当外汇储备规模大于25.379时，宏观审慎政策对三元悖论指数离散程度的影响为负。第一区间和第二区间的回归系数分别在5%和1%的显著性水平下显著，但取值在第三区间（lnir>25.379）的回归系数并未通过显著性检验。

表4-6　　　　　　　　面板门槛回归模型的参数估计结果

解释变量	线性回归个体固定效应模型	非线性2个门槛值模型
lngdp	-0.038 (0.030)	-0.029 (0.030)
$open$	0.002** (0.001)	0.002** (0.001)
inf	0.000 (0.000)	0.000 (0.000)
$exdebt$	-0.001 (0.001)	-0.001 (0.001)
fd	-0.766*** (0.271)	-0.755*** (0.267)
dem	-0.026*** (0.005)	-0.027*** (0.005)
$pols$	0.033*** (0.012)	0.032*** (0.012)
mpi	0.011 (0.019)	
lnir≤25.014		0.060** (0.026)
25.014<lnir≤25.379		-0.148*** (0.049)

续表

解释变量	线性回归个体固定效应模型	非线性2个门槛值模型
lnir>25.379		−0.004 (0.027)

注：括号内为标准误，***、**分别代表在1%、5%的显著性水平下显著。
资料来源：笔者根据Stata计算整理得到。

通过进一步分析实证结果可知，样本中的新兴市场和发展中国家在连续的时间段内持有的外汇储备规模相对较小（lnir≤25.014），根据回归结果，当外汇储备规模在这一区间时，宏观审慎政策对于三元悖论指数离散程度的影响为正，结果表示，当新兴市场和发展中国家的外汇储备规模相对较低时，宏观审慎政策有助于提高三元悖论指数离散程度。样本属于第二区间（25.014<lnir≤25.379）的情况比较少，且相应所在的时段比较分散，如墨西哥（2005—2009年）、马来西亚（2006—2010年和2015—2019年）等均是在连续的时间段内持有第二区间的外汇储备规模。样本中属于第三区间（lnir>25.379），即持有较高外汇储备规模的情况，如巴西（2007—2019年）、中国（1996—2019年）、印度尼西亚（2016—2019年）、印度（2004—2019年）、墨西哥（2010—2019年）、马来西亚（2011—2014年）、波兰（2016—2019年）、俄罗斯（2004—2019年）和泰国（2008—2019年）等均是在连续的时间段内持有较高的外汇储备规模，其持有较高规模的外汇储备有助于降低三元悖论离散程度。

通过进一步对比分析可知，与世界其他国家相比，新兴市场和发展中国家持有相对较高的外汇储备规模。上述实证分析结果表明，新兴市场和发展中国家在持有较高外汇储备规模下，配合宏观审慎政策，有助于实现三元悖论中间化。但是，外汇储备规模一旦超过门槛值，宏观审慎政策有助于降低三元悖论离散程度这一结果的显著性明显降低。这一实证结果说明，在使用宏观审慎政策作为三元悖论中间化的配套政策时，也要对外汇储备规模加以控制，防止外汇储备规模过高，从而影响宏观审慎政策对实现三元悖论中间化的调控效果。具体地，外汇储备规模过高可能通过以下途径影响宏观审慎政策的调控效果，进而影响三元悖论中间化的实现。第一，外汇储备规模过高，影响国内基础货币供给，央行需要使用提高利率或存款准备金率等方式进行冲销干预，可能与国内货币政策周期相悖,使央行维持货币政策独立性的压力增大;第二,外汇储备规模过高,本币汇率面临单边升值压力,加大了央行为消除汇率单边升值压力而进行外汇市场干预的压力,且在中间汇率制度下,可能进一步引起本币升值预期,吸引跨境资本流入,进一步影响三元悖论中间化的稳定。中国在2008年国际金融危机以前,曾一度因为过高的外汇储备规模面临长期人民币单边升值压力,在吸引外资流入使央行面临热钱流入压力下,选择维持汇率稳定还是货币政策独立性的两难困局对央行使用宏观审慎政策进行逆周期调控的有效性也形成了压力。

长期以来,新兴市场和发展中国家持有高额外汇储备,以进行外汇市场干预,从而维持本币汇率稳定。由于三元悖论中间化对新兴市场和发展中国家的经济、金融稳定发展具有促进作用,本书认为,新兴市场和发展中国家虽然可以继续持有较高规模的外汇储备,以实现必要时的外汇市场干预,但是,考虑到宏观审慎政策对三元悖论中间化的积极作用及外汇储备规模过高带来的管理成本,新兴市场和发展中国家的外汇储备规模须适度。

(6)稳健性检验

本书采用替换核心解释变量的方法对实证结果进行稳健性检验,力求提升研究结论的可靠性。采用Cerutti等(2017)计算的全球宏观审慎政策指数($gmpi$)作为核心解释变量,提供了从2001年到2013年23个新兴市场和发展中国家的宏观审慎政策实施情况,其稳健性检验结果如表4-7、表4-8、表4-9所示。

表4-7 门槛效应的稳健性检验结果

门槛变量	门槛个数	F值	P值	10%临界值水平	5%临界值水平	1%临界值水平
lnir	1个门槛	4.725	0.028	2.657	3.594	6.412
	2个门槛	6.121	0.014	2.749	3.797	6.983

资料来源:笔者根据Stata计算整理得到。

表4-8 面板门槛值估计的稳健性检验结果

门槛变量	门槛值	95%的置信区间
lnir	1.051	(0.000 8.000)
	2.020	(2.020 4.929)

资料来源:笔者根据Stata计算整理得到。

表 4-9　　面板门槛模型的参数估计的稳健性检验结果

解释变量	线性回归个体固定效应模型	非线性 2 个门槛值模型
$\ln gdp$	0.018 (0.069)	0.042 (0.068)
$open$	0.002 (0.001)	0.002 (0.001)
inf	-0.003 (0.002)**	-0.003 (0.002)
$exdebt$	0.000 (0.001)	0.001 (0.001)
fd	-0.837 (0.445)*	-0.950 (0.440)**
dem	-0.024 (0.009)***	-0.026 (0.009)***
$pols$	0.038 (0.018)**	0.036 (0.018)**
$gmpi$	-0.026 (0.051)	
$\ln ir \leqslant 1.051$		-0.031 (0.051)
$1.051 < \ln ir \leqslant 2.020$		-0.037 (0.051)
$\ln ir > 2.020$		-0.028 (0.050)

注：括号内为标准误，***、**、*分别代表在1%、5%、10%的显著性水平下显著。
资料来源：笔者根据 Stata 计算整理得到。

根据表 4-7 所汇报的稳健性检验结果可知，仍然存在 2 个门槛值，且均在 5% 的显著性水平下显著。表 4-8 汇报了 2 个门槛值，其对应的表 4-9 中外汇储备对数值所在的各个区间内宏观审慎政策对三元悖论离散程度的影响均为负向，由此可见，本书经过实证分析所得研究结果具有一定的可靠性。

（三）中国三元悖论中间化下中间汇率制度分析

基于前文的理论分析和实证分析，本节将进一步对中国三元悖论中间化下实行中间汇率制度的合理性进行分析。鉴于中国金融稳定的政策目标，三元悖论中间化有助于实现金融稳定，现阶段选择三元悖论中间化下有管理的浮动汇率制度是一个更加合理的方案。中国从 2005 年开始实行有管理的浮动汇率制度，既可以保留一定的汇率稳定性，又可以保留一部分的汇率弹性空间。从人民币汇率形成机制来看，2015 年"8·11"汇改之后，人民币汇率采用"收盘价+一篮子货币"的定价机制。其中，收盘价由人民币的市场供求决定，"一篮子货币"由央行根据贸易权重制定，可以起到稳定人民币汇率的作用。图 4-7 是 2015—2019 年人民币汇率中间价与人民币汇率指数（CFETS）的走势，可以看到，"8·11"汇改之后，人民币汇率已经实现双向波动，但是"一篮子货币"和人民币中间价的升值贬值走势起到互相叠加的作用。在 2015 年以后，中国资本开放不断推进，在当前人民币汇率形成机制下，会放大汇率预期通过资本流动对人民币汇率波动的影响。央行于 2017 年 5 月首次在人民币汇率形成机制中引入逆周期因子，逐渐消除了人民币贬值趋势。由此可见，在中间汇率制度下，适时地使用宏观审慎政策进行逆周期调节，有助于发挥中间汇率制度的优势，使央行管控下的人民币汇率兼顾灵活性和稳定性。近年来，宏观审慎政策广泛应用在跨境资本流动监管领域，央行和国家外汇管理局建立了宏观审慎政策框架，对跨境资本流动的宏观审慎调节参数进行适时调整，与已有的资本管制政策形成互补，更加稳定了跨境资本流动。

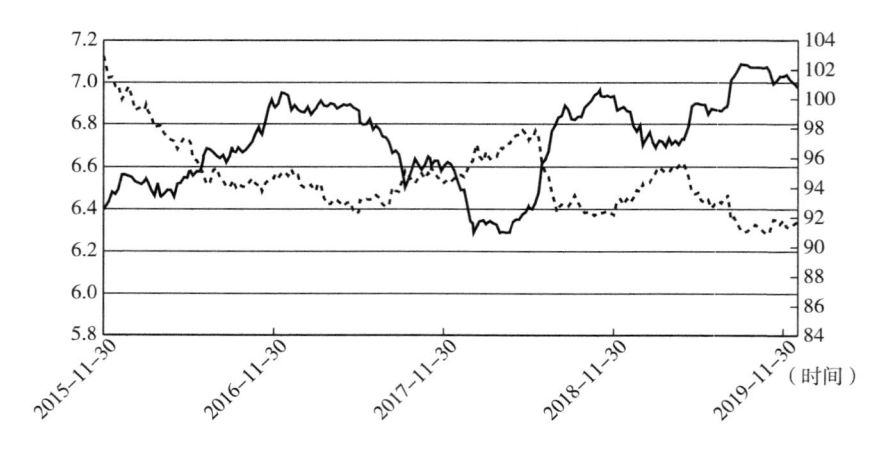

图 4-7　2015—2019 年人民币汇率中间价与人民币汇率指数 CFETS

资料来源：WIND 数据库。

作为新兴大型经济体，中国经济规模近年来稳居世界第二位，但人均收入只有中等收入国家水平。根据前文的实证分析，中国的外汇储备规模在新兴市场和发展中国家中仍然处于较高水平，可以进行适当的外汇市场干预，以维持一定的汇率稳定性。从汇率制度选择的国际经验来看，现阶段实行中间汇率制度符合中国经济基本面的发展。2018年，中国对外贸易依存度约为33.7%，依旧属于出口导向型经济体。如果中国实行浮动汇率制度，汇率波动将通过进出口商品的价格传递作用影响中国对外贸易。长期以来，出口导向型的经济增长模式使中国害怕由于人民币升值带来的出口损失。"货币错配"现象是多数新兴市场国家和发展中经济体发生"浮动恐惧"的重要原因。如果现在实行浮动汇率制度，在汇率波动下，货币错配会对中国金融稳定产生巨大冲击。图4-8和图4-9分别是2015—2020年中国银行业的外币对外金融资产和负债，可以看出，中国以外币形式存在的金融资产和负债较多，且外币金融资产总量呈逐年递增趋势。当人民币升值时，中国以外币计值的金融资产将面临巨大损失。

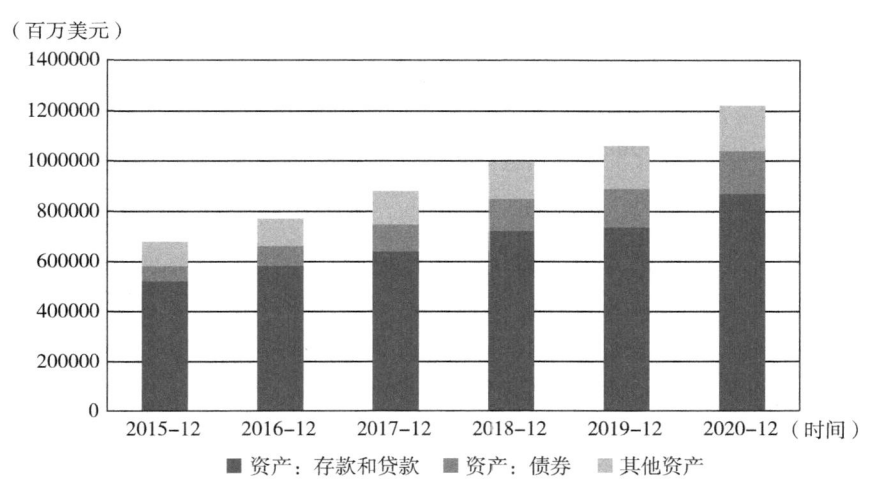

图4-8　2015—2020年中国银行业对外金融资产（外币）

资料来源：CEIC。

从人民币汇率形成机制来看，中国有管理的浮动汇率制度下的"收盘价+一篮子货币"的人民币汇率定价机制虽然为人民币汇率带来了一定的弹性空间，但是也会放大市场对人民币的升值或贬值预期，造成跨境资本流动。在有管理的浮动汇率制度下，央行仍需要使用外汇储备干预外汇市场。2015年"8·11"汇改后，人民币面临巨大的贬值压力，央行通过卖出外汇储备，消除人民币贬值压力。一旦面临国际资本流动的冲击，本币将面临持续贬值预期，外汇储备会面临耗尽的风险，使本国不得不放弃现有的汇率制度。因此，中间汇率制度可作为过渡，人民币汇率制度将长期向更加浮动的市场化方向改革。

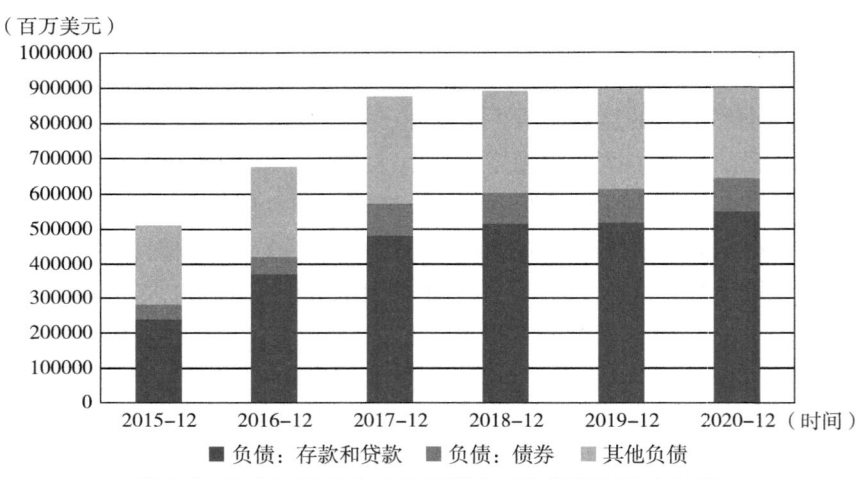

图4-9 2015—2020年中国银行业对外金融负债（外币）

资料来源：CEIC。

在三元悖论下，货币当局在资本自由流动、货币政策独立性和汇率稳定性中只能同时实现两者。在各国考虑三元悖论的政策目标时，需综合考虑本国经济基本面各项因素。本节将通过非平衡面板数据进行实证研究，通过分析三元悖论下汇率制度选择的国际经验，总结汇率制度选择因素，并且据此判断中国人民币汇率制度市场化改革的适配度。

第二节　汇率制度选择的国际经验与人民币汇率制度市场化改革方向

一　三元悖论中间化的量化和三边关系的数理表示

三元悖论揭示出在三个政策目标之间"三选二"的取舍关系。但在现实中，各国对三元悖论的政策选择不一定拘束于选择完全的货币政策独立性、汇率稳定，放弃资本自由流动；或者选择汇率稳定、资本自由流动，放弃货币政策独立性；或者选择资本自由流动、完全货币政策独立性、浮动汇率制度的角点解。新兴市场和发展中国家选择了三元悖论中间化，即实现资本部分流动、货币政策相对独立、汇率相对稳定的非角点解的政策组合。易纲、汤弦（2001）把三元悖论形式化，构造指标体系，对三元悖论各边进行量化，为三元悖论中间化的研究提供了分析框架。三元悖论突破角点解向中间化发展，一个重要的特征就是变为连续的量化指标。本书首先总结三元悖论各边的政策含义；其次，对本书要研究的三元悖论政策含义选取合适的量化指标；最后，对三元悖论中间化下三边之间由线性转向非线性关系的量化表示进行梳理。

（一）三元悖论中间化的量化测度

1. 货币政策独立性的测度

货币政策独立性的定义分为广义和狭义。广义定义为本国货币政策受外国货币政策影响的程度。Liu（2009）、Chow（2014）等用回归方程的系数表示本国利率变动受外国利率变动的影响，回归系数越大，本国的货币政策独立性越低。该定义表示基准国货币政策对其他国家货币政策的溢出效应。狭义定义为本国央行的货币政策独立于其他部门、其他政策目标的能力。Bǎdescu（2015）根据泰勒规则，把货币政策独立性定义为货币当局可以按照本国产出、通货膨胀目标制定本国货币政策的能力，该定义反映出货币政策指向国内经济目标的能力。You 等（2014）在外国利率对本国利率影响的基础上，加入汇率制度选择对货币政策独立性的影响因素。Wu（2015）创建了基于国内货币政策目标完成度的事实货币政策独立性指数，该指数是根据修正的泰勒规则的系统估计的回归结果计算出来的。在货币政策独立性的狭义定义的基础上，Simeon 和 Kim（2018）把货币政策独立性定义为在基准国的外部影响下，本国央行把汇率维持在最优汇率水平的能力。货币政策独立性也会被其他变量影响，包括通货膨胀率、贸易开放、金融发展和相对收入（You, et al.,2014）。

由于本书的研究对象是货币政策独立性的广义定义，即本国货币政策受外国货币政策的影响，另外，考虑到面板数据的可得性，在基于三元悖论的汇率制度选择国际经验的实证研究中，本书使用 Aizenman 和 Ito

（2012）的货币政策独立性指数，该指数具有代表性又相对完整，可以根据三元悖论下货币政策独立性的定义，实证分析各国汇率制度选择的因素，即：

$$mi = 1 - \frac{corr(i_i, i_j) + 1}{2} \tag{4-7}$$

2. 汇率稳定性的测度

在汇率稳定性指数中，具有代表性的有 Aizenman 和 Ito（2012）提出的汇率稳定性指数，即：

$$ers = \frac{0.01}{0.01 + stdev(\Delta(\log(exch\_rate)))} \tag{4-8}$$

本书将采用该指数对汇率稳定性进行测度。在相关研究中，具有代表性的汇率弹性指数还有 Poirson（2001）构造的汇率制度选择模型，实际汇率弹性越高，代表汇率市场化程度越高。该模型共包含四个指标：EXR、FLEX、PEG 和 FLT。其中，前三个指标被称为 IMF 指标，① 最后一个汇率弹性指标 FLT 是基于外汇储备变动和汇率变动的，具有从固定汇率到浮动汇率的完整区间，可以表现出在外汇储备干预下汇率弹性的具体变化，即：

$$FLT = \frac{ME}{MR} = \frac{\sum_{0}^{11} |E_{t-k} - E_{t-k-1}|/E_{t-k-1}}{\sum_{0}^{11} |R_{t-k} - R_{t-k-1}|/M_{t-k-1}} \tag{4-9}$$

其中，ME 表示月度名义汇率的平均绝对值；MR 表示前一期基础货币标准化后的月度外汇储备变化的平均绝对值；E_t、R_t 和 M_t 分别表示本国第 t 月的名义汇率、本国净外汇储备（不包括黄金）以及基础货币。由此可见，FLT 指标反映了月度汇率波动与月度外汇储备相对于基础货币变化量的比率，比仅用外汇储备的变化来度量央行对外汇市场的干涉力度更能满足实际情况，结果更为可靠（曹远征等，2018）。$FLT \in [0, +\infty)$ 表示汇率弹性从 0 到无穷大的连续区间，也表示汇率制度从固定汇率制度、中间汇率制度到浮动汇率制度的连续性。FLT 的值变化的含义为：

---

① EXR 表示钉住制、中间汇率制度和独立浮动；FLEX 表示严格固定钉住、其他钉住、中间汇率制度、管理浮动和独立浮动；PEG 表示货币联盟、货币局、单一货币钉住、一篮子钉住、中间汇率制度、管理浮动和独立浮动。

FLT 越小，则汇率灵活性越弱，当某个国家采用固定汇率制度时，ME 为 0，FLT 为 0；FLT 越大，说明汇率灵活性越强，当某个国家采用完全浮动汇率制度时，不使用外汇储备干预汇率，外汇储备变动 MR 为 0，此时 FLT 表现为无穷大。而在中间汇率制度下，名义汇率变动 ME 和外汇储备变动 MR 都不为 0，表示货币当局使用外汇储备干预汇率波动区间的同时又保留一定的汇率弹性。

3. 资本账户开放度的测度

资本账户开放指标分为法定名义开放度指标（De Jure）和事实开放度指标（De Facto）。法定名义开放度指标主要有 Schindler（2009）构建的 KA 指标，涵盖 1995—2005 年的 91 个国家。但实证分析指出，各国实际上的资本开放水平与事实上的资本开放水平具有很大差异，很难反映实际情况。事实开放度指标通过分析经济变量数值，对资本管制强度进行定量判断，分为数量指标、价格指标和混合指标。杨荣海和李亚波（2017）分别以资本流量和存量占 GDP 比重为基础构建数量指标，苟琴等（2012）基于相关政策法规，综合考虑资本开放的评价，得出资本开放指数。数量指标中应用最广的为 Lane 和 Milesi–Ferretti（2007）的 TOTAL 指数，侧重于衡量股票市场开放程度。价格指标有 Levy–Yeyatiet 等（2010）。这些方法的共同点是都考虑了国内外的价格差异。虽然在数据的可得性上占据优势，但是存在一定的周期波动问题。张小波（2017）对中国金融开放水平的测度指标展开研究。刘金全等（2018）采用状态空间向量模型对资本开放度进行卡尔曼滤波估计。

1997 年，IMF 的 AREAER 总结出四类跨境金融交易管制类型：一是存在多重汇率 k_1；二是存在对经常账户交易的限制 k_2；三是存在对资本账户交易的限制 k_3；四是存在对出口收益返还的监管要求 k_4。Chinn 和 Ito（2008）据此利用主成分分析法构建出资本账户开放指数（$Kaopen$），被学界广泛运用。在 Aizenman 等（2013）构建的三元悖论指数中，以 Chinn 和 Ito（2008）构造的 $Kaopen$ 指数界定资本账户开放水平，$Kaopen$ 是以多汇率存在、经常账户转移限制、资本账户转移限制和出口退税要求的虚拟变量的组合构造的，可以表示为：

$$SHAREk_{3,t} = \left(\frac{k_{3,t} + k_{3,t-1} + k_{3,t-2} + k_{3,t-3} + k_{3,t-4}}{5} \right) \quad (4-10)$$

$Kaopen_t$ 表示资本开放指数，它的第一个向量表示为（$SHAREk_3$，k_1，

k_2、k_4)。

资本流动性较难界定,相关研究主要分为两类:第一类按照资本流动的总量和各部分流量进行划分,第二类按照资本的流动性进行划分。Yasin 等(2014)应用事实分类方法,对资本账户进行分类,使用资本流入和资本流出与国内总产出之比的绝对值表示资本账户开放程度。You(2014)进行了更为细致的分类,包括股票投资、债券与金融信贷、直接投资等各项总资本流动和各项资本流入流出。发达国家在市场经济体制下,通过税收的方式调控资本开放度,中国以直接行政管制的方式调节资本开放度(杨荣梅和李亚波,2017)。

本书力求使用更能体现事实资本流动变化的测度指标,在汇率制度选择的国际经验的实证研究中采用 Lane 和 Milesi-Ferretti(2007)的事实资本开放测度方法。在资本开放、汇率制度市场化改革对人民币国际化影响的实证研究中,本书使用占比法(杨荣海和李亚波,2017)测度资本开放指数,并用插值法对季度数据进行处理,转化为月度数据。

(二)三元悖论中间化下三边关系的数理表示

参考易纲、汤弦(2001),以 ES、MI、KO 分别代表汇率稳定性、货币政策独立性和资本自由流动,ES、MI、KO 取值为 0 或 1。当取值为 1 时,该政策目标是完全实现的;当取值为 0 时,该政策目标丧失。三元悖论政策组合选择为(ES、MI、KO)=(1,1,0)、(EX、MI、KO)=(1,0,1)或(EX、MI、KO)=(0,1,1)。而在三元悖论中间化下,ES、MI、KO 的取值区间为(0,1),表示政策选择在"无"和"有"之间的中间状态。传统的三元悖论多以线性模型表示(Aizenman, et al., 2013),即:

$$1 = \alpha_j ES_{i,t} + \beta_j MI_{i,t} + \delta_j KO_{i,t} + \varepsilon_t \qquad (4-11)$$

式(4-11)表示三元悖论三项政策中任意两项政策目标组合必然伴随着第三项政策目标削弱,并且三边加总之和为常数。i 和 t 分别代表国家和相应的时间,参数 α、β、δ 分别代表每项政策所占的权重。在三元悖论各政策目标间的边际替代率为 1 的假设下,式(4-11)成立。但随着三元悖论中间化,三项政策目标间边际替代率为 1 的假设被打破,衡量三元悖论中间化程度的指数为(Aizenman and Ito, 2012):

$$d = \sqrt{(mi_{i,t}-1)^2 + (es_{i,t}-1)^2 + (ka_{i,t}-1)^2} \qquad (4-12)$$

该指数展现出三元悖论呈现曲面形状发展的状态(见图 4-10)。

第四章 三元悖论中间化与人民币汇率制度市场化改革的方向选择

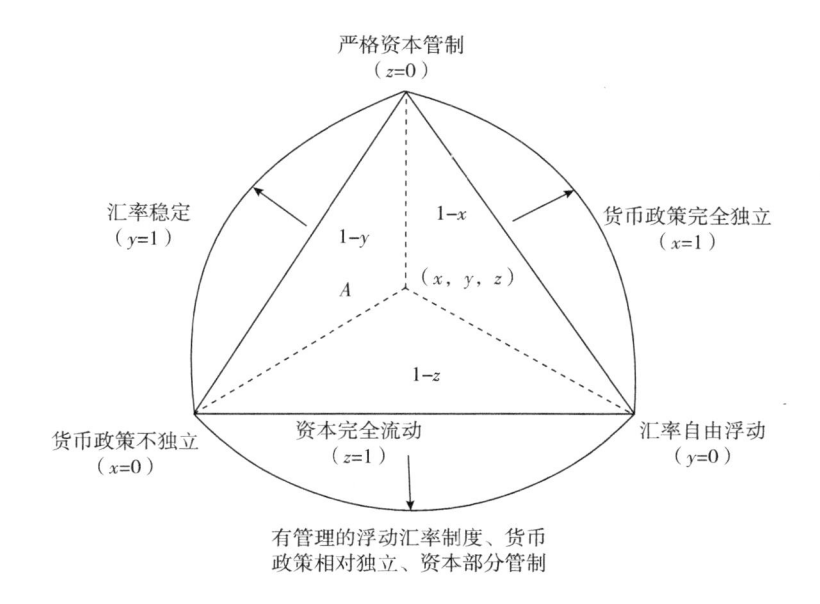

```
                  严格资本管制
                     (z=0)
                      /|\
                     / | \
                    /  |  \
          汇率稳定 /1-y|1-x\ 货币政策完全独立
           (y=1) /    |    \   (x=1)
                /    A·(x,y,z)\
               /      |        \
              /───────┼─1-z─────\
         货币政策不独立  资本完全流动  汇率自由浮动
           (x=0)       (z=1)        (y=0)
                        ↓
              有管理的浮动汇率制度、货币
              政策相对独立、资本部分管制
```

图 4-10 三元悖论中间化发展

现实中，三元悖论三边不仅呈现出"此消彼长"的线性关系，也可能呈现出三边相互替代率不为恒定值的非线性关系。邹新月和扈震（2015）认为，政策目标间的边际替代率并非恒等于 1，而是随着两个政策目标相对水平的变化而变化。三元悖论三边变化呈现出时间趋势，因此，本节使用分段函数建立了三元悖论的非线性模型。张小波（2017）在邹新月和扈震（2015）的基础上加入外汇储备；张群等（2016）采用差分进化算法估计货币政策独立性、外汇干预指数与资本开放度三个政策目标的非线性系统，并利用系统动力学方法，估算出中国在政策上偏好于汇率稳定性。总体而言，目前国内外对于三元悖论政策间的非线性关系研究较少。

由于前文分析得出外汇储备、宏观审慎政策对三元悖论政策组合具有重要影响，本节加入宏观审慎政策指数 δ，对邹新月和扈震（2015）、张小波（2017）提出的三元悖论框架进行修正，即：

$$H = [M, E]_{n \times 2} = \gamma [F, IR, \delta(F \times IR)]_{n \times 3} \quad (4-13)$$

其中，δ 越大，表示宏观审慎政策越紧张；δ 越小，表示宏观审慎政策越放松。

二 三元悖论与汇率制度选择国际经验的实证分析

汇率制度的选择因素可通过汇率制度选择理论进行提炼。汇率制度选择理论起始于 Mundell 在 20 世纪 60 年代提出的最优货币区理论，认为汇率制度选择因素是对于一国要素流动性、贸易开放度、经济规模等的综合考虑。McKinnon（1963）、Kenen（1969）等从经济发展、金融市场发展、经济多元化等角度对该理论进行拓展。

在最优货币区理论之后，蒙代尔-弗莱明模型为汇率制度选择提供了新的理论基础。在此基础之上进行拓展的三元悖论指出，汇率制度选择与资本开放水平、货币政策独立性之间有着"三选二"的取舍关系。1997 年亚洲金融危机爆发，资本开放下套汇套利资本流动对钉住汇率制度的冲击使钉住汇率制度的弊端暴露，各国开始重新审视资本开放政策与汇率制度的政策搭配对宏观经济稳定的影响。事实上，进入牙买加体系以来，各国的三元悖论选择逐渐衍生出资本部分开放、货币政策部分独立、中间汇率制度下的中间解，从严格的钉住汇率制度向较为宽松的中间汇率制度转化。Aizenman 等（2013）指出，发达国家普遍采用浮动汇率制度，因此选择资本自由流动、货币政策独立的三元悖论角点解；而发展中国家使用外汇储备维持汇率的部分稳定性，实现了三元悖论的中间化。Aizenman 等（2013）的研究代表学界对一国三元悖论选择因素的一项重要观点，即外汇储备是三元悖论政策选择的重要依据。综观金融全球化下国际汇率制度的演变过程，世界各国对本国资本管制政策、货币政策独立性的维护和汇率政策的选择是动态变化的，其中，经济发展水平是政策选择变化最直观的因素。在实践中，经济规模大小对经济体的抗冲击能力有着重要影响，汇率制度选择受到本国资本开放政策与货币政策独立性的权衡取舍以及各项国别因素的影响。

Edwards（1996）、Rizzo（1998）、Poirson（2001）、Hagen 和 Zhou（2002）、Levy-Yeyati 等（2010）把汇率制度选择因素定性分类为经济因素、金融发展因素、政治因素等。近年来，相关研究使用最新的实证方法对汇率制度选择因素进行了实证分析，特别针对新兴市场和发展中国家进行了研究（见表 4-10）。

大部分新兴市场和发展中国家由于"浮动恐惧"，不能一蹴而就地完成汇率制度市场化改革，又不能完全丧失货币政策独立性，因此，积累大量的外汇储备干预和稳定外汇市场，同时实行部分资本管制，又不得不

表 4-10　　近期汇率制度选择因素的相关实证研究概述

资料来源	状态变量（核心变量）	控制变量	实证方法	研究对象
梅冬州、龚六堂（2011）	股市市值/GDP、持有外币资产的比例、外汇储备/GDP、金融开放程度、预算赤字/GDP、国家规模、人均实际GDP、通货膨胀、贸易开放程度、外债总额/GDP、贸易集中度、实际经济增长率		Probit 模型	新兴市场和发展中国家 1997—2007 年的数据
陈中飞、王曦、刘宛昆（2018）	经济规模、经济增长速度、外汇储备水平、通货膨胀水平、贸易开放度、贸易地理集中度、经济开放度、金融开放度、政权集中程度、政治民主程度、金融发展水平		Probit 模型	116 个国家 31 年的面板数据
王珊珊、黄梅波（2015）	经济增长、物价稳定、贸易开放度、股票市场占 GDP 比重、贷款总额占 GDP 比重	外汇储备占 GDP 比重的自然对数、人均 GDP 自然对数、实际接受的外商直接投资总额、实际汇率的波动率	Probit 模型	中国 1994 年第一季度至 2012 年第四季度的季度数据
张三宝（2018）	经济规模、经济开放度、外汇储备水平、物价水平、国际资本流动性		Probit 模型	俄罗斯、巴西、印度、中国 1995—2005 年的数据
朱孟楠、陈欣铭（2014）	名义汇率传递效应、贸易开放程度、实际利率的产出效应、内部冲击、外部冲击、实际利率冲击、通胀厌恶程度、反通胀政策可信度、对未来的重视程度		有固定影响的变截距模型	24 个新兴市场和发展中国家 1990—2012 年的面板数据

资料来源：笔者根据文献整理。

损失部分货币政策流动性，使本国三元悖论政策选择呈现"中间状态"。虽然 Rey（2015）认为二元悖论成立，在全球金融周期的影响下，即使实现浮动汇率，也不能实现货币政策的完全独立，但很多实证分析的结果还是肯定了浮动汇率对于提高货币政策独立性的作用。在现实中，中间汇率制度可在一定程度上兼顾汇率弹性与一定的汇率稳定性，从而受到大部分发展中国家的推崇。当货币危机发生时，资本管制可以有效减轻汇率贬值造成的"资本外逃"现象。Aizenman 等（2013）认为，发展中国家由于积攒了大量的外汇储备，三元悖论呈现中间化发展趋势。综上所述，本书加入资本开放和货币政策独立性作为汇率制度选择的影响因素，选择其他汇率决定理论中涉及的相关因素作为控制变量，对面板数据进行实证研究。

（一）模型设定

本书研究内容集中于三元悖论，因此，本书的主要被解释变量和解释变量是三元悖论的三边，即汇率稳定性（ers）、货币政策独立性（mi）、资本开放度（fo）。控制变量主要集中于与开放经济相关的变量，即：

$$ers_{i,t} = \beta_1 mi_{i,t} + \beta_2 fo_{i,t} + \beta X_{i,t} + \Omega_{i,t}$$

$$X = \begin{Bmatrix} \ln gdp, & inf, & \ln reserve, & open, & exdebt, & fd, \\ normshock, & realshock, & dem, & pols \end{Bmatrix};$$

$$\Omega = \{\varphi_i, \varphi_t, \varepsilon\}; \tag{4-14}$$

其中，i 和 t 分别表示国家和年份；$ers_{i,t}$ 为被解释变量，表示汇率稳定性（Exchange Rate Stability）。两个核心解释变量 $mi_{i,t}$（Monetary Independence）和 $fo_{i,t}$（Financial Openness）分别表示货币政策独立性和资本开放度。X 为控制变量，$\ln gdp_{i,t}$ 表示经济规模，$inf_{i,t}$ 表示通货膨胀率，$\ln reserve_{i,t}$ 表示外汇储备规模，$open_{i,t}$ 表示经济开放度，$exdebt_{i,t}$ 表示外债规模，$fd_{i,t}$ 表示金融发展水平，$normshock_{i,t}$ 表示货币冲击，$realshock_{i,t}$ 表示实际冲击，$dem_{i,t}$ 表示政治民主程度，$pols_{i,t}$ 表示政治不稳定性。Ω 为固定效应控制变量和残差值，φ_t 表示时间固定效应，φ_i 表示个体固定效应，$\varepsilon_{i,t}$ 表示方程回归残差项。

（二）变量选取、数据来源与样本选择

1. 变量选取与数据来源

本书选取的变量所代表的含义、单位选择、处理方法和数据来源如表4-11所示。出于数据的统计标准和处理方式的统一性考虑，本章选取的数据指标主要集中于 WDI（World Development Index）数据库和 Aizenman 等（2013）计算的三元悖论指数。可以看出，本章选取的指标多为比值,一方面,保证了数据回归系数的可识别程度;另一方面,出于对数据的标准化处理,使结论更加可靠。

表 4-11　　　　变量名称、含义、处理方法和数据来源

变量		含义	处理方法	数据来源
被解释变量	ers	汇率稳定性		Aizenman(2013)
三元悖论因素	mi	货币政策独立性		Aizenman(2013)
	fo	资本开放度		Lane & Milesi-Ferretti(2007),世界发展指标(WDI)
经济因素	lngdp	经济规模	美元,取自然对数	世界发展指标(WDI)
	inf	通货膨胀率	GDP 平减指数	世界发展指标(WDI)
	lnreserve	外汇储备规模	外汇储备与 GDP 比值,取自然对数	世界发展指标(WDI)
	open	经济开放度	进出口总额与 GDP 比值	世界发展指标(WDI)
	exdebt	外债规模	外部债务与 GDP 比值	世界发展指标(WDI)和 EPS 全球统计数据
金融因素	fd	金融发展水平	国内金融发展水平指数	国际货币基金组织(IMF)
经济冲击因素	normshock	货币冲击	货币供应量波动率,广义货币供给与 GDP 比值,取对数差分	世界发展指标(WDI)
	realshock	实际冲击	贸易条件波动率,出口价格与进口价格相比,取对数差分	世界发展指标(WDI)
制度因素	dem	政权民主程度		Polity V
	pols	政治不稳定性		MEPV

(1) 被解释变量

采用 Aizenman 等(2013)的汇率稳定性指数,该指数为取值从 0 到 1 的连续型变量,可以反映出汇率制度选择从固定到浮动的连续性;另外,该指数在相关研究中极具代表性,其计算方法可以诠释三元悖论的理论含义,因此本书予以采用。

(2) 解释变量

为了更好地捕捉资本开放的变化,本书采用 Aizenman 等(2013)的

货币政策独立性指数以及 Lane 和 Milesi Ferretti（2007）的方法度量事实资本开放度。根据其他传统的汇率制度选择理论，如最优货币区理论，一国经济发展、贸易开放度等都会影响汇率制度的选择。本书采用 GDP 对数考察一国的经济规模，并根据前文归纳的相关文献中的汇率制度选择因素，纳入通货膨胀率、外汇储备余额与 GDP 比值代表外汇储备规模；纳入进出口总额与 GDP 比值表示经济开放度；纳入外部债务与 GDP 比值表示外债规模；纳入金融发展水平指数代表国内金融发展水平。根据三元悖论，经济体内的货币冲击和实际冲击也会对汇率制度选择产生影响，本书参考 Edwards（1996）的做法，分别采用货币供应量波动率和贸易条件波动率代表货币冲击和实际冲击。本书纳入政权民主程度和政治不稳定性考察制度因素对汇率制度选择的影响。其中，政权民主程度高的国家可能更偏向于采用固定汇率制度，以避免相关利益集团对汇率政策的操控；政治不稳定的国家没有能力捍卫固定汇率制度，只能选择浮动汇率制度（肖潇等，2017）。本书采用 Polity V 数据库中的 Polity 2 指标测算民主程度。该指标是 −10—10 的离散值，其值越高，表明民主程度越高。采用 MEPV（Major Episodes of Political Violence）数据库中的 ACTOTAL 指标测算政治不稳定程度，该指标是 0—10 的离散值，其值越高，意味着政治越不稳定。

2. 样本国家的选择与分类

为了尽可能地运用更多国家作为样本，同时兼顾数据连续性和质量，力求结论可靠，本书对数据集进行筛选，最终留下 145 个国家。根据各国人均 GDP 水平，把国别数据样本分为高收入国家、中等收入国家和低收入国家三类（见表 4-12）。

表 4-12　　按人均 GDP 水平测算收入的国家分类情况

a　低收入国家列表							
序号	国家缩写	国家名称	样本区间	序号	国家缩写	国家名称	样本区间
1	AGO	安哥拉	1995−2020	6	BEN	贝宁	1980−2016
2	ALB	阿尔巴尼亚	1994−2020	7	BFA	布基纳法索	1980−2016
3	ARM	亚美尼亚	1995−2020	8	BGD	孟加拉国	1980−2020
4	AZE	阿塞拜疆	1995−2020	9	BGR	保加利亚	1991−2020
5	BDI	布隆迪	1980−2016	10	BLR	白俄罗斯	1994−2020

续表

序号	国家缩写	国家名称	样本区间	序号	国家缩写	国家名称	样本区间
11	BLZ	伯利兹	1980—2020	42	GTM	危地马拉	1980—2020
12	BOL	玻利维亚	1980—2020	43	GUY	圭亚那	1980—2020
13	BRA	巴西	1980—2020	44	HND	洪都拉斯	1980—2020
14	BTN	不丹	1980—2020	45	HTI	海地	1994—2020
15	BWA	博茨瓦纳	1980—2020	46	IDN	印度尼西亚	1983—2016
16	CAF	中非	1980—2017	47	IND	印度	1980—2015
17	CHN	中国	1980—2020	48	IRN	伊朗	2003—2016
18	CIV	科特迪瓦	1980—2016	49	JAM	牙买加	1980—2020
19	CMR	喀麦隆	1980—2017	50	JOR	约旦	1980—2020
20	COD	刚果民主共和国	2002—2020	51	KAZ	哈萨克斯坦	2005—2020
21	COG	刚果共和国	1980—2017	52	KEN	肯尼亚	1980—2020
22	COL	哥伦比亚	1980—2020	53	KGZ	吉尔吉斯斯坦	1995—2020
23	COM	科摩罗	1999—2020	54	KHM	柬埔寨	1994—2019
24	CPV	佛得角	1985—2020	55	LAO	老挝	1989—2011
25	CRI	哥斯达黎加	1982—2020	56	LBN	黎巴嫩	1988—2017
26	DJI	吉布提	1996—2017	57	LBR	利比里亚	2000—2020
27	DMA	多米尼克	1981—2015	58	LBY	利比亚	1990—2014
28	DOM	多米尼加	1995—2017	59	LCA	圣卢西亚	1981—2015
29	DZA	阿尔及利亚	1980—2020	60	LKA	斯里兰卡	1980—2019
30	ECU	厄瓜多尔	1980—2020	61	LSO	莱索托	1980—2019
31	EGY	埃及	1980—2017	62	MDA	摩尔多瓦	1995—2020
32	ETH	埃塞俄比亚	1986—1996	63	MDG	马达加斯加	1980—2020
33	FJI	斐济	1980—2020	64	MDV	马尔代夫	1980—2020
34	FSM	密克罗尼西亚	1996—2018	65	MEX	墨西哥	1980—2020
35	GAB	加蓬	1980—2017	66	MLI	马里	1980—2016
36	GEO	格鲁吉亚	2008—2020	67	MMR	缅甸	1999—2020
37	GHA	加纳	1980—2020	68	MNG	蒙古国	1993—2014
38	GMB	冈比亚	1980—2004	69	MOZ	莫桑比克	1994—2020
39	GNB	几内亚比绍	1986—2016	70	MRT	毛里塔尼亚	1980—2017
40	GNQ	赤道几内亚	1985—2017	71	MUS	毛里求斯	1980—2020
41	GRD	格林纳达	1981—2015	72	MWI	马拉维	1980—2014

续表

序号	国家缩写	国家名称	样本区间	序号	国家缩写	国家名称	样本区间
73	MYS	马来西亚	1980—2020	93	STP	圣多美和普林西比	2001—2020
74	NAM	纳米比亚	1991—2020	94	SUR	苏里南	1991—2020
75	NER	尼日尔	1980—2016	95	TCD	乍得	1980—2017
76	NGA	尼日利亚	1980—2020	96	TGO	多哥	1980—2016
77	NIC	尼加拉瓜	1990—2020	97	THA	泰国	1980—2020
78	NPL	尼泊尔	1980—2020	98	TJK	塔吉克斯坦	1998—2020
79	PAK	巴基斯坦	1980—2020	99	TON	汤加	1989—2019
80	PAN	巴拿马	1986—2020	100	TUN	突尼斯	1980—2018
81	PER	秘鲁	1980—2020	101	TUR	土耳其	1980—2020
82	PHL	菲律宾	1980—2020	102	TZA	坦桑尼亚	1988—2020
83	PNG	巴布亚新几内亚	1980—2020	103	UGA	乌干达	1980—2020
84	POL	波兰	1991—2020	104	UKR	乌克兰	1993—2020
85	PRY	巴拉圭	1990—2017	105	VCT	圣文森特和格林纳丁斯	1980—2016
86	ROU	罗马尼亚	1994—2020	106	VNM	越南	1996—2020
87	RUS	俄罗斯	2001—2020	107	VUT	瓦努阿图	1980—2020
88	RWA	卢旺达	1980—2020	108	WSM	萨摩亚	1983—2020
89	SEN	塞内加尔	1980—2016	109	ZAF	南非	1980—2020
90	SLB	所罗门群岛	1981—2020	110	ZMB	赞比亚	1980—2020
91	SLE	塞拉利昂	1980—2020	111	ZWE	津巴布韦	1980—2005
92	SLV	萨尔瓦多	1983—2020				

b　中等收入国家列表

序号	国家缩写	国家名称	样本区间	序号	国家缩写	国家名称	样本区间
1	ARG	阿根廷	1980—2017	9	KNA	圣基茨与尼维斯	1981—2016
2	ATG	安提瓜和巴布达	1981—2015	10	KOR	韩国	1980—2020
3	BHR	巴林	1980—2011	11	OMN	阿曼	1980—2019
4	BRB	巴巴多斯	1980—2019	12	SAU	沙特阿拉伯	1997—2017
5	CHL	智利	1980—2020	13	SYC	塞舌尔	1980—2020
6	CZE	捷克	1993—2020	14	TTO	特立尼达和多巴哥	1980—2020
7	HRV	克罗地亚	1995—2014	15	URY	乌拉圭	1980—2020
8	HUN	匈牙利	1991—2020				

续表

c 高收入国家列表

序号	国家缩写	国家名称	样本区间	序号	国家缩写	国家名称	样本区间
1	ABW	阿鲁巴	1986—2018	10	ISL	冰岛	1980—2020
2	AUS	澳大利亚	1980—2020	11	ISR	以色列	1995—2019
3	BHS	巴哈马	1980—2020	12	JPN	日本	1980—2020
4	BRN	文莱	2003—2020	13	KWT	科威特	1980—2018
5	CAN	加拿大	1980—2008	14	NOR	挪威	1982—2020
6	CHE	瑞士	1980—2016	15	NZL	新西兰	1980—2020
7	DNK	丹麦	1980—2020	16	QAT	卡塔尔	1980—2020
8	GBR	英国	1980—2020	17	SGP	新加坡	1980—2020
9	HKG	中国香港	1991—2020	18	SWE	瑞典	1980—2020

鉴于各国人均GDP水平逐年变化，甚至有的国家经历了从相对低收入水平进入相对高收入水平的情形，相反情况同样存在，选用样本中的任何一年作为国家收入水平的分类并不合理，所以，本书借鉴（Uribe and Schmitt-Grohe，2017）的研究，利用每个国家样本年份人均GDP的几何平均数作为国家收入水平分类依据。高收入国家、中等收入国家、低收入国家的人均GDP水平分布情况如图4-11所示。

从表4-12和图4-11中可以看出，本书选取的样本国家更多地集中在低收入国家和中等收入国家，普遍的国家收入水平集中在10000美元以下。这些国家的发展水平不高，且国内经济发展和社会变革较多，更容易出现汇率制度变化的情形。因此，更多地采用中等收入国家、低收入国家样本进行汇率制度选择的国际经验分析对研究人民币汇率制度选择更加具有参照意义。

（三）实证分析及结果

本节的数据分析涵盖三个步骤。首先，对处理后的数据从统计特征上观察数据的特点。其次，对整理好的非平衡面板数据进行总体、国别收入分类两个维度的回归分析。最后，对可能存在的内生性问题，本书参考陈强（2010）的研究，采用面板工具变量法，检验结论的稳健性。

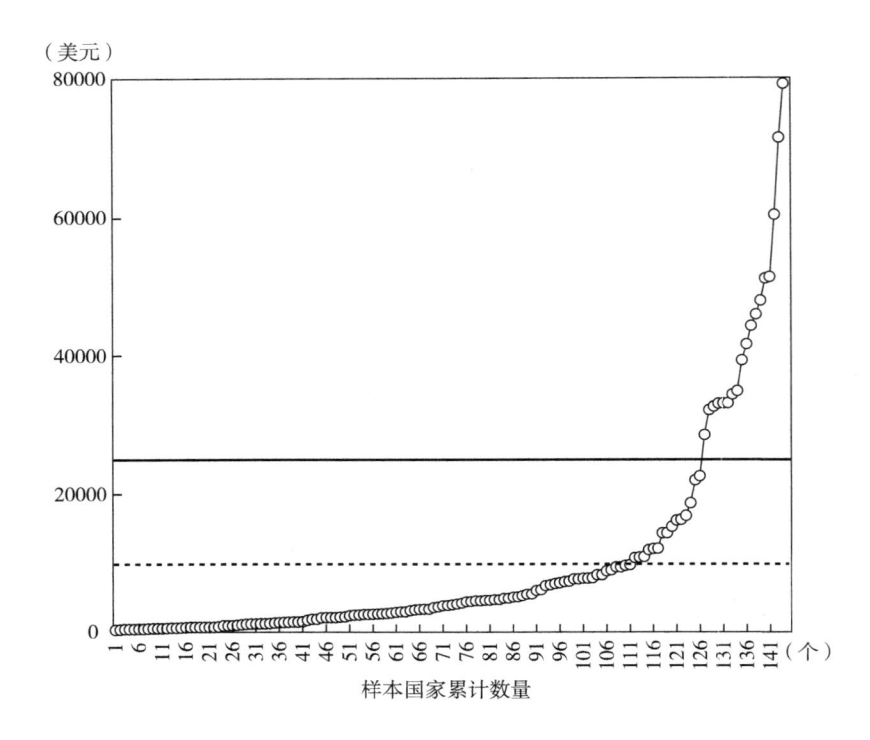

图 4-11　高收入国家、中等收入国家、低收入国家人均 GDP 水平分布情况

注：实线下方为发展中国家，上方为发达国家。本书利用 1996—2020 年各国人均 GDP 数据（以 2015 年美元计价）计算几何平均数。其中，人均 GDP 在 0—25000 美元的国家为发展中国家，25000 美元以上的国家为发达国家。

资料来源：WDI（World Development Indicators）数据库。

1. 数据描述性统计分析

根据实证分析所用模型设计的需要，将选取的变量进行整理，最终获得的样本数据的描述性统计结果如表 4-13 所示。

表 4-13　变量描述性统计

变量	平均值	标准差	最小值	p25	中位数	p75	最大值
ers	0.589	0.313	0.004	0.325	0.539	1	1
mi	0.455	0.173	0	0.350	0.485	0.565	0.958
fo	0.502	11.409	−33.703	0.014	0.100	0.212	619.873
$lngdp$	23.332	2.416	0	21.597	23.195	25.085	30.320

续表

变量	平均值	标准差	最小值	p25	中位数	p75	最大值
inf	23.809	256.249	-31.566	1.947	5.403	11.115	12338.622
$lnreserve$	-2.269	1.042	-9.362	-2.797	-2.155	-1.642	1.105
$open$	79.933	50.991	0.167	48.260	70.932	97.133	442.620
$exdebt$	0.586	0.544	0.001	0.284	0.455	0.720	10.874
fd	0.254	0.189	0	0.114	0.190	0.337	1
$normshock$	0.021	0.136	-1.687	-0.027	0.023	0.074	1.585
$realshock$	-0.002	0.229	-2.327	-0.096	-0.005	0.087	2.308
dem	2.744	6.628	-10	-4	6	8	10
$pols$	0.581	1.515	0	0	0	0	10

资料来源：笔者根据 Stata 计算整理得到。

从各变量的分布情况来看，汇率稳定性（ers）越高，表示汇率变化越不敏感，越接近于固定汇率制度。反之，汇率稳定性越低，表示汇率变化越敏感，越接近于浮动汇率制度。ers 的中位数为 0.539，低于平均值 0.589，说明虽然从整体上看，各国的汇率市场化水平较高，但是部分国家的汇率弹性管控非常严厉。货币政策独立性（mi）越高，说明货币政策的实施越独立，受其他国家的影响较小。货币独立性指数最小值为 0，最大值小于 1，说明有的国家的货币政策完全不受自身控制，比如欧元问世之后的欧盟各国。没有国家可以真正做到完全独立的货币政策，都会受到其他国家的影响。资本开放度（fo）的各个分位数之间跨度较大，可以反映出事实资本开放的变化。

2. 变量相关系数分析

将各变量相关系数制成矩阵，结果如表 4-14 所示。

从回归变量的相关系数来看，核心变量中的汇率稳定性（ers）与货币政策独立性（mi）呈负相关关系，与资本开放度（fo）同样呈负相关关系，符合三元悖论的表述。外汇储备规模（$lnreserve$）和汇率稳定性（ers）之间呈现显著的正相关关系，符合各国央行使用外汇储备维持汇率稳定的现实情况，外汇储备规模越大的国家越有能力维持本国货币的汇率稳定。

3. 单位根检验分析

为了避免出现伪回归，确保回归结果的有效性，在进行回归分析前需

表 4-14　各变量相关系数

	ers	mi	fo	lngdp	inf	lnreserve	open	exdebt	fd	normshock	realshock	dem	pols
ers	1												
mi	-0.143***	1											
fo	-0.036**	-0.011	1										
lngdp	-0.286***	-0.060***	-0.000	1									
inf	-0.105***	0.023	0.031**	0.004	1								
lnreserve	0.053**	-0.038**	-0.033**	0.035**	-0.071***	1							
open	0.174***	-0.036**	0.020	-0.151***	-0.045***	0.418***	1						
exdebt	-0.057***	0.021	-0.037***	-0.273***	0.154***	-0.127***	0.220***	1					
fd	-0.122***	-0.160***	-0.030**	0.638***	-0.040***	0.193***	0.220***	-0.149***	1				
normshock	0.027*	-0.018	-0.010	0.029**	-0.144***	0.078***	0.011	-0.026	0.026*	1			
realshock	-0.022	-0.002	-0.005	0.003	-0.021	-0.021	-0.010	0.022	-0.002	-0.073***	1		
dem	-0.277***	0.026	-0.023	0.295***	0.026	0.103***	-0.068***	-0.064***	0.290***	0.013	-0.015	1	
pols	-0.086***	0.037**	-0.007	0.094***	0.040**	-0.145***	-0.207***	-0.050***	-0.061***	-0.000	-0.019	-0.039**	1

注：***、**、* 分别代表在1%、5%、10%的显著性水平下显著。

资料来源：笔者根据 Stata 计算整理得到。

对数据的平稳性进行检验。根据陈强（2010）的研究，本节采用 Fisher-ADF 方法对非平衡面板数据进行单位根检验。由于面板中的个体数 n 很大，采用"修正的逆卡方变换"（Modified Inverse Chi-squared Transformation）统计量和相应的 P 值进行检验。从表 4-15 可以看出，各面板数据序列的检验结果均显著，因此拒绝原假设，认为各面板序列均是平稳的。

表 4-15　　　　　　　　各变量单位根检验

检验方法	*ers*		*mi*		*fo*		ln*gdp*		*inf*	
	统计量	P 值	统计量	P 值	统计量	P 值	统计量	P 值	统计量	P 值
Fisher-ADF	70.742	0.000	44.556	0.000	104.037	104.037	30.246	0.000	26.567	0.000

检验方法	ln*reserve*		*open*		*exdebt*		*fd*		*normshock*	
	统计量	P 值	统计量	P 值	统计量	P 值	统计量	P 值	统计量	P 值
Fisher-ADF	41.853	0.000	28.463	0.000	4.363	0.000	28.463	0.000	153.463	0.000

检验方法	*realshock*		*dem*		*pols*					
	统计量	P 值	统计量	P 值	统计量	P 值				
Fisher-ADF	160.873	0.000	29.481	0.000	37.081	0.000				

资料来源：笔者根据 Stata 单位根检验结果整理得到。

4. 面板回归分析

在统计指标上观察数据特点之后，本书首先从总体上对国家选取汇率制度的影响因素进行了回归分析；其次，作为稳健性检验，将样本国家根据表 4-12 进行分类，分析各人均收入水平国家选取汇率制度的影响因素的差别并分别进行阐述。

（1）分步回归

表 4-16 给出了分步回归结果，其中，货币政策独立性（mi）的回归结果在 1% 的显著性水平下显著，资本开放度（fo）的前几个回归结果在 5% 的显著性水平下显著，随着逐个加入其他变量，回归结果均在 1% 的显著性水平下显著，且符号保持稳定，因此，回归结果是较为可靠的。三元悖论认为在资本开发、汇率稳定和独立的货币政策之间，最多只能同时实现两者，本结论印证了在三项政策之间存在此消彼长的负相关关系，证实了三元悖论提出的国家对三项政策选择存在束缚的现实。

表 4-16 分步回归结果

	(1) OLS	(2) OLS	(3) OLS	(4) OLS	(5) OLS	(6) OLS	(7) OLS	(8) OLS	(9) OLS	(10) OLS	(11) OLS
mi	-0.140*** (0.018)	-0.141*** (0.019)	-0.140*** (0.018)	-0.109*** (0.019)	-0.119*** (0.020)	-0.119*** (0.021)	-0.139*** (0.021)	-0.137*** (0.021)	-0.131*** (0.022)	-0.151*** (0.026)	-0.152*** (0.026)
fo	-0.001** (0.000)	-0.001** (0.000)	-0.001*** (0.000)	-0.001** (0.000)	-0.001*** (0.000)	-0.001*** (0.000)	-0.001*** (0.000)	-0.001*** (0.000)	-0.001*** (0.000)	-0.001*** (0.001)	-0.001*** (0.001)
lngdp		-0.007** (0.003)	-0.009*** (0.003)	-0.000 (0.004)	-0.004 (0.004)	-0.008* (0.004)	0.003 (0.005)	0.007 (0.005)	0.007 (0.006)	0.015** (0.007)	0.013* (0.007)
inf			-0.000*** (0.000)	-0.000*** (0.000)	-0.000*** (0.000)	-0.000*** (0.000)	-0.000*** (0.000)	-0.000*** (0.000)	-0.000*** (0.000)	-0.000*** (0.000)	-0.000*** (0.000)
lnreserve				-0.008* (0.004)	-0.009* (0.005)	-0.010** (0.005)	-0.009* (0.005)	-0.009* (0.005)	-0.014*** (0.005)	0.004 (0.006)	0.003 (0.006)
open					0.000*** (0.000)	0.001*** (0.000)	0.001*** (0.000)	0.001*** (0.000)	0.001*** (0.000)	0.000 (0.000)	0.000 (0.000)
exdebt						-0.064*** (0.009)	-0.056*** (0.009)	-0.053*** (0.009)	-0.055*** (0.010)	-0.060*** (0.011)	-0.060*** (0.011)
fd							-0.209*** (0.057)	-0.226*** (0.057)	-0.276*** (0.064)	-0.331*** (0.073)	-0.321*** (0.073)

续表

	(1)	(2)	(3)	(4)	(5)	(6)	(7)	(8)	(9)	(10)	(11)
	OLS	OLS	OLS	OLS	OLS	OLS	OLS	OLS	OLS	OLS	OLS
normshock								0.058**	0.051*	0.054*	0.056*
								(0.026)	(0.028)	(0.032)	(0.032)
realshock									−0.025	−0.040**	−0.041**
									(0.016)	(0.020)	(0.020)
dem										−0.006***	−0.006***
										(0.001)	(0.001)
pols											−0.009**
											(0.004)
常数项	0.650***	0.804***	0.860***	0.620***	0.661***	0.783***	0.566***	0.486***	0.482***	0.381**	0.441***
	(0.021)	(0.081)	(0.080)	(0.096)	(0.106)	(0.113)	(0.128)	(0.129)	(0.132)	(0.163)	(0.166)
观测值	4836	4836	4836	4518	4112	3895	3814	3731	3591	2760	2760
R 平方	0.074	0.145	0.154	0.153	0.091	0.054	0.058	0.060	0.056	0.074	0.076

注：OLS 表示最小二乘法回归。括号内表示标准差，***、**、* 分别代表在 1%、5%、10% 的显著性水平下显著。

资料来源：笔者根据 Stata 回归分析结果整理得到。

在控制变量中，代表经济规模的指标（lngdp）表现出稳定的正相关关系，但在逐个加入其他控制变量后，回归结果从1%的显著性水平逐渐下降，并转变为正值，说明一国经济规模增长后并不一定以汇率稳定为目标。随着经济发展到一定规模，外汇储备水平逐步提高，货币政策自主性不断增强，国内宏观经济调控能力提高，需要汇率弹性空间来调节资本流动、增强本国货币政策独立性，因此趋向选择汇率市场化。样本数据中的新兴市场和发展中国家占比较多，它们在经济发展阶段多存在"浮动恐惧"现象，害怕由于在经济发展阶段外汇储备增加，面临资本流入和汇率升值趋势。此时如果选择更加浮动的汇率制度，会导致本币升值预期的实现，从而降低出口增长，伤害本国经济。以中国为例，这样的回归结果印证了中国随着经济发展，汇率制度选择由趋向固定逐渐转为趋向浮动，但是在经济危机中又重回暂时的钉住汇率制度的经历。中国在1993年实行人民币复汇率制向单汇率制改革后，汇率弹性有所增加。但是在1997年亚洲金融危机后又重回钉住美元的汇率制度，2010年后汇率弹性又重新增加。但也有大量研究表明，直到2005年"7·21"汇改，中国一直采取事实钉住美元的汇率制度。这说明经济规模不足以构成汇率制度选择的决定性因素，汇率制度选择不是一成不变的，而是随着经济基本面的发展而不断变化的。在一国经济发展的过程中，汇率制度市场化改革的过程是渐进式的，并且在从固定汇率制度到浮动汇率制度演变中存在循环往复的现象。

通货膨胀率（inf）与汇率稳定性之间呈现较稳定的负相关关系，回归结果均在1%的显著性水平下显著，且符号保持稳定，但是系数趋近于零。该回归结果显示，通货膨胀率高的国家不容易维持汇率稳定。外汇储备规模（lnreserve）的回归系数最初为负，在加入所有变量后为正。本书更多地使用中低收入国家样本，后者更符合相关国家使用外汇储备进行外汇市场干预的情形。经济开放度（open）与汇率稳定性呈正相关关系，说明一个国家的贸易量越高，参与世界分工的程度越高，越趋向于选择固定的汇率制度。该结果符合最优货币区理论的观点。外债规模（exdebt）与汇率稳定性在1%的显著性水平下呈负相关关系，与梅冬州和龚六堂（2011）的研究结论一致，即外债规模的扩张会导致汇率的不稳定性增加。当一国外债规模过高，会增加金融市场的不稳定性，更容易发生债务危机，对汇率造成冲击。金融发展水平（fd）与汇率稳定性呈较显著的负相关关系，说明一个国家或者地区的金融发展水平越高，金融市场化程度越高，金融创新能力增强，金融市场的风险规避工具越丰富，从而使本国可以减少对汇率稳定性的依赖，采用更加浮动的汇率制度调节本国经济。换言之，金融发展水平越低的国家，越倾向于采用固定汇率制度。从汇率风险防范的角度而言，金融发展水平高的国家，汇率风险对冲机制越完善，有助于汇率市场化下汇率风险的防范。

根据已有研究，经济冲击对汇率制度选择的影响并不明确（丁一兵，2004）。本书的研究结果表明，货币冲击（$normshock$）与汇率稳定性呈现正相关关系，实际冲击（$realshock$）与汇率稳定性之间呈现负相关关系，二者的显著性都不稳定。在三元悖论下，资本管制对汇率波动受到外部冲击的影响起到减弱的效果（Edwards and Rigobon，2009）。经济冲击对汇率的影响是结合资本管制措施的综合影响，单一考察经济冲击对汇率稳定性的影响存在不确定性。

在制度因素方面，政权民主程度（dem）与汇率稳定性在1%的显著性水平下呈负相关关系，说明政权民主程度高的国家偏向于采用更加浮动的汇率制度，与已有研究的结论不同，可能是因为利益集团在浮动汇率制度下可以通过操纵汇率攫取更多的利益，而政权民主程度越高的国家越容易受利益集团的影响，因此，无法采用不受利益集团欢迎的手段维持固定汇率制度，而是更倾向于采用浮动汇率制度。本书采用的样本多为中低收入国家，政治体制的发展不够完善。相对于高收入国家而言，中低收入国家的经济政策在政权民主程度高的情况下更容易受利益集团的左右。政治不稳定性（$pols$）与汇率稳定性在5%的显著性水平下呈负相关关系，印证了政治不稳定的国家没有能力捍卫固定汇率制度，从而只能选择浮动汇率制度，这种情况在中低收入国家较为普遍。

（2）固定效应与随机效应

在对每个变量进行分布回归后发现，其结论与相关系数分析结论相近，考虑到不同国家在不同年份可能存在特殊性，本书对回归进行了个体固定效应和时间固定效应控制，回归结果如表4-17所示。

本章假设，货币政策独立性和资本开放对汇率稳定性的影响不会随着个体差异或者时间差异而显著变化，因此，本章更适合采用固定效应模型。其中，Hausman检验的结果更加支持固定效应模型，与假设内容一致。固定效应模型的结果仍然支持前文结论，货币政策独立性、资本开放

表 4-17　　OLS、固定效应模型和随机效应模型回归结果

	(1) OLS	(2) FE	(3) RE
mi	-0.152***	-0.139***	-0.152***
	(0.026)	(0.026)	(0.026)
fo	-0.001***	-0.001***	-0.001***
	(0.001)	(0.001)	(0.001)
$\ln gdp$	0.013*	0.028***	0.013*
	(0.007)	(0.008)	(0.007)
inf	-0.000***	-0.000***	-0.000***
	(0.000)	(0.000)	(0.000)
$\ln reserve$	0.003	-0.000	0.003
	(0.006)	(0.007)	(0.006)
$open$	0.000	-0.000	0.000
	(0.000)	(0.000)	(0.000)
$exdebt$	-0.060***	-0.056***	-0.060***
	(0.011)	(0.011)	(0.011)
fd	-0.321***	-0.420***	-0.321***
	(0.073)	(0.088)	(0.073)
$normshock$	0.056*	0.058*	0.056*
	(0.032)	(0.032)	(0.032)
$realshock$	-0.041**	-0.043**	-0.041**
	(0.020)	(0.020)	(0.020)
dem	-0.006***	-0.005***	-0.006***
	(0.001)	(0.001)	(0.001)
$pols$	-0.009**	-0.006	-0.009**
	(0.004)	(0.004)	(0.004)
常数项	0.441***	0.105	0.441***
	(0.166)	(0.191)	(0.166)
观测值	2760	2760	2760
chi^2		41.12	
prob>chi^2		0.000	
R^2	0.076	0.067	0.078

注：OLS、FE、RE 分别表示最小二乘法回归、固定效应模型和随机效应模型回归方法。括号内表示标准差，***、**、* 分别代表在 1%、5%、10% 的显著性水平下显著。

资料来源：笔者根据 Stata 回归分析结果整理得到。

度与汇率稳定性成反比，本书的固定效应模型和随机效应模型的回归结果均符合三元悖论观点。可以看到，考虑了固定效应和随机效应之后，各变量的回归符号与 OLS 分步回归结果基本一致，验证了前文结论的稳健性。在控制变量中，汇率稳定性和经济规模（$\ln gdp$）呈现出稳定的正相关关系。在考虑了模型的随机效应之后，外汇储备规模对一国追求汇率稳定性的正向促进作用得到证实。因此，一个国家的外汇储备余额越高，进行冲销操作的空间越大，直接干预外汇市场的能力越强，维持汇率稳定的能力越强。另外，金融发展水平（fd）与汇率稳定性仍然呈现反向相关关系，说明当一国的金融发展水平提升时，汇率波动所带来的汇率风险的防范能力也有所提升，从而会降低维持汇率稳定的目标。

（3）分组回归

为了进一步验证结论的可靠性，本书根据表 4-12 国别收入水平的分类情况，对低收入国家、中等收入国家和高收入国家进行了分组回归，以验证结论的有效性和进一步发现规律，其回归结果如表 4-18 所示。

表 4-18　　低收入国家、中等收入国家、高收入国家的 OLS、固定效应模型和随机效应模型回归结果

	低收入国家		中等收入国家		高收入国家	
	FE	RE	FE	RE	FE	RE
mi	-0.146***	-0.155***	-0.147*	-0.236***	0.021	-0.140***
	(0.030)	(0.030)	(0.087)	(0.091)	(0.038)	(0.054)
fo	-0.001***	-0.002***	-0.189	-0.085	0.132**	0.212***
	(0.001)	(0.001)	(0.193)	(0.119)	(0.060)	(0.054)
$\ln gdp$	0.035***	0.016**	-0.040	0.011	-0.001	-0.047***
	(0.010)	(0.008)	(0.032)	(0.016)	(0.013)	(0.011)
inf	-0.000***	-0.000***	-0.000***	-0.000***	0.004***	0.004**
	(0.000)	(0.000)	(0.000)	(0.000)	(0.001)	(0.002)
$\ln reserve$	0.002	0.003	0.069*	0.021	-0.025	0.013
	(0.007)	(0.007)	(0.039)	(0.034)	(0.018)	(0.015)
$open$	-0.000	0.000	-0.000	-0.000	0.001	-0.001***
	(0.000)	(0.000)	(0.001)	(0.000)	(0.000)	(0.000)

续表

	低收入国家		中等收入国家		高收入国家	
	FE	RE	FE	RE	FE	RE
$exdebt$	-0.055***	-0.058***	-0.149*	-0.033	0.064**	-0.010
	(0.012)	(0.012)	(0.085)	(0.057)	(0.032)	(0.025)
fd	-0.650***	-0.500***	0.370	0.154	-0.137	0.088
	(0.107)	(0.099)	(0.266)	(0.210)	(0.096)	(0.089)
$normshock$	0.047	0.046	0.085	0.116	0.003	-0.016
	(0.036)	(0.036)	(0.128)	(0.141)	(0.062)	(0.096)
$realshock$	-0.030	-0.027	0.008	-0.075	-0.127***	-0.139**
	(0.023)	(0.023)	(0.075)	(0.082)	(0.044)	(0.066)
dem	-0.005***	-0.005***	0.005	-0.031***	0.018	-0.019***
	(0.002)	(0.001)	(0.007)	(0.002)	(0.016)	(0.002)
$pols$	-0.006	-0.008**	-0.088	-0.206**	0.043	-0.078***
	(0.004)	(0.004)	(0.083)	(0.084)	(0.046)	(0.017)
常数项	-0.006	0.381**	1.736**	0.553	0.309	1.942***
	(0.222)	(0.191)	(0.757)	(0.372)	(0.321)	(0.261)
观测值	2226	2226	210	210	291	291
Chi^2	31.63	45.84	167.00			
$Prob>Chi^2$	0.002	0.000	0.000			
R^2	0.076		0.188		0.103	

注：OLS、FE、RE 分别表示最小二乘法回归、固定效应模型和随机效应模型回归方法。括号内表示标准差，***、**、* 分别代表在1%、5%、10%的显著性水平下显著。

资料来源：笔者根据 Stata 回归分析结果整理得到。

分组回归之后，中低收入国家的主要解释变量符号保持负向，而高收入国家的资本开放对汇率稳定性呈现出正相关关系。这是由于在现实中，高收入国家的国际贸易、金融活动的规模普遍较大，其货币如美元、英镑等多为负担国际结算职能的世界货币。其他外围国家为了维持与高收入国家的贸易、金融稳定，往往使本币钉住高收入国家货币，维持大国货币的汇率稳定。中低收入国家的外汇储备规模（lnreserve）与汇率稳定性呈现正相关关系，证实了这类国家使用外汇储备维持汇率稳定的现实情况。

5. 内生性检验

由于三元悖论的三项政策选择存在"此消彼长"的关系，本书的实证模型很可能涉及内生性问题，货币政策独立性和资本开放可能是内生解释变量。本书参考陈强（2010）的研究，采用面板数据与工具变量法（Instrumental variable methods，IV）相结合的方法解决模型的内生性问题。参考研究汇率制度选择的主流文献对内生性问题的处理方法，本书认为可采用政府贷款占GDP比重作为货币政策独立性的工具变量，主要原因包括两个方面。一是对于本模型而言，可以认为该变量是外生的；二是根据毛捷等（2020）的研究，一国财政渠道会对货币政策产生影响。另外，本书使用人均GDP作为资本开放的工具变量，其主要原因是人均GDP可以作为汇率制度选择研究中内生解释变量的工具变量（Levy Yeyati, et al., 2010），并且大量研究表明，经济发展水平对资本开放有影响，因此，人均GDP满足作为资本开放的工具变量的先决条件。采用面板工具变量法进行估计，结果如表4-19所示。

表4-19　　　　　　　　内生性检验结果

	（1）	（2）	（3）
	OLS	FE_ IV	RE_ IV
mi	-0.152***	-0.240	-0.275
	(0.026)	(0.803)	(0.749)
fo	-0.001***	-0.012	0.012
	(0.001)	(0.018)	(0.018)
$\ln gdp$	0.0126*	0.033**	0.032**
	(0.007)	(0.016)	(0.015)
inf	-0.000***	-0.000***	-0.000***
	(0.000)	(0.000)	(0.000)
$\ln reserve$	0.003	0.002	0.003
	(0.006)	(0.008)	(0.008)
$open$	0.000	0.000	0.000
	(0.000)	(0.000)	(0.000)
$exdebt$	-0.060***	-0.042**	-0.043**
	(0.011)	(0.021)	(0.021)

续表

	（1）	（2）	（3）
	OLS	FE_IV	RE_IV
fd	-0.321***	-0.437***	-0.432***
	(0.073)	(0.137)	(0.135)
$normshock$	0.056*	0.045	0.044
	(0.032)	(0.040)	(0.039)
$realshock$	-0.041**	-0.037	-0.036
	(0.020)	(0.024)	(0.024)
dem	-0.006***	-0.005**	-0.006**
	(0.001)	(0.002)	(0.002)
$pols$	-0.009**	-0.003	-0.004
	(0.004)	(0.005)	(0.005)
常数项	0.441***	0.013	0.070
	(0.166)	(0.465)	(0.447)
观测值	2760	2694	2694
Chi^2		46.02	
$Prob>Chi^2$		0.000	
R^2	0.076		

注：OLS、FE、RE 分别表示最小二乘法回归、固定效应模型和随机效应模型回归方法。括号内表示标准差，***、**、* 分别代表在1%、5%、10%的显著性水平下显著。

资料来源：笔者根据 Stata 回归分析结果整理得到。

从豪斯曼检验的结果可以看出，其更加支持固定效应模型的工具变量检验结果。在使用了面板工具变量法后，采用固定效应模型的各变量与汇率稳定性的符号并没有发生变化，但是显著性水平有较大变化。在固定效应模型中，核心变量货币政策独立性和资本开放的符号是稳定负向的，只有个别解释变量的显著性有所减弱。因此基本可以判断，基于工具变量法的内生性检验的估计结果没有改变前面基本模型的性质，基本模型的回归结果依然稳健，证明了基本模型的稳定性。

三　人民币汇率制度市场化改革的适配度与方向分析

根据汇率制度选择国际经验的实证结果，汇率稳定性（ers）的中位数为 0.539，平均值为 0.589，人民币汇率稳定性的平均值为 0.722，高于汇率制度选择国际经验的平均值。从图 4-12 可以看出，长期以来，中国一直维持高度的汇率稳定性。1991年以前，中国在计划经济体制下实行固定汇率制度。1993年，中国实现了人民币官方汇率和外汇调剂价格并轨。此后虽然人民币汇率浮动范围在0.3%左右，但实际上是由央行公布的，市场供求机制对于人民币汇率的作用有限。在1997年亚洲金融危机爆发后，中国重新采用钉住汇率制度。直到2005年实行有管理的浮动汇率制度，汇率灵活性开始增加。

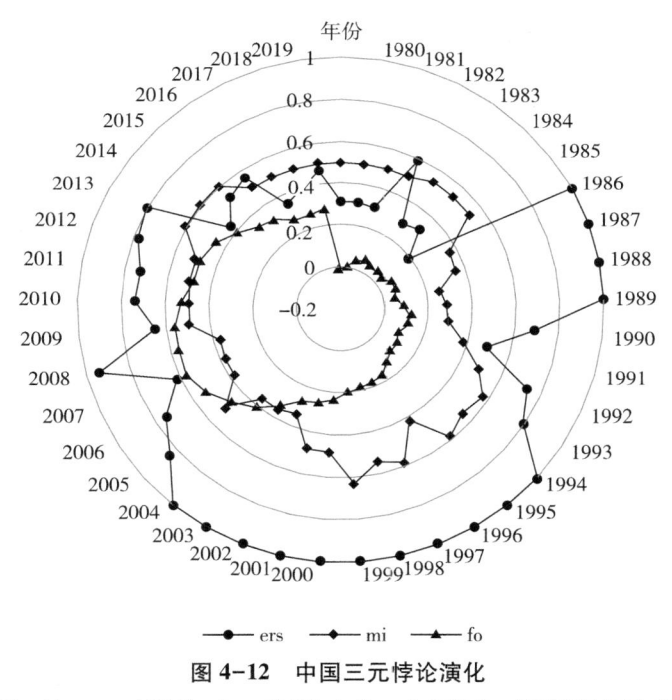

图4-12 中国三元悖论演化

资料来源：Aizenman（2013），Lane和Milesi-Ferretti（2006），世界发展指标（WDI）。

各国资本开放度的平均值为0.502，而中国的资本开放度平均值仅为0.241，低于各国平均水平。长期以来，中国采取较为严格的资本管制措施，但是，在持续稳步推进资本开放。在1994年以前，中国十分谨慎地进行资本账户开放。1994年人民币汇率从"双轨制"变为单一汇率，实行有管理的浮动汇率制度，减少了跨境资本的套利空间，因此，资本账户开放进程有明显推进。1996年，中国接受了国际货币基金组织（IMF）协定的第八条款，人民币经常项目第一次实现可自由兑换。中国于2001年加入世界贸易组织（WTO），资本开放进程在此前后进入加速推进时期。从图3-12可以看出，2000年中国资本开放度首次达到0.2，此后在2008年达到最高点0.57，但受到2008年国际金融危机的影响，中国重新实行资本管制。此后，为了应对中国经济下行压力下人民币长期贬值的压力，需适当配合资本管制。2015年"8·11"汇改后，人民币实现双向浮动，中国继续渐进推行资本开放。由此可见，长期以来，中国实行资本渐进式开放和人民币汇率制度市场化改革相互配合的方式，保证了中国市场化改革的平稳顺利进行。适当的资本管制措施是汇率制度市场化改革的重要保障。

2015年后，中国完成了"8·11"汇改，人民币汇率波动明显增强，货币政策独立性大幅增强。各国货币政策独立性的平均值为0.455，中国为0.472，略高于各国的平均水平，由此可见，长期以来中国采取相对严格的资本管制，从而维持相对稳定的人民币汇率水平和较高的货币政策独立性的政策组合。根据前文分步回归结果，汇率制度选择与国别经济发展水平存在先提高后降低的现象。随着一国经济实力增强，外汇储备规模提高，货币政策独立性增强，会选择更加浮动的汇率制度。2005年起，中国经济飞速发展，积累了大量外汇储备，对维持中国汇率制度稳定性以及宏观经济调节能力都有明显提高，与前文回归分析结果一致。因此，人民币汇率制度市场化改革的方向可以随着中国货币政策目标和资本开放度动态调整，进而稳步协调推进。

图4-12显示，长期以来，中国三元悖论三边向着中间化方向发展，表示中国选择了中间汇率制度，即有管理的浮动汇率制度，同时采取部分资本管制，获得相对独立的货币政策，部分兼顾了三元悖论的三项选择。1973年，国际货币体系正式进入牙买加体系，各国可以按照本国经济规模、金融发展、政治因素等自由选择汇率制度。为了避免汇率剧烈波动，中国在2015年"8·11"汇改前，事实汇率制度与名义汇率制度有一定偏差，普遍存在于新兴市场和发展中国家的"浮动恐惧"现象在中国仍然存在。根据IMF《汇兑安排与汇兑限制年报（2018）》，2017年中国资本账户仅有2项不可兑换。中国资本开放水平已经大幅提高。在中国三元悖论中间化发展的基础上，中国如能协调推进资本开放和人民币汇率制度市场化改革，维持宏观经济的平稳运行，将更加符合三元悖论下汇率制度选择的国际经验所带来的启示。

本章基于三元悖论中间化，对人民币汇率制度市场化改革方向进行了探讨。第一，本章根据三元悖论角点解下汇率制度选择的国际经验，分析了人民币汇率制度的选择空间；第二，对三元悖论中间化下的汇率波动影响因素及三元悖论中间化的央行干预机制进行了理论和实证分析，说明中国三元悖论中间化下中间汇率制度的选择空间；第三，对汇率制度选择的国际经验进行了实证分析，并对人民币汇率制度市场化改革的适配度和方向进行分析。基于此，本章得出以下主要结论。

第一，相较于中国香港、日本、新加坡的三元悖论下汇率制度的选择经验，本书认为，中国目前选择三元悖论中间化，即资本部分开放下的中间汇率制度是符合中国目前经济发展的，以适当的资本管制和宏观审慎政策等维持人民币中间汇率制度，有助于人民币汇率制度市场化改革的平稳推进。

第二，在三元悖论中间化下实行中间汇率制度，汇率预期和资本流动的相互强化会放大汇率波动；在中间汇率制度下要强化汇率预期管理，配合适当的资本管制。在持有一定的外汇储备下，宏观审慎政策有助于实现三元悖论中间化。

第三，三元悖论仍然是可信的原则，对于一国汇率制度选择仍然具有重要的指导意义。相较于资本开放，各国在进行汇率制度选择时更加看重对本国货币政策独立性的保证。

第四，一国的汇率制度选择并不是一成不变的，而是随着对三元悖论三项政策的选择而变化的，也会随着本国经济基本面的变化而动态变化。经济规模与汇率稳定性之间不存在稳定的促进关系。在加入所有变量进行回归分析后，汇率稳定性与通货膨胀率、金融发展水平、外债规模、实际冲击、政权民主程度和政治不稳定性呈现负相关关系，与外汇储备规模、经济开放度、货币冲击呈现正相关关系。考虑固定效应和随机效应后，模型的检验结果依旧符合三元悖论的理论内容，但少数控制变量的回归结果的显著性有所变化。总之，分组回归结果基本证明了研究结论的稳健性。

第五，中国把汇率稳定性作为首要的三元悖论政策目标，货币政策独立性较高。一国汇率市场化的推进要以国内金融市场的发展为基础。对于中国等发展中国家，由于金融市场发展较慢，在推行汇率制度市场化改革前要建立汇率波动的风险防范机制，以应对全球金融一体化程度逐渐加深下跨境资本流动对本国汇率的冲击。

第五章 人民币汇率制度市场化改革的影响机制分析

在前文的历史分析、人民币汇率制度市场化改革空间及改革方向分析的基础上，本章将提炼资本开放、货币政策独立性与人民币汇率制度市场化改革的相互影响机制，并对三元悖论与人民币汇率制度市场化改革进行理论分析。首先，分析人民币汇率制度市场化改革影响中国货币政策独立性的特征事实和影响机制；其次，深入分析货币政策独立性、资本开放与人民币汇率制度市场化改革之间的相互影响机制，并基于修正的 BGT 模型，分析汇率制度市场化改革对于央行政策目标损失的影响；最后，探讨三元悖论框架下，人民币汇率制度市场化改革可能的风险。

第一节 人民币汇率制度市场化改革对中国货币政策独立性的影响分析

一 人民币汇率制度市场化改革对中国货币政策独立性影响的特征事实

长期以来，中国的货币政策目标是维持人民币币值稳定并以此促进经济增长。大量实证研究表明，中国从 1995 年开始，虽然名义上进行汇率市场化改革，但人民币汇率事实上长期钉住美元。从中国的外汇市场干预措施来看，1994 年起中国指定的外汇交易银行会根据央行公布的人民币对几个主要货币的汇率中间价在指定的汇率浮动范围内确定与客户的外汇交易价格。1994—2000 年，中国为了发展对外贸易，通过干预外汇市场稳定汇率。2000—2005 年，中国形成国际收支"双顺差"的局面，中国外汇储备不断增加。

直到 2005 年"7·21"汇改后，中国实行以市场供求为基础、参考

"一篮子货币"进行调节的、有管理的浮动汇率制度,其内容包括三个方面。一是以市场供求为基础的汇率浮动,发挥汇率的价格信号作用;二是根据经常项目状况动态调节汇率的浮动幅度,发挥"有管理"的优势;三是实行参考"一篮子货币"的汇率形成机制,不片面地关注人民币与单一货币的双边汇率。从此,人民币汇率市场化改革得以推进,人民币汇率波动幅度扩大。但是,人民币汇率长期以来相对低估,中国国际收支顺差持续扩大,从而促使资本净流入,引起人民币汇率升值压力,挫伤了中国依赖出口的经济增长。在2005年"7·21"汇改后,中国实现维持人民币币值稳定和促进经济增长的货币政策目标难度加大。

迫于人民币升值压力,中国不断购入外汇,以维持人民币汇率稳定,从而造成基础货币的大量投放,使中国狭义上的货币政策独立性受到制约。根据国家外汇管理局网站资料显示,在2005年"7·21"汇改后,人民币兑美元汇率浮动区间扩大至±0.3%;2012年"4·21"汇改后,由±0.5%扩大至±1%,2014年扩大至±2%;2015年"8·11"汇改后开始实行"收盘汇率+一篮子货币"的人民币汇率定价机制;2017年扩大"一篮子货币"种类,其间,中国一直实行有管理的浮动汇率制度。随着人民币汇率弹性不断增加,人民币汇率市场化进程不断推进。受到中国近年汇率政策的影响,中国外汇储备变动频繁。首先,人民币汇率变动直接影响以人民币计价的外汇储备价值;其次,在有管理的浮动汇率制度下,中国需要用外汇储备维持汇率水平。图5-1是中国外汇储备变动与人民币汇率变动情况。

结合央行资产负债表,统计中国自2000年起国内资产、国外资产和基础货币变化(见图5-2)。可以看出,长期以来,人民币汇率具有单边升值趋势,国外资产在2001年中国加入WTO后迅速增加,已经成为中国基础货币供给增量的重要组成部分,迫使央行使用冲销干预措施,控制基础货币供给增量。但在2015年"8·11"汇改之后,人民币汇率单边升值趋势消失,中国国外资产增量趋向稳定,基础货币规模增速放缓。

2011年以前,中国货币当局主要选择的冲销干预方式一般分为两种:一种是提高存款准备金率;另一种是发售中央银行票据。图5-3为中国存款准备金率变动情况。2011年以前,中国存款准备金率有着长期升高的趋势,从而可以冲销因外汇储备增加所引起的流动性过剩。由此可见,中国央行经常使用存款准备金率作为市场流动性的调节方式。在2011年以后，中国央行不断下调存款准备金率，由历史高位的 19.5% 下调至 11.5%，降低商业银行在中央银行的法定准备金存款，补充市场流动性。

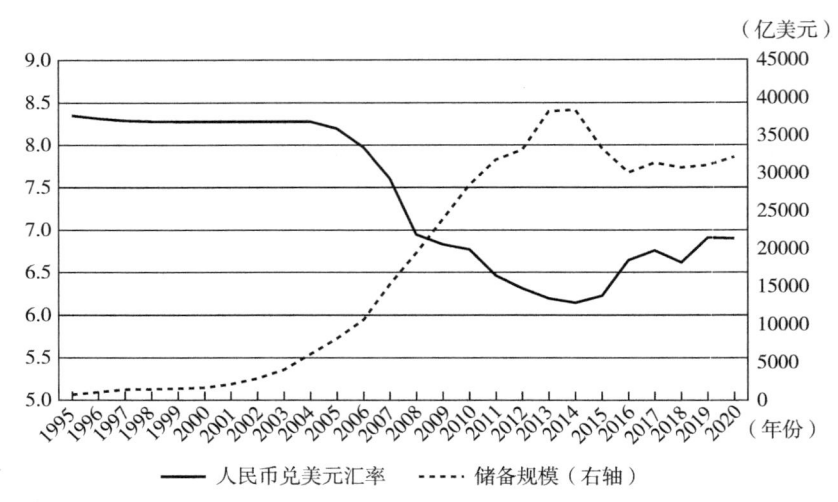

图 5-1 中国外汇储备变动与人民币汇率变动情况

资料来源：国家外汇管理局和世界银行 WDI 数据库。

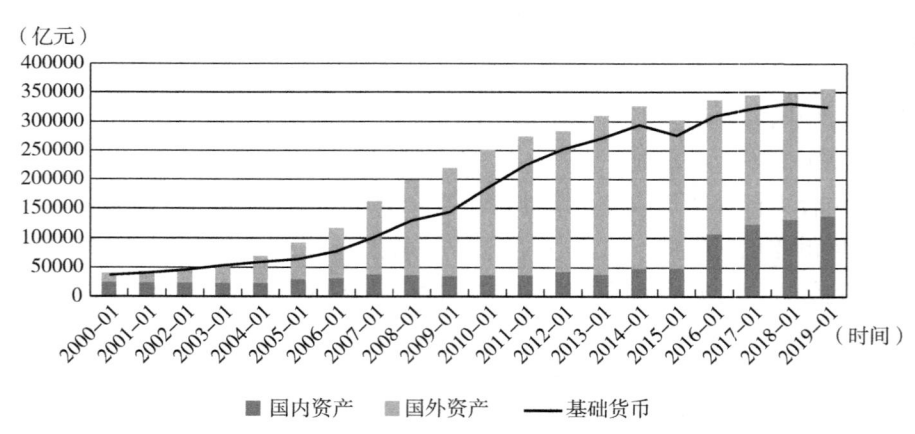

图 5-2 中国国内资产、国外资产和基础货币变动

资料来源：WIND 数据库。

由图 5-4 可知，中国从 2003 年开始发行央行票据，且在 2009 年之前中国央行票据逐年增量发行，到 2009 年达到一个高点。2011 年以来，央行票据发行速度逐年下降，归咎于央行票据利息使其冲销过剩流动性的成本过重，已经远超其所能带来的收益。加之近年来美国和中国利率水平之差有较大变化，也使运用央行票据进行冲销干预的成本增加。除了存款准备金率和央行票据，中国政府在央行存款也可以起到收缩流动性的作用，可以作为冲销干预的手段（Ma, et al., 2013）。

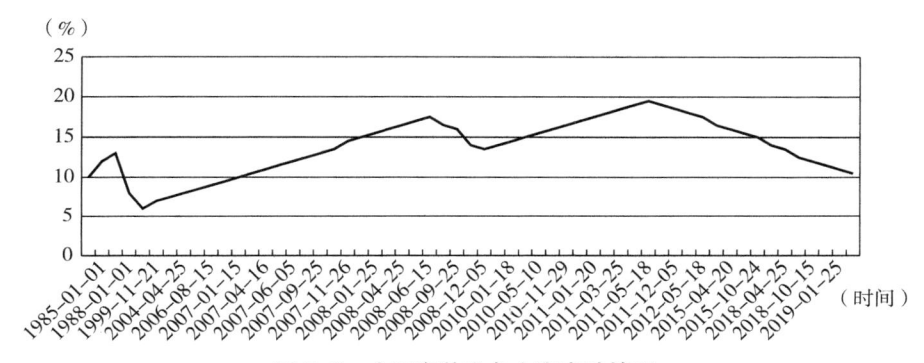

图 5-3 中国存款准备金率变动情况

资料来源：中国人民银行。

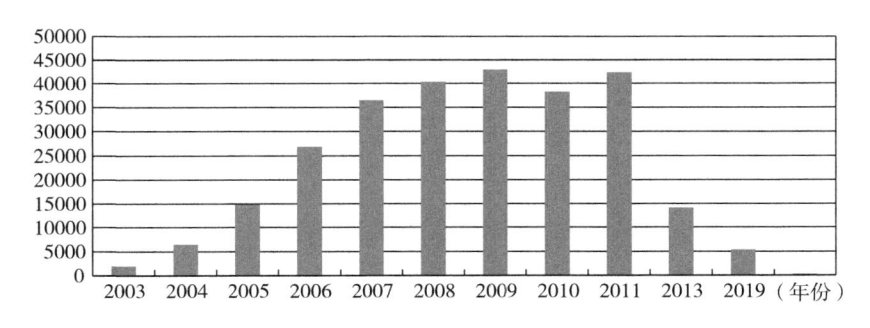

图 5-4 2003—2019 中国央行票据发行量

资料来源：中国人民银行。

近年来，随着中国外汇占款规模的下降，央行不断下调存款准备金率，以弥补因外汇占款增速下滑导致的市场流动性不足。如表 5-1 所示，2013 年以来，中国陆续增添了常备借贷便利（SLF）、中期借贷便利（MLF）、定向中期借贷便利、抵押补充贷款（PSL）等新工具，覆盖了货币政策工具在短期、中期、长期的操作区间。其中，SLF 主要用于中短期流动性调控，MLF 和 PSL 主要用于满足中长期基础货币投放。新型货币政策工具的出现，有助于维持中国货币政策独立性。

表 5-1　　　　　2013 年以来央行的新型货币政策工具

一般性货币政策工具	公开市场业务（OMO）	存款准备金	再贴现率	
选择性货币政策工具	消费者信用控制	证券市场信用控制	不动产信用控制	优惠利率
补充性货币政策工具	利率限制			
新增货币政策工具	常备借贷便利（SLF）	中期借贷便利（MLF）	定向中期借贷便利（TMLF）	抵押补充贷款（PSL）

资料来源：中国人民银行。

二　人民币汇率制度市场化改革对中国货币政策独立性影响的理论分析

近年来，美国持续实行量化宽松政策，全球流动性增加，对中国数量型和价格型货币政策的独立性皆有影响，但作用渠道有所差异。本节使用理论模型，分析三元悖论中间化下使用外汇储备干预汇率和对基础货币供给增加进行冲销干预下资本部分管制、中间汇率制度和相对独立的货币政策的相互影响机制。本书在已有研究基础上，增加了资本开放下资产选择偏好差异对国内货币政策独立性的影响，着重分析了三元悖论中间化和资本流动、汇率波动、汇率预期相互强化下，美国货币政策变动对中国货币政策独立性的影响。

（一）人民币汇率制度市场化改革中外汇市场干预、国内冲销干预的作用

通过中国央行资产负债表可以揭示外汇储备变动引起基础货币供给变动的具体过程（见表 5-2）。

表 5-2　　　　　　　　　中国央行资产负债表

资产	负债
国外资产 $A1$	基础货币 $L1$
外汇	货币发行
货币黄金	其他存款性公司存款

续表

资产	负债
其他国外资产	不计入储备货币的金融性公司存款 $L2$
对政府债权 $A2$	发行债券 $L3$
对其他存款性公司债权 $A3$	国外负债 $L4$
对其他金融性公司债权 $A4$	政府存款 $L5$
对非金融性部门债权 $A5$	自有资金 $L6$
其他资产 $A6$	其他负债 $L7$

资料来源：中国人民银行。

根据央行资产负债表，国外资产包含外汇、货币黄金和其他国外资产；国内资产包含 $A2$、$A3$、$A4$、$A5$；国内负债包括 $L2$、$L3$、$L5$，基础货币用 $L1$ 表示，则有：

$$L1 = A1+A2+A3+A4+A5+A6-(L2+L3+L4+L5+L6+L7) \quad (5-1)$$

设 NDA 为国内资产，NFA 为国外资产，BM 表示基础货币，经过整合，基础货币可以表示为：

$$BM = NDA + NFA \quad (5-2)$$

因此，国外资产变动会导致基础货币变动，外汇储备是国外资产的重要组成部分。基础货币和货币乘数共同决定了广义货币供给，即：

$$M_s = mm \times BM \quad (5-3)$$

其中，货币乘数为 mm，广义货币供给为 M_s。式（5-3）表示广义货币供给变动可能来自货币乘数变化或基础货币变动，也可能来自二者的共同变化。因此，当市场中流动性过剩时，央行可以通过下调货币乘数或减少基础货币供给消除市场中的过剩流动性。货币乘数可表示为：

$$mm = \frac{r_c+1}{r_c+r} \quad (5-4)$$

其中，r_c 是现金在存款中的比率，r 是存款准备金率。因此，央行可以通过调整存款准备金率调节货币乘数，以维持基础货币供应量不变。中央银行在进行外汇买卖的同时，通过公开市场操作对国内市场进行反向操作来维持本币供应量不变的过程被称为冲销干预（Sterilized Intervention）。除了使用存款准备金率，还可以使用发行央行票据、变动政府在央行存款等方式。以发行央行票据为例，在冲销干预下，央行货币政策独立性的实现过程如图 5-5 所示。

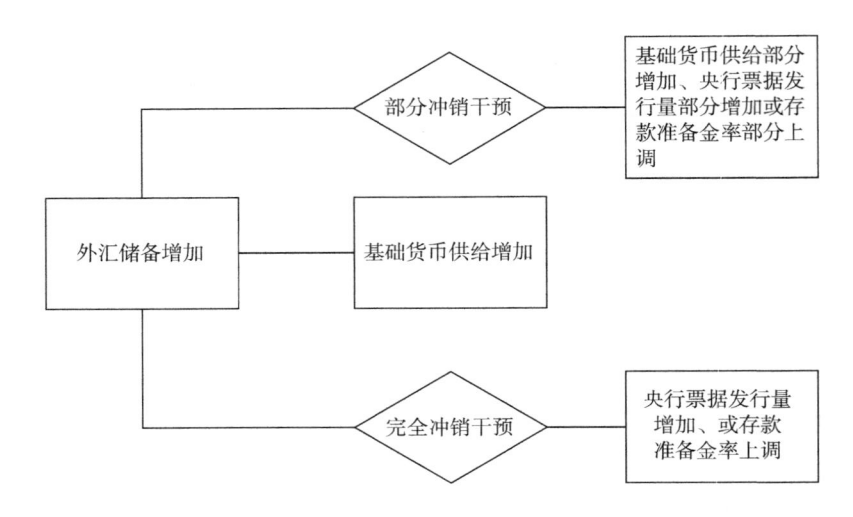

图 5-5 央行冲销干预维持货币政策独立性的过程

由于国外资产是央行基础货币增加的主要部分。由图 4-5 可知，当外汇储备增加时，如果货币当局发行央行票据，实行部分冲销干预，则由外汇储备增加引发基础货币供给部分增加，央行票据发行量增加或存款准备金率上调；如果选择完全冲销，则只体现在央行票据增加或存款准备金率上调；如果不进行冲销干预，则基础货币供给增加。

（二）人民币汇率制度市场化改革对中国货币政策独立性的影响机制

1. 人民币汇率制度市场化改革对中国数量型货币政策独立性的影响

根据央行资产负债表，基础货币供给由国外资产 NFA 和国内资产 NDA 组成，假设国外资产全部由美元资产组成，ε 为冲销干预系数，[①] 则可得出：

$$m^s = (1-\varepsilon)e \times NFA + NDA \qquad (5-5)$$

一国国际收支变动会相应造成本国货币的升值和贬值压力。本书使用外汇市场压力（EMP，Exchange Market Pressure）表示一国货币汇率所面临的升值或者贬值压力。Girton 和 Roper（1977）最先提出了外汇市场

---

① 假设 $0 \leq \varepsilon \leq 1$，$\varepsilon = 0$ 代表央行完全不实行冲销干预；$\varepsilon = 1$ 代表央行实行完全冲销干预，国外资产变化不影响国内货币供给。

压力的概念，用于分析在各种汇率制度安排下的外汇市场压力。Eichengreen 等（1995）假设汇率变动、利率变动、外汇储备变动共同引起外汇市场压力变化，那么，外汇市场压力模型可表示为：

$$EMP = \sigma_r \Delta R + \sigma_e \Delta e \quad (5-6)$$

$$\Delta m = e \times \Delta R \quad (5-7)$$

ΔR 为外汇储备变动率，Δe 为名义汇率变动率。式（5-7）表示名义汇率、央行外汇储备变动共同引起基础货币 Δm 变动。设 y_0 是经济自主调节时的均衡国民收入水平。$y>y_0$ 表示国际收支逆差，外汇储备下降，形成本币汇率面临贬值的外汇市场压力，基础货币供给下降；$y<y_0$ 表示国际收支顺差，外汇储备上升，此时形成本币汇率面临升值的外汇市场压力，基础货币供给上升。根据本书的研究目标，假设央行采取冲销干预的对象为外汇市场压力变化所引起的基础货币变动，则外汇市场压力 EMP 可以表示为：

$$EMP = \lambda_1 \kappa \gamma \Delta e \times \Delta R + \lambda_2 (e^E - e)/e \quad (5-8)$$

其中，冲销干预系数 $\gamma \in [0, 1]$，e^E 为汇率预期，e 为即期汇率，κ 为资本开放系数。式（5-8）表示外汇市场压力受到资本开放下外汇储备变动的影响，央行的冲销干预措施会影响外汇储备变动造成的外汇市场压力。汇率变动、汇率预期变动会影响外汇市场压力。综上所述，在三元悖论中间化发展下，央行使用外汇储备干预汇率，使用冲销干预措施减少外汇储备变动对外汇市场压力造成的影响。冲销干预措施的有效性直接影响货币供给，进而影响货币政策独立性。在中间汇率制度下，国内外利差和汇率预期的不确定性都会对汇率变动产生影响，进而对外汇市场供求平衡产生影响。

当资本流入或资本流出，央行的外汇市场干预和冲销干预操作具有不对称性。在固定汇率制度或中间汇率制度下，货币当局使用外汇储备进行买卖，维持本币汇率的当期水平或浮动区间。当资本流入时，NFA 增加，汇率面临升值预期，央行冲销干预维持原定的基础货币供给，避免汇率升值。当资本流出时，NFA 减少，汇率面临贬值预期，央行在外汇市场上卖出外汇资产，买入人民币，避免汇率贬值。因此，在汇率贬值预期的情况下，央行对外汇市场的干预将依赖外汇储备的存量。近年来，新兴市场和发展中国家持有大量的外汇储备，为长期维持中间汇率制度提供了保障。

图 5-6 表示资本部分流动、中间汇率制度下的货币政策独立性。在中间汇率制度下，货币当局会允许汇率在一定的范围内浮动。资本自由流动程度增加至 BP 曲线比 LM 曲线平坦，设在初始状态，IS、LM、BP 曲线相交于 E_0，此时经济呈现内外均衡的状态。当货币当局实施扩张的货币政策，LM 曲线应平移到 LM′，B 点表示此时产品市场和货币市场的均衡状态，B 点位于 BP 曲线下方，此时国际收支呈逆差状态。如果实行浮动汇率制度，本币贬值，汇率升高，则 IS、BP 曲线都应向右移动至 IS′ 和 BP′，形成新的均衡点 E_1，国际收支重新达到平衡状态。但在中间汇率制度下，货币当局动用外汇储备，在外汇市场上购买本币，部分矫正汇率水平。由于汇率未升高至既定水平，抵消部分货币政策效果，LM 曲线实际右移至 LM″，IS、BP 曲线向右移动到 IS″ 和 BP″，形成新的均衡点 E_2，E_2 在 E_1 左侧，在 E_0 右侧。因此，在资本部分流动和中间汇率制度下，基于国内政策目标的货币政策效果被部分抵消。当发生经济危机时，适度的汇率弹性与适当资本管制搭配可以有效阻止资本流动突然停止。

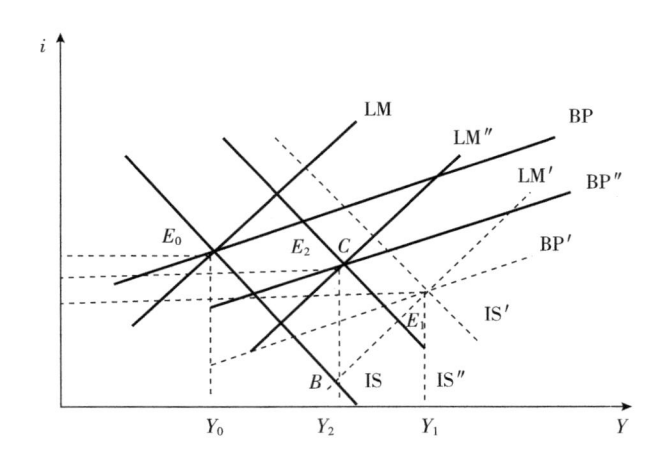

图 5-6　资本部分流动、中间汇率制度下的央行数量型货币政策效果

2. 人民币汇率制度市场化改革对中国价格型货币政策独立性的影响

结合前文对中间汇率制度下汇率波动影响因素的分析，接下来运用央行资产负债表中对国内资产和国外资产的划分，构造理论模型，以研究当汇率预期形成时，三元悖论中间化的内在机制。包括当一国实行中间汇率制度，央行进行部分外汇市场干预和冲销操作的情况下，资本流

第五章 人民币汇率制度市场化改革的影响机制分析

动对央行货币政策独立性的影响机制。

本书与已有相关研究不同的是：第一，本书加入在资本开放下投资者对国内外金融资产组合的需求变化而产生的货币需求变化。第二，相关研究多考虑货币政策独立性的广义含义，即国外货币政策对本国货币政策的影响，本书加入货币政策独立性的狭义含义，即本国货币政策指向国内货币政策目标的能力，根据货币政策的泰勒规则加以分析。采用并改写 Kouri 和 Porter（1974）的货币需求表达式，即：

$$m^d = \beta y - \alpha \Delta r + \varphi w + \gamma e \quad (5-9)$$

其中，y 表示国民收入，Δr 表示国内和国外利率差，w 表示居民财富，e 表示名义人民币兑美元汇率。根据 Simeon 和 Kim（2018）的研究，泰勒规则下的利率 r_t^{TR} 可表示为：

$$r_t^{TR} = \alpha_\pi (\pi_t - \pi_t^*) + \alpha_y (y_t - \overline{y_t}) \quad (5-10)$$

其中，$\pi_t - \pi_t^*$ 表示通货膨胀偏离，$y_t - \overline{y_t}$ 表示对均衡产出的偏离。本国利率 r^d 同时由外国利率 r^f 和泰勒规则下的利率决定，即：

$$r_t^d = \theta r_t^f + (1-\theta) r_t^{TR} \quad (5-11)$$

其中，θ 代表本国货币政策独立性的缺失程度，θ 越大，本国利率由外国利率决定的程度越大，指向本国国内货币政策目标的程度就越小。把式（5-10）代入式（5-11）得：

$$r_t^d = \theta r_t^f + (1-\theta)[\alpha_\pi (\pi_t - \pi_t^*) + \alpha_y (y_t - \overline{y_t})] \quad (5-12)$$

根据曹协和等（2010）、欧阳志刚和史焕平（2011）等对货币缺口与通货膨胀关系的检验结果，假定二者的关系为：

$$\pi_t - \pi_t^* = \lambda (m^s - m^d) \quad (5-13)$$

把式（5-5）、式（5-9）、式（5-13）代入式（5-12）并整合系数可得：

$$r^d = \phi_1 r^f + \phi_2 e \cdot NFA + \phi_3 NDA - \phi_4 y - \phi_5 w - \phi_6 e - \phi_7 \overline{y} + \phi_8 \Delta r \quad (5-14)$$

其中，

$$\phi_1 = \theta,$$
$$\phi_2 = (1-\theta)\alpha_\pi \lambda (1-\varepsilon),$$
$$\phi_3 = (1-\theta)\alpha_\pi \lambda,$$
$$\phi_4 = \phi_7 = (1-\theta)(\alpha_\pi \lambda \beta - \alpha_y),$$
$$\phi_5 = (1-\theta)\alpha_\pi \lambda \phi,$$

$$\phi_6 = (1-\theta)\alpha_\pi \lambda \gamma,$$
$$\phi_8 = (1-\theta)\alpha_\pi \lambda \alpha$$

由式（5-14）可知，冲销干预系数 ε 越大，国外资产变动（外汇储备变动）对国内利率的影响越小。汇率水平变动对利率有负向影响，汇率贬值，资本外逃，央行会采用扩张的货币政策加以调整。根据式（5-14），国内利率还会受到产出、居民财富、均衡产出的负向影响，同时受到国外利率、国内资产变动国内外利差的正向影响。

第二节　人民币汇率制度市场化改革与资本开放的央行政策目标损失

一　人民币汇率制度市场化改革与跨境资本流动的特征事实

1997—2005 年，中国实行事实上钉住美元的汇率制度，人民币汇率相对低估，中国进出口贸易蓬勃发展。1996 年，中国顺利实现了人民币经常项目可兑换，之后实现了人民币资本项目的部分可兑换。由图 5-7 可以看出，中国主要资本流动来自经常项目变动。在 2001 年中国加入世界贸易组织（WTO）后，迅速积累了大量顺差，直到 2008 年国际金融危机后有所回落。中国资本和金融项目逆差在 2003—2008 年大幅增加，之后逐渐回落，2016 年后由逆差转为顺差。

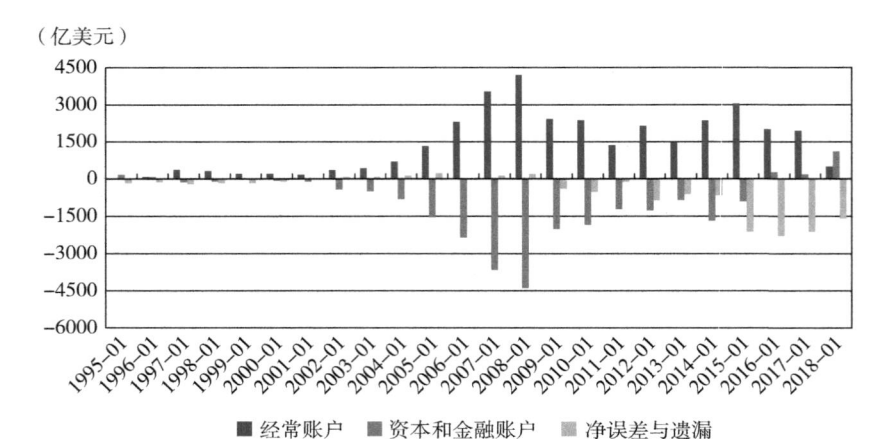

图 5-7　1995—2018 年中国资本流动

资料来源：国家外汇管理局。

中国于 2005 年开始实行有管理的浮动汇率制度。人民币兑美元汇率浮动区间逐渐放开，中国资本和金融项目管制逐步放松。在 IMF 分类的 40 个资本项目子项中，14 项实现了基本可兑换，22 项实现了部分可兑换，4 项不可兑换。由此可见，中国资本项目开放程度已经很高，但与欧美国家相比还有一定差距。从表 5-3 可以看出，中国对资本流入和资本流出的管理呈现不对称性，在各项目下对资本流出的管理要相对严格于资本流入。

表 5-3　　　　　　　　中国资本和金融项目开放情况

项目		流入开放状态	流出开放状态
金融项目	直接投资 外国在华直接投资	登记管理	1. 居民经过批准可通过外资企业投资； 2. 放开部分行业 FDI 流出
	直接投资 中国在外直接投资		
	证券投资 股本证券 债务证券	1. 对 QFIIs 的境内证券投资实行额度管理； 2. 允许境外机构投资者投资境内银行间债券，应在国家外汇管理局批准和登记； 3. 允许外资银行境内分支机构在未经批准的情况下，在规定的限额内从事境内外货币跨境融资	QDIIs 的境内证券投资应在外管局申请批准和登记，实行额度管理
	证券投资 中期债券、长期债券		
	证券投资 货币市场工具		
	其他投资 贸易信贷	QFIIs 和 RQFIIs 的外汇衍生品交易限于对冲其境内证券投资所产生的外汇风险敞口，持有头寸受限于人民币资产规模	居民可通过指定机构进行外汇、贵金属和其他指定的杠杆交易
	其他投资 贷款		
	其他投资 货币和存款		
	其他投资 衍生品及其他工具		

注：流入是指非居民在当地进行购买，居民在国外出售和发行。流出是指非居民在当地出售和发行，居民海外购买。QFII（Qualified Foreign Institutional Investors）是指合格境外机构投资者，QDII（Qualified Domestic Institutional Investor）是指合格境内机构投资者。

资料来源：根据 IMF《汇总安排与汇兑限制年报〔2018〕》中中国国际收支平衡表整理。

2020 年，中国人民银行、国家外汇管理局发布《境外机构投资者境内证券期货投资资金管理规定》，宣布取消合格境外机构投资者和人民币合格境外机构投资者境内证券投资额度管理，对合格境外机构投资者跨境资金汇入和兑换实行登记管理，推动中国金融市场进一步开放。由图

5-8 可知，2005 年后，随着中国汇率市场化改革，配合资本开放，直接投资项下的资本流动规模总体呈增加趋势。同时，其他投资差额的规模也在逐年拉大。由于中国证券市场发展相对较慢，证券投资项下的资本流动规模相对最小。

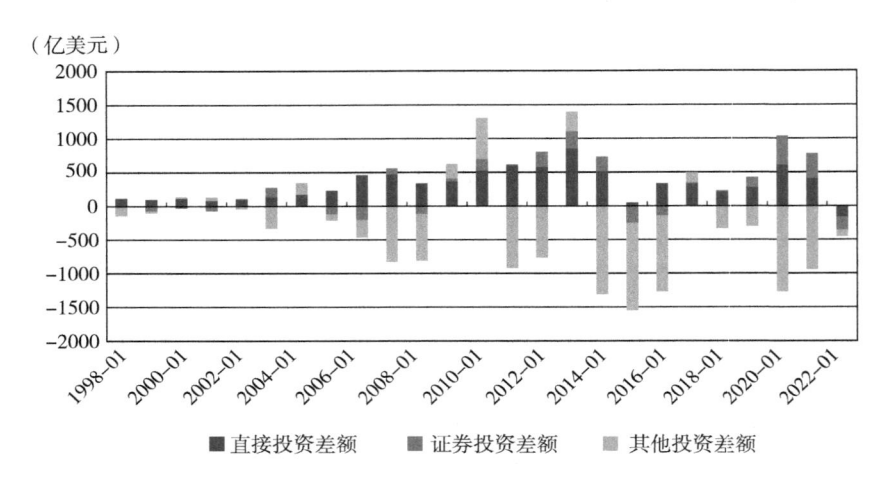

图 5-8　中国金融资本流动

资料来源：Wind 数据库。

二　中国资本开放下汇率制度市场化改革对央行政策目标损失的影响分析

在资本开放条件下，考虑到在实行相对固定的汇率制度下，央行会进行外汇市场干预和冲销干预。在资本开放和汇率市场化进程下，央行的政策目标损失各不相同。现有文献对国际信贷对资本流入的反应以及央行冲销干预外汇占款程度和有效性的研究大多通过冲销系数（Sterilization Coefficient）来表示，该系数通过估计央行的反应函数得到。抵消系数（Offset Coefficient）用以研究国际资本流动对货币政策的抵消程度，国内货币政策独立性可以用抵消系数来表示。Argy 和 Kouri（1974）、Kouri 和 Porter（1974）以及 Obstfeld（1980）根据央行资产负债表变化，建立了经典的冲销系数和抵消系数模型，即：

$$\Delta NFA = \alpha_0 + \alpha_1 \Delta NDA + \alpha_2 X_1 + u_t \tag{5-15}$$

$$\Delta NDA = \beta_0 + \beta_1 \Delta NFA + \beta_2 X_2 + v_t \tag{5-16}$$

其中，ΔNFA 是央行净国外资产（外汇储备）的变化，ΔNDA 是净国内资产的变化。α_1，$\alpha_1 \in [-1, 0]$ 为抵消系数，代表了资本管制效率，当 $\alpha_1 = 0$ 时，国际资本完全不流动，无抵消效应，国际资本流动不会抵消本国央行实施的货币政策效应；当 $\alpha_1 = -1$ 时，国际资本完全流动，具有完全的抵消效应，国际资本流动完全抵消本国央行实施的货币政策效应。β_1，$\beta_1 \in [-1, 0]$ 为冲销系数，代表货币政策对国际资本流动的冲销效应，当 $\beta_1 = 0$ 时，央行对国际资本流动完全不冲销；当 $\beta_1 = -1$ 时，央行对国际资本流动完全冲销。X_1、X_2 为控制变量的向量。

国内研究货币政策冲销干预有效性及可持续性方面的实证研究多基于上述研究所建立的货币当局目标损失函数的抵消系数和冲销系数的联立方程组，Ouyang 等（2008）基于修正的 BGT 模型（Brissimis, et al., 2002）对中国的情况加以分析。徐明东和田素华（2007）对 Kouri 和 Porter（1974）的抵消系数模型进行扩展，对国际资本流动与货币政策有效性的关系进行分析。王永中（2010）基于修正的抵消系数和冲销系数模型，对中国的资本管制效率和外汇冲销的有效性进行估计，得到中国资本管制效率和外汇冲销有效性在下降的结论。根据三元悖论，在汇率制度市场化改革过程中，资本管制效率也会发生变化。本书在上述研究的基础上，探讨资本开放下汇率制度市场化改革对央行政策目标损失的影响。BGT 模型中货币当局的目标损失为：

$$L_t = \alpha(e_t - e_t^T)^2 + \beta(p_t - p_t^T)^2 + \gamma(Y_t - Y_t^T)^2 + \delta(\sigma_{r,t})^2 + \varepsilon(\sigma_{e,t})^2 \quad (5-17)$$

其中，$e_t - e_t^T$ 代表汇率水平 e 偏离目标汇率 e^T 的程度，$p_t - p_t^T$ 为通货膨胀偏离，$Y_t - Y_t^T$ 为实际产出偏离目标产出的程度，$\sigma_{r,t}$ 为利率波动，$\sigma_{e,t}$ 为汇率波动。根据《中华人民共和国中国人民银行法》第 3 条，中国央行的货币政策目标是保持币值稳定，以此促进经济增长。币值稳定包括两个方面：一是对内币值稳定，指物价稳定；二是对外币值稳定，指汇率稳定（金雪军和陈哲，2019）。中国长期以来的货币政策是汇率稳定、物价稳定和促进经济增长的多目标制。长期以来，为了发展对外贸易，中国维持事实上小幅的人民币兑美元汇率波幅。随着人民币汇率市场化改革的逐步推进，汇率浮动区间逐步放开。国际货币体系进入牙买加体系以来，中国从钉住汇率制度逐渐转变为有管理的浮动汇率制度，持续进行汇率制度市场化改革。但在 1997—2005 年，中国事实上实行的是钉住美元的汇率制度安排。因此，本书结合中国的现实汇率政策目标变化，先按照人民币汇率制度市场化改革前,即人民币汇率不存在弹性空间的情况;再按照汇率市场化改革后,即人民币汇率存在弹性空间的情况,分别对 BGT 模型中的政策目标进行简化修正。对于汇率水平偏离目标汇率程度,本书将在汇率制度市场化改革前的研究中进行探讨,以使模型更加贴合中国曾经的事实汇率制度选择情况。

我国长期以来更加注重汇率稳定性和货币政策独立性,而实行相对严格的资本管制,符合三元悖论的理论基础。随着人民币汇率制度市场化改革进程的推进,我国的汇率弹性逐渐放松,资本开放稳步进行。已有研究鲜有对三元悖论政策选择的央行政策目标损失进行研究,因此,本书将在修正的 BGT 模型的基础上,分别构建理论框架,研究人民币汇率制度市场化改革前和人民币汇率制度市场化改革后的央行政策目标损失。

(一) 实行汇率制度市场化改革前的央行政策目标损失的影响分析

在人民币汇率制度市场化改革前,央行进行外汇市场干预,主要目的是管控短期汇率波动,因此,BGT 模型中汇率波动项带来的央行政策目标损失可以忽略不计,只把汇率水平偏离目标汇率程度一项纳入模型,即:

$$L_t = \alpha (e_t - e_t^T)^2 + \beta (\Delta p_t)^2 + \gamma (\Delta y_t)^2 + \delta (\sigma_{r,t})^2 \quad (5-18)$$

其中,$e_t - e_t^T$ 代表汇率水平偏离目标汇率的程度,Δp 代表通货膨胀,Δy 代表产出波动。由于我国长期以来以汇率稳定、货币政策独立性为主要的三元悖论政策选择,资本开放相对落后,因此在构建理论框架时,不考虑资本流动对汇率水平偏离目标汇率程度的影响。本章将参考 Ouyang 等 (2008) 的思路,讨论式 (5-18) 中各个变量的约束条件。

第一,汇率水平偏离目标汇率的程度,即:

$$e_t - e_t^T = \theta \Delta NFA + \chi \Delta NDA \quad (5-19)$$

假设央行进行外汇市场干预的程度影响汇率水平偏离目标汇率程度,且央行主要使用外汇储备进行外汇市场干预,因此,把汇率水平偏离目标汇率程度的影响因素表示为受到外汇储备变化 ΔNFA 的影响。其中,$\theta \in [0, 1]$ 代表汇率偏离对外汇市场干预的敏感程度。ΔNFA 表示国外资产变动,即外汇储备变动。汇率水平偏离目标汇率的程度也同时受到国内资产变动 ΔNDA 的影响。式 (5-20) 表示基础货币 BM 等于国内资产 NDA 与国外资产 NFA 之和,即:

第五章 人民币汇率制度市场化改革的影响机制分析

$$BM = NDA + NFA \tag{5-20}$$

第二,通货膨胀,即:

$$\begin{aligned}\Delta p_t &= \rho_1 \Delta M_{2,t} + \rho_2 \Delta p_{t-1} \\ &= \rho_1 \left[(\Delta NDA_t + \Delta NFA_t) mm_t + BM_t \Delta mm_t \right] + \rho_2 \Delta p_{t-1} \end{aligned} \tag{5-21}$$

在汇率弹性较低时,通货膨胀 Δp 由广义货币发行量变动 ΔM_t 和前一期通货膨胀决定。广义货币变动一方面是由于基础货币变动,可用基础货币变动乘以货币乘数 mm 表示;另一方面是由于货币乘数变动,可用基础货币与货币乘数变动 Δmm 的乘积表示,即:

$$\Delta M_t = (\Delta NFA_t + \Delta NDA_t) \times mm_t + \Delta mm_t \times (NFA_t + NDA_t) \tag{5-22}$$

第三,产出。假设前一期产出波动 Δy_{t-1}、政府购买变动 ΔG 对当期产出波动 Δy_t 均有影响,即:

$$\begin{aligned}\Delta y_t &= \omega_1 \Delta M_2 + \omega_2 \Delta y_{t-1} + \omega_3 \Delta G_t \\ &= \omega_1 \left[(\Delta NDA_t + \Delta NFA_t) mm_t + BM_t \Delta mm_t \right] + \omega_2 \Delta y_{t-1} + \omega_3 \Delta G_t \end{aligned} \tag{5-23}$$

第四,利率波动,即:

$$\begin{aligned}\sigma_{r,t} &= \varphi_1 \Delta M_t + \varphi_2 \sigma_{r,t-1} \\ &= \varphi_1 \left[(\Delta NFA_t + \Delta NDA_t) \times mm_t + BM_t \Delta mm_t \right] + \varphi_2 \sigma_{r,t-1} \end{aligned} \tag{5-24}$$

设利率波动与广义货币供应量变动、前一期的利率波动有关。把式(5-19)、式(5-21)、式(5-23)、式(5-24)代入式(5-18),令

$$\begin{aligned}\frac{\partial L_t}{\partial \Delta NFA_t} &= \frac{\partial L_t}{\partial (e_t - e_t^T)} \frac{\partial (e_t - e_t^T)}{\partial \Delta NFA_t} + \frac{\partial L_t}{\partial \Delta p_t} \frac{\partial \Delta p_t}{\partial \Delta NFA_t} + \frac{\partial L_t}{\partial \Delta y_t} \frac{\partial \Delta y_t}{\partial \Delta NFA_t} + \frac{\partial L_t}{\partial \sigma_{r,t}} \frac{\partial \sigma_{r,t}}{\partial \Delta NFA_t} \\ &= 0 \end{aligned} \tag{5-25}$$

把系数缩写,可得汇率制度市场化改革前的资本流动方程,ν_1 为资本流动对货币政策的抵消系数,即:

$$\Delta NFA_t = \nu_1 \Delta NDA_t + \nu_2 BM_t + \nu_3 \Delta p_{t-1} + \nu_4 \Delta y_{t-1} + \nu_5 \Delta G_t + \nu_6 \sigma_{r,t-1} \tag{5-26}$$

其中,

$$\omega = -\alpha\theta^2 - mm_t^2 (\beta\rho_1^2 + \delta\varpi_1^2 + \gamma\omega_1^2),$$

$$\nu_1 = \frac{\alpha\theta\mathcal{X} + mm_t^2 (\delta\varpi_1^2 + \beta\rho_1^2 + \gamma\omega_1^2)}{\omega},$$

$$\nu_2 = \frac{mm_t \Delta mm_t (\beta\rho_1^2 + \delta\varpi_1^2)}{\omega},$$

$$\nu_3 = \frac{\beta\rho_1 \rho_2 mm_t}{\omega},$$

$$\nu_4 = \frac{\gamma\omega_1\omega_2 mm_t}{\omega},$$

$$\nu_5 = \frac{\gamma\omega_1\omega_3 mm_t}{\omega},$$

$$\nu_6 = \frac{\delta\varphi_1\varphi_2 mm_t}{\omega}$$

令：

$$\frac{\partial L_t}{\partial \Delta NDA_t} = \frac{\partial L_t}{\partial (e_t - e_t^T)} \frac{\partial (e_t - e_t^T)}{\partial \Delta NDA_t} + \frac{\partial L_t}{\partial (\Delta p_t)} \frac{\partial (\Delta p_t)}{\partial \Delta NDA_t} + \frac{\partial L_t}{\partial (\Delta y_t)} \frac{\partial (\Delta y_t)}{\partial \Delta NDA_t} + \frac{\partial L_t}{\partial (\sigma_{r,t})} \frac{\partial (\sigma_{r,t})}{\partial \Delta NDA_t} = 0 \quad (5-27)$$

把系数缩写，可得货币政策方程，π_1 为货币政策对资本流动的冲销系数，即：

$$\Delta NDA_t = \pi_1 \Delta NDA_t + \pi_2 BM_t + \pi_3 \Delta p_{t-1} + \pi_4 \Delta y_{t-1} + \pi_5 \Delta G_t + \pi_6 \sigma_{r,t-1} \quad (5-28)$$

其中，

$$\rho = -\alpha \chi^2 - mm_t^2 (\gamma\omega_1^2 + \beta\rho_1^2 + \delta\varpi_1^2),$$

$$\pi_1 = \frac{\alpha\chi\theta + mm_t^2 (\gamma\omega_1^2 + \delta\varpi_1^2 + \beta\rho_1^2)}{\rho},$$

$$\pi_2 = \frac{mm_t \Delta mm_t (\beta\rho_1^2 + \gamma\omega_1^2 + \delta\varpi_1^2)}{\rho},$$

$$\pi_3 = \frac{\beta\rho_1\rho_2 mm_t}{\rho},$$

$$\pi_4 = \frac{\gamma\omega_1\omega_2 mm_t}{\rho},$$

$$\pi_5 = \frac{\gamma\omega_1\omega_3 mm_t}{\rho},$$

$$\pi_6 = \frac{\delta\varphi_1\varphi_2 mm_t}{\rho}$$

（二）实行汇率制度市场化改革后的央行政策目标损失的影响分析

汇率制度市场化改革后，汇率水平主要受市场供求因素的影响，央行一般不受外汇市场干预，而短期汇率波动增加会对央行的政策目标损失情况产生影响。据此本书去掉汇率水平偏离目标汇率的程度，加入汇

率波动项 $\sigma_{e,t}$，建立汇率制度市场化改革后修正的 BGT 模型，即：

$$L_t = \beta_1(\Delta p_t)^2 + \beta_2(\Delta y_t)^2 + \beta_3(\sigma_{r,t})^2 + \beta_4(\sigma_{e,t})^2 \qquad (5-29)$$

与汇率制度市场化改革前修正的 BGT 模型相比，有三个方面发生了变化。

第一，通货膨胀，即：

$$\begin{aligned}\Delta p_t &= \rho_1 \Delta M_{2,t} + \rho_2 \Delta p_{t-1} + \rho_3 \Delta s_t \\ &= \rho_1[(\Delta NDA_t + \Delta NFA_t)mm_t + BM_t \Delta mm_t] + \rho_2 \Delta p_{t-1} + \rho_3 \Delta s_t \end{aligned} \qquad (5-30)$$

在汇率制度市场化改革后，通货膨胀由广义货币供应量、通货膨胀的滞后项和名义汇率决定。

第二，资本流动。在汇率制度市场化改革后，中国对三元悖论中资本开放的政策选择束缚有所放开，因此，把央行净国外资产变化纳入影响因素。央行净国外资产变化等于经常账户余额加上净资本流入之和，即：

$$\Delta NFA_t = CA_t + \Delta NK_t \qquad (5-31)$$

经常账户余额取决于周期性产出和实际有效汇率变动，即：

$$CA_t = \theta_0 - \theta_1 y_t - \theta_2 \Delta REER_t \qquad (5-32)$$

根据 Brissimis 等（2002）的研究，在汇率制度市场化改革后，净资本流入主要受汇率变动预期和国内外利差的影响。当汇率制度市场化改革后，净资本流入由汇率和利率变动共同调节，国内外利差存在，本国拥有部分或全部货币政策独立性。当国内外资产完全替代，资本完全开放，$c=0$，国内外利差和汇差将引起资本完全流动；当国内外资产完全不替代，$c=\infty$，国内外利差和汇差不能引起资本流动，处于完全资本管制状态。即：

$$\Delta NK_t = c\Delta(e_t - E_t e_{t+1} + r_t - r_t^*) \qquad (5-33)$$

综合式（5-31）、式（5-32）和式（5-33），可得汇率变动，即：

$$\Delta s_t = c(\Delta NFA_t - \theta_0 + \theta_1 y_t + \theta_2 \Delta REER_t) + E_t e_{t+1} - (r_t - r_t^*) \qquad (5-34)$$

第三，汇率波动，即：

$$\sigma_{e,t} = \eta \sigma_{e,t-1} + \kappa \Delta NFA \qquad (5-35)$$

央行以外汇储备维持汇率稳定性，因此，汇率波动与外汇储备变动有关。由于央行国外资产变动主要由外汇储备变动构成，本书直接用国外资产变动表示外汇储备变动。

综上可以得到汇率制度市场化改革后的货币政策方程和国际资本流

动方程。令：

$$\frac{\partial L_t}{\partial \Delta NFA_t} = \frac{\partial L_t}{\partial(\Delta p_t)}\frac{\partial(\Delta p_t)}{\partial \Delta NFA_t} + \frac{\partial L_t}{\partial(\Delta y_t)}\frac{\partial(\Delta y_t)}{\partial \Delta NFA_t} + \frac{\partial L_t}{\partial(\sigma_{r,t})}\frac{\partial(\sigma_{r,t})}{\partial \Delta NFA_t} + \frac{\partial L_t}{\partial(\sigma_{e,t})}\frac{\partial(\sigma_{e,t})}{\partial \Delta NFA_t} = 0 \tag{5-36}$$

综上所述，代入式（5-29），把系数缩写，可得汇率制度市场化改革前的资本流动方程，σ_1 为资本流动对货币政策的抵消系数，即：

$$\Delta NFA_t = \sigma_1 \Delta NDA_t + \sigma_2 BM_t + \sigma_3 \Delta p_{t-1} \sigma_4 \Delta REER + \sigma_5 E_t e_{t+1} + \sigma_6 \theta_0 + \sigma_7 y_t + \sigma_8 (r_t - r_t^*) + \sigma_9 \Delta y_{t-1} + \sigma_{10} \Delta G_t + \sigma_{11} \sigma_{r,t-1} + \sigma_{12} \sigma_{e,t-1} \tag{5-37}$$

其中，

$$\zeta = -(\beta_1 \rho_1^2 + \beta_2 \omega_1^2 + \beta_3 \varpi_1^2) mm_t^2 - 2\beta_1 \rho_1 \rho_3 cmm_t - \beta_1 \rho_3^2 c^2 - \beta_4 \kappa^2,$$

$$\sigma_1 = \frac{(\beta_1 \rho_1^2 + \beta_2 \omega_1^2 + \beta_3 \varpi_1^2) mm_t^2 + \beta_1 \rho_1 \rho_3 cmm_t}{\zeta},$$

$$\sigma_2 = \frac{[(\beta_1 \rho_1 + \beta_2 \omega_1^2 + \beta_3 \varpi_1) mm_t + \beta_1 \rho_3 c] \Delta mm_t}{\zeta},$$

$$\sigma_3 = \frac{\rho_2(\beta_1 \rho_1 mm_t + \beta_1 \rho_3 c)}{\zeta}$$

$$\sigma_4 = \frac{(\beta_1 \rho_1 \rho_3 cmm_t + \beta_1 \rho_3^2 c^2) \theta_2}{\zeta}$$

$$\sigma_5 = \frac{\beta_1 \rho_1 \rho_3 mm_t + \beta_1 \rho_3^2 c}{\zeta},$$

$$\sigma_6 = \frac{-\beta_1 \rho_3^2 c^2 - \beta_1 \rho_1 \rho_3 cmm_t}{\zeta},$$

$$\sigma_7 = \frac{(\beta_1 \rho_3^2 c^2 + \beta_1 \rho_1 \rho_3 cmm_t) \theta_1}{\zeta},$$

$$\sigma_8 = \frac{\beta_1 \rho_1 \rho_3 mm_t - \beta_1 \rho_3^2 c}{\zeta},$$

$$\sigma_9 = \frac{\beta_2 \omega_1 \omega_2 mm_t}{\zeta},$$

$$\sigma_{10} = \frac{\beta_2 \omega_1 \omega_3 mm_t}{\zeta},$$

$$\sigma_{11} = \frac{\beta_3 \varpi_1 \varpi_2 mm_t}{\zeta},$$

第五章 人民币汇率制度市场化改革的影响机制分析

$$\sigma_{12} = \frac{\beta_4 \kappa \eta}{\zeta}$$

令：

$$\frac{\partial L_t}{\partial \Delta NDA_t} = \frac{\partial L_t}{\partial (\Delta p_t)} \frac{\partial (\Delta p_t)}{\partial \Delta NDA_t} + \frac{\partial L_t}{\partial (\Delta y_t)} \frac{\partial (\Delta y_t)}{\partial \Delta NDA_t} + \frac{\partial L_t}{\partial (\sigma_{r,t})} \frac{\partial (\sigma_{r,t})}{\partial \Delta NDA_t} + \frac{\partial L_t}{\partial (\sigma_{e,t})} \frac{\partial (\sigma_{e,t})}{\partial \Delta NDA_t} = 0 \quad (5-38)$$

把系数缩写，可得货币政策方程，ψ_1 为货币政策对资本流动的冲销系数，即：

$$\Delta NDA_t = \psi_1 \Delta NFA_t + \psi_2 BM_t + \psi_3 \Delta p_{t-1} \psi_4 \theta_0 + \psi_5 y_t + \psi_6 \Delta REER_t + \psi_7 E_t e_{t+1} + \psi_8 (r_t - r_t^*) + \psi_9 \Delta y_{t-1} + \psi_{10} \Delta G_t + \psi_{11} \sigma_{r,t-1} \quad (5-39)$$

其中，

$$\tau = (\beta_1 \rho_1^2 + \beta_2 \omega_1^2 + \beta_3 \varpi_1^2) mm_t,$$

$$\psi_1 = 1 + \frac{\beta_1 \rho_1 \rho_3^2 c^2}{\tau},$$

$$\psi_2 = \frac{(\beta_1 \rho_1 + \beta_2 \omega_1^2 + \beta_3 \varpi_1) \Delta mm_t}{\tau},$$

$$\psi_3 = \frac{\beta_1 \rho_1 \rho_2}{\tau},$$

$$\psi_4 = \frac{-\beta_1 \rho_1 \rho_3 c \theta_0}{\tau},$$

$$\psi_5 = \frac{\beta_1 \rho_1 \rho_3 c \theta_1}{\tau},$$

$$\psi_6 = \frac{\beta_1 \rho_1 \rho_3 c \theta_2}{\tau},$$

$$\psi_7 = \frac{\beta_1 \rho_1 \rho_3}{\tau},$$

$$\psi_8 = \frac{-\beta_1 \rho_1 \rho_3}{\tau},$$

$$\psi_9 = \frac{\beta_2 \omega_1 \omega_2}{\tau},$$

$$\psi_{10} = \frac{\beta_2 \omega_1 \omega_3}{\tau},$$

$$\psi_{11} = \frac{\beta_3 \varpi_1 \varpi_2 \sigma_{r,t-1}}{\tau}$$

对比汇率制度市场化改革之前和汇率制度市场化改革之后的货币政策方程和国际收支方程，可以看到，汇率制度市场化改革后，影响国内货币政策和国际收支的因素数量明显增加。汇率制度市场化改革会增强国内外利差、利率波动对国内货币政策和国际收支的影响，利率传导机制更为畅通。在资本开放下推进汇率制度市场化改革，国内货币政策和国际收支的影响因素更加复杂，但是央行可以通过汇率和利率共同调节经济。

第三节　货币政策独立性与资本开放框架下汇率制度市场化改革的风险

一　资本开放下汇率制度市场化改革削弱货币政策独立性的风险分析

三元悖论指出，在资本自由流动下，放开汇率制度弹性空间有助于实现货币政策独立性。但在全球金融一体化下，中国金融市场不够发达，国际套汇套利资本的冲击容易带来汇率风险，但汇率风险对冲工具十分有限。根据二元悖论，在资本自由流动、浮动汇率制度下，中国的货币政策独立性能否实现还需讨论。从总体上来看，在资本开放下，浮动汇率制对中国货币政策独立性的影响可分为增强效应和削弱效应，最终效果要看二者的总效应。

（一）资本开放下汇率制度市场化改革对货币政策独立性的增强效应

货币政策独立性的定义分为广义和狭义。其中，广义的货币政策独立性是指国内货币政策受国外货币政策的影响，狭义的货币政策独立性是指国内货币政策指向本国货币政策目标的程度。三元悖论中所指的货币政策独立性是指广义的货币政策独立性。式（5-40）为广义货币政策独立性的实现途径，可表示为：

$$\Delta KA = \eta_2(r-r_w) - \eta_1 \Delta E \tag{5-40}$$

三元悖论指出，在资本自由流动和浮动汇率制度下，资本净流入 ΔKA 受到国内外利差（$r-r_w$）和汇率变动 ΔE 的影响。当国内外利差产生变动，形成国际套汇套利资本流入或流出压力，此时货币当局如果不对本国利率进行干预，汇率波动缩小国内外利差，从而消除资本流动压力。

因此，在资本开放下实行浮动汇率制度，经常账户余额变动可以通过汇率调节，利率不受影响，因此，可以增强货币政策独立性。

$$\Delta BM = \Delta NDA + \Delta NFA \tag{5-41}$$

式（5-41）可以表示中国狭义的货币政策独立性的受影响渠道。狭义的货币政策独立性是指本国央行货币政策指向国内目标、独立于其他部门进行调控的能力，本书主要分析本国货币政策独立于汇率政策，不受或减少受汇率政策影响的能力。首先，当本国实行更加浮动的汇率制度，从外汇市场干预导致央行资产负债表变动的角度，可以减少央行使用外汇储备干预外汇市场。而国内基础货币供给由国外资产和国内资产共同组成，当央行减少外汇市场干预，则减少相应国外资产变动而引起的基础货币变动，从而增强国内货币政策独立性。

第二，在资本自由流动的情况下，实行浮动汇率制可以使汇率作为调节资本净流入的工具，影响资源配置，增强货币政策有效性。浮动汇率制度下汇率的频繁波动可能会影响贸易部门和非贸易部门间的资源配置。当国内外金融市场存在利差，跨境资本由低利率国家向高利率国家流动。中国作为新兴市场和发展中国家，持有大量外汇储备，属于资本流入国，如果实行浮动汇率制度可能面临人民币升值预期。人民币汇率升值会使国内生产资源流向贸易部门，限制非贸易部门发展。因此，更加浮动的汇率制度可以增强中国配置资源和管理总需求的能力，增强货币政策独立性。

（二）资本开放下汇率制度市场化改革对货币政策独立性的削弱效应

"二元悖论"的提出使学界关注在资本开放下，更加浮动的汇率制度能否提高一国的货币政策独立性。范小云等（2015）对浮动汇率制度对货币政策独立性的削弱效应进行了分析。在现实中，汇率制度市场化改革也可能通过经常账户、资本和金融账户的作用渠道，削弱本国的货币政策独立性。

Kamin 和 Steven（2010）指出，在全球金融一体化下，宏观经济波动对汇率变动的敏感性加强，即汇率变动将引起物价水平、产出等经济变量的较大波动。当汇率波动和贸易收支关系满足马歇尔勒纳条件（Marshall-Lerner Condition）时，汇率波动将对经常贸易账户余额产生影响，因此，汇率波动对货币政策独立性的削弱作用可能通过经常账户渠道完成，即：

$$CA_t = -\varphi_e e_t - \varphi_y y_t, \quad \varphi_e > 0, \quad \varphi_y > 0 \qquad (5-42)$$

式（5-42）表示经常项目余额 CA 主要受实际汇率 e 和产出 y 的影响。φ_e 和 φ_y 分别代表经常项目余额对实际汇率和产出的敏感程度。在金融一体化下，经常项目余额对实际汇率变动的敏感性加大，进而影响总需求。央行将使用货币政策调节总需求，从而削弱货币政策独立性。在经常账户顺差情况下，外汇储备增加会导致本币升值，中国外汇市场面临资本流入压力。在经常账户逆差下，外币需求升高，本币贬值，中国面临资本流出压力。为了调节外汇市场供求平衡，央行将调节利率水平，削弱了国内货币政策独立性。因此，在资本自由流动和浮动汇率制度下，汇率变动也会通过资本和金融账户渠道削弱国内货币政策独立性。

在三元悖论中间化下，国际金融、贸易活动受汇率预期不确定性的影响增加，进而影响汇率波动，这可能导致央行需要使用货币政策对经济进行调控，从而削弱本国货币政策独立性。

2016年中央经济工作会议提出："要在增强汇率弹性的同时保持人民币汇率在合理均衡水平上的基本稳定"。为了规避汇率市场化可能削弱货币政策独立性的风险，央行应该完善人民币汇率定价机制，减少汇率预期对市场行为的影响。

二 跨境资本流动引起人民币汇率单边升值贬值的风险分析

2015年"8·11"汇改之后，人民币汇率的市场供求决定因素增加，汇率变化依赖经济基本面因素。此时境内外投资者对中国央行干预外汇市场、维持人民币汇率稳定的信心不足，放大了人民币贬值预期。近年来，中国持续推进资本开放，随着人民币短期内贬值预期上升，资本持续外流，加重了汇率的贬值预期。

在资本自由流动下选择稳定的汇率政策，相较于在资本不完全流动下更难维持，要消耗的外汇储备成本更大。20世纪90年代，泰国实现了资本自由流动，以吸引外资，发展本国经济。但为了维持泰铢的稳定，需要同时实行固定汇率制度。1997年亚洲金融危机爆发，在国际游资冲击下，泰国很快耗尽了外汇储备，只能放弃固定汇率制度，此时泰铢贬值，形成大量国际资本外逃。

2015年"8·11"汇改以后，人民币汇率依赖"收盘价+一篮子货币"的定价机制，人民币汇率快速下滑，形成资本外逃。2016年10月，人民币正式纳入SDR（特别提款权），人民币汇率波动增加。现阶段，在美国持续推行量化宽松政策下，中美利差扩大，资本流入，人民币面临升值风险。在现有人民币汇率形成机制下，人民币汇率升值预期与资本流动相互强化，形成人民币单边升值预期。

本章探讨了三元悖论对人民币汇率制度市场化改革的影响机制。第一，对资本开放、汇率制度市场化改革和货币政策独立性之间的相互影响机制进行了理论分析；第二，通过构建修正的 BGT 模型，分别分析了汇率制度市场化改革前后的央行政策目标损失，得出了资本流动方程和货币政策方程；第三，对资本开放下汇率制度市场化改革可能面临的风险进行了分析。基于此，本章的主要结论包括三个方面。

第一，在三元悖论中间化下，央行使用外汇储备干预汇率，减少了外汇储备变动对外汇市场压力造成的影响。冲销干预措施的有效性直接影响货币供给，进而影响货币政策独立性。在中间汇率制度下，国内外利差和汇率预期的不确定性都会对汇率变动产生影响，进而对外汇市场的供求平衡产生影响。冲销干预程度越大，国外资产变动（外汇储备变动）对国内利率的影响越小。汇率水平变动对利率有负向影响，汇率贬值，资本外逃，央行会采用扩张的货币政策加以调整；国内利率还会受产出、居民财富、均衡产出的负向影响，受国外利率、国内资产变动、国内外利差的正向影响。

第二，在资本开放下推进汇率制度市场化改革，影响国内货币政策和国际收支的因素更加复杂，汇率制度市场化改革会使利率传导机制更加通畅，央行可以通过汇率和利率共同调节经济。

第三，实行浮动汇率制可能通过资本自由流动增强本国的货币政策独立性。但由于货币当局需要使用货币政策调节总需求，也可能使狭义上的本国货币政策独立性受到削弱。因此，在资本开放下，实行浮动汇率制度对货币政策独立性的总效果要看增强效应和削弱效应的加总。

第六章 人民币汇率制度市场化改革的宏观经济效应分析

宏观经济效应既包括宏观经济政策目标的实现，也包括经济增长效应。汇率作为宏观经济调节的重要变量，人民币汇率制度市场化改革使人民币汇率的波动性增加，波动方向从单边升值或贬值转向双向波动，使宏观经济的不确定性增加。其中，人民币汇率制度市场化改革对经济增长和人民币国际化具有复杂的影响机制。本章对三元悖论与人民币汇率制度市场化改革的宏观经济效应进行分析。首先，分析资本开放、人民币汇率制度市场化改革对人民币国际化影响的特征事实，在此基础上，构建 SV-TVP-VAR 模型，对在三元悖论下资本开放进程中人民币汇率制度市场化改革对人民币国际化的影响进行实证研究，即对在三元悖论下人民币汇率制度市场化改革对宏观政策目标实现影响进行分析；其次，分析人民币汇率制度市场化改革对经济增长的影响路径，并基于 SV-TVP-VAR 模型进行实证分析。

第一节 资本开放、人民币汇率制度市场化改革与人民币国际化

一 资本开放、人民币汇率制度市场化改革对人民币国际化影响的特征事实

人民币国际化是三元悖论中间化的宏观经济效应之一，也是人民币汇率制度市场化改革的重要成果。货币国际化（Currency Internationalization）是指一国货币在发行国以外行使全部或部分货币职能，国际化的货币不仅用于货币发行国居民的交易，也被非居民用于贸易、服务或金融资产的交易（Kenen，2011）。货币功能大致可合并为支付媒介和价值储

藏两大功能（Smithin，2003；陆磊和李宏瑾，2016）。要实现这两项功能，必须同步构建人民币境外投放和回流的双重机制。人民币境外投放机制是指人民币在境外发挥货币职能，满足境外人民币需求。周宇（2016）认为，应该利用国际收支的资产方业务构建人民币的输出渠道。人民币境外回流机制是指境外人民币可以通过交易投资等形成回流。其中，人民币投放机制主要包括经常项目下的跨境人民币业务和人民币用于对外直接投资（ODI）；资本项目下的人民币回流机制包括离岸市场人民币定息产品，境外人民币收益性产品和境外人民币直接投资（FDI）以及合格境外投资者（QFII）的推行（沈立君，2017）。边贸往来、境外人民币存款、境外人民币债券、跨境人民币业务渠道等实现了人民币回流机制（潘大洋，2015）。

（一）人民币汇率制度市场化改革对跨境人民币交易性货币需求的影响

根据中国人民大学国际货币研究所发布的《人民币国际化报告（2020）》，2019年，跨境贸易人民币结算业务累计发生6.04万亿元，其中，货物贸易累计发生4.25万亿元，占当年跨境贸易人民币结算总额的70.4%，服务贸易累计发生1.79万亿元，占当年跨境贸易人民币结算总额的29.6%。2015—2019年，服务贸易人民币结算的年均增长速度为21.7%。长期以来，货物贸易出口的人民币结算额高于货物贸易进口的人民币结算额，人民币输出大于回流，形成了经常项目下的人民币净流出。2009年后，随着人民币国际化的正式起锚，跨境贸易人民币结算规模大幅增加。

如图6-1所示，在2015年"8·11"汇改以前，人民币汇率持续升值，跨境贸易人民币结算规模呈现持续增加趋势，但随着2015年"8·11"汇改，人民币汇率呈现双向波动。"8·11"汇改前夕，货物贸易人民币结算规模激增，体现了各交易主体对人民币汇率制度市场化改革后汇率波动风险的预判。"8·11"汇改之后，人民币汇率呈现单边贬值趋势，跨境贸易人民币结算规模陡然下降。此后随着人民币汇率的双向波动，跨境贸易人民币结算规模逐渐稳定。2018年人民币汇率形成机制中的"逆周期因子"退出后，人民币汇率单边升值和贬值预期被打破，从此跨境贸易人民币结算规模逐年稳定扩大。长期以来，人民币汇率持续的升值预期给予境外人民币持有者套利空间，增加了持有人民币的投机需求，跨境贸易多使用美元结算，从而阻碍了人民币在经常项目下的回流。人民币汇率制度市场化改革打破了人民币汇率的持续升值预期，减少了对境外人民币的投机性需求，完善了人民币在经常项目下投放与回流的循环机制。

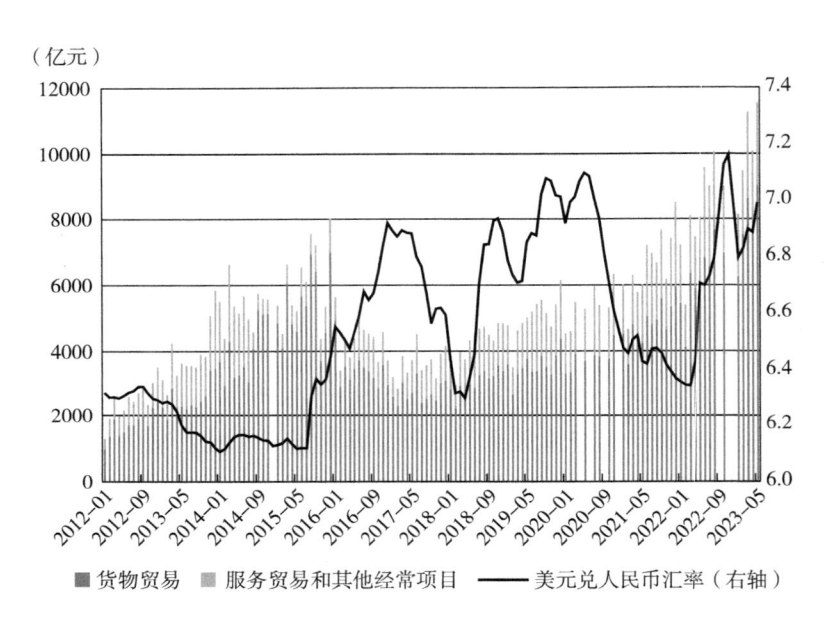

图 6-1　人民币汇率与以人民币结算的货物贸易和服务贸易规模

资料来源：Wind 数据库。

（二）人民币汇率制度市场化改革对跨境人民币投机性货币需求的影响

人民币投机性货币需求主要通过资本项目下的对外直接投资、外商直接投资、离岸人民币债券和票据发行等加以实现。2009 年后，人民币国际化战略不断推进，对外直接投资是中国"走出去"战略的重要组成部分。2011 年，中国人民银行发布了《外商直接投资人民币结算业务管理办法》，规定境外企业和经济组织或个人以人民币来华投资，可以直接向银行申请办理人民币结算业务。2008 年国际金融危机后，中国对外直接投资流量在全球的排名迅速上升，到 2016 年已经成为全球第二大对外投资的资金来源国。在资本管制方面，2002 年中国开始实行合格境外机构投资者（QFII）制度，允许境外资质良好的投资机构分批进入中国证券市场。2019 年 1 月，国务院批准 QFII 总额度由 1500 亿美元增加至 3000 亿美元。

从图 6-2 可以看出，2015 年"8·11"汇改之后，人民币贬值，人民币外商直接投资规模大幅增加。根据中国人民大学发布的《人民币国际化报告（2019）》，2018 年全年中国外商直接投资累计达到 2.66 万亿元，为近五年来最高，其中，以人民币结算的外商直接投资规模累计达到 1.86 万亿元。中国完成"8·11"汇改后，人民币汇率实现了双向波动，原本以套汇套利目的持有的大量人民币实现回流，有助于外商直接投资增长。人民币对外直接投资规模也在 2015 年"8·11"汇改之后大幅增加。

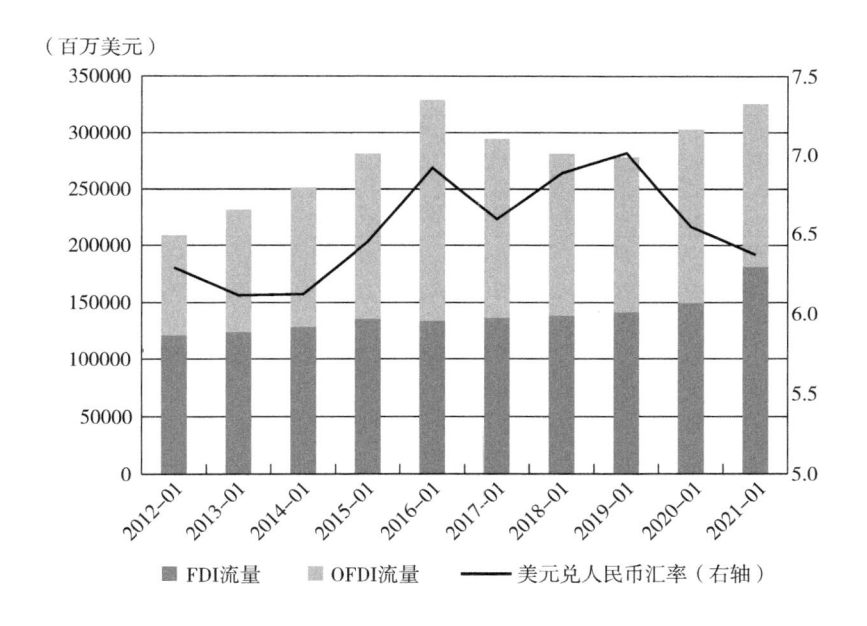

图 6-2 人民币汇率与中国的 OFDI 和 FDI 规模

资料来源：Wind 数据库。

发行本币债券与票据是中国人民币回流的重要渠道。2015 年"8·11"汇改后，人民币汇率贬值趋势明显。根据《人民币国际化报告（2019）》，人民币国际债券发行总额有所下降，达到 292.8 亿美元；2018 年，人民币国际债券与票据余额为 1075.49 亿美元，全球占比为 0.44%。

人民币境外信贷是人民币国际化的重要项目。在中国资本开放和汇率制度市场化的持续推进下，截至 2019 年年末，人民币境外贷款余额为 5367.86 亿元（见图 6-3）。2015 年"8·11"汇改后，人民币汇率呈现贬值趋势，企业增加了人民币境外借款，人民币境外贷款余额在 2015 年后明显增加。综上所述，人民币汇率市场化改革使人民币双向波动，消除了人民币单边长期升值和贬值预期，削弱了境外人民币持有者出于人民币投机性交易需求而持有人民币的意愿，推动人民币投放、回流的双向循环机制的形成。

图 6-3　人民币汇率与中国金融机构人民币贷款余额

资料来源：中国人民银行、Wind 数据库。

相关研究认为，目前中国资本市场开放程度相对较低，不利于人民币国际化的进一步推进。但同时，过度开放资本市场也可能通过利率、汇率等联动机制形成资本套汇套利（高海红和余永定，2010），进而对人民币国际化产生负面影响。在人民币汇率市场化之前推进人民币贸易结算和发展人民币离岸市场，会带来大量的无风险套利机会。因此，推进人民币国际化，首先应该推进更加彻底的人民币汇率市场化，改革的次序不能颠倒（张斌和徐奇渊，2012）。

基于上述分析，本书假设资本开放有助于构建人民币回流机制，从而对人民币国际化具有正向促进作用；资本开放推动人民币实现完全自由兑换，增强人民币流动性，增加跨境贸易使用人民币结算的意愿。人民币汇率制度市场化改革会消除人民币汇率单向升值或贬值预期，有弹性的汇率对跨境资本流动自动调节，减少套汇套利空间，减少人民币持有者因投机性交易需求而持有人民币，从而促进人民币回流，与人民币投放一起形成境外人民币循环机制，因此，假设人民币汇率制度市场化改革对人民币国际化具有正向促进作用。

二 资本开放、人民币汇率制度市场化改革对人民币国际化的影响机制分析

根据前文的特征事实梳理，货币国际化所涉及的主要货币职能为支付媒介职能、记账单位职能和价值贮藏职能，人民币汇率制度市场化改革可能从人民币货币职能实现的角度影响人民币国际化程度。本章分析在开放经济条件下人民币汇率制度市场化改革对人民币国际化的影响机制，并据此对实证研究提出研究假设。

在资本开放下，人民币可兑换性增强，有助于推进人民币国际化。人民币汇率制度市场化改革可能引起人民币汇率升值预期，甚至人民币汇率升值，从而提高人民币的国际购买力，有助于实现人民币作为交易媒介的货币职能，进而推动人民币国际化。但是，人民币汇率升值也可能伤害中国出口，影响经济增长。经济增速和经济规模是货币国际化的重要影响因素之一（邓富华和霍伟东，2017）。出口减少和经济增速放缓可能削弱人民币的国际竞争力，导致人民币国际化的退化。因此，人民币汇率升值对人民币国际化的影响要看两种效应的加总效果。当人民币汇率长期升值时，人民币的价值贮藏职能得以提高，增加人民币持有量，进而有助于人民币国际化的推进。

在资本开放下，人民币汇率制度市场化改革可能引起人民币汇率释放贬值预期，甚至人民币汇率贬值，进而削弱人民币的国际购买力。但是，根据马歇尔-勒纳条件，人民币汇率贬值可能促进中国出口，刺激经济增长，从而提高人民币的国际竞争力。国际货币的记账单位货币职能主要体现在为各国货币提供的"汇率锚"、实现国际汇率定价；也体现在进出口企业在贸易中是否掌握定价权。而资本开放和人民币汇率市场化对提高人民币的"货币锚"地位具有提升作用（杨荣海和李亚波，2017；陶士贵和胡静怡，2021）。另外，人民币汇率稳定是推进跨境人民币结算的重要因素（李婧，2011）。但在人民币汇率制度市场化改革过程中，可能会产生人民币汇率异常波动的情况（周远游等，2017）。人民币汇率稳定受到影响，则可能削弱人民币的记账单位和价值贮藏职能，从而阻碍

人民币国际化。根据上述分析，本书提出以下研究假设。

假设1：开放经济条件下，人民币汇率制度市场化改革可能释放人民币升值预期，增强人民币作为交易媒介和价值贮藏的货币职能，该增强效应大于人民币升值预期对出口的伤害，进而推动人民币国际化。

假设2：开放经济条件下，人民币汇率制度市场化改革可能释放人民币贬值预期，造成跨境资本流出，甚至形成人民币汇率异常波动，削弱人民币作为交易媒介、记账单位和价值贮藏的货币职能，该削弱效应很可能大于人民币贬值对出口的促进作用，进而阻碍人民币国际化的推进。

三 资本开放、人民币汇率制度市场化改革与人民币国际化的实证分析

（一）模型设定

传统的向量自回归模型（VAR模型）把变量之间的关系视为线性不变，从而忽视了经济结构、政策环境变化所造成的模型结构性差异。Primiceri（2005）考虑了系数和误差项方差的时变性，采用带有随机波动的时变参数的向量自回归模型（SV-TVP-VAR模型）分析美国货币政策传导机制的动态变动，其实证分析的结果更符合现实。该模型在宏观经济研究领域得到了广泛的应用。本书采用SV-TVP-VAR模型，实证分析汇率制度市场化改革对经济增长的国内吸收部分的影响，研究各变量之间影响机制的时变特征，以增加实证研究结论的可信度。

本章以结构向量自回归模型（SVAR模型）为基准模型，将具体形式定义为：

$$Ay_t = F_1 y_{t-1} + \cdots + F_s y_{t-s} + u_t, \quad t = s+1, \cdots, n \tag{6-1}$$

其中，y_t是由k个可观测变量组成的$k \times 1$维列向量，A，F_1，$\cdots$，F_s是$k \times k$维的系数矩阵，u_t是$k \times 1$维的随机扰动项，$u_t \sim N(0, \sum \sum)$，设A为下三角矩阵，即：

$$A = \begin{bmatrix} 1 & 0 & \cdots & 0 \\ a_{21} & 1 & \cdots & 0 \\ \vdots & \vdots & \vdots & \vdots \\ a_{k1} & \cdots & a_{k,k-1} & 1 \end{bmatrix}, \quad \sum = \begin{bmatrix} \sigma_1 & 0 & \cdots & 0 \\ 0 & \sigma_2 & \cdots & 0 \\ \vdots & \vdots & \vdots & \vdots \\ 0 & \cdots & 0 & \sigma_k \end{bmatrix} \tag{6-2}$$

把式（6-1）改写为：

$$y_t = B_1 y_{t-1} + \cdots + B_s y_{t-s} + A^{-1} \sum \varepsilon_t, \quad \varepsilon_t \sim N(0, I_k) \tag{6-3}$$

其中，$B_i = A^{-1} F_i$，$i = 1, \cdots, s$。通过将 B_i 中的元素进行堆叠，形成 $k^2 s \times 1$ 维列向量 β，式（6-3）可表示为：

$$y_t = X_t \beta + A^{-1} \sum \varepsilon_t \qquad (6-4)$$

其中，$X_t = I_k \otimes (y'_{t-1}, \cdots, y'_{t-s})$，$\otimes$ 表示克罗内克积。当式（6-4）中所有参数随时间发生变化时，扩展为 SV-TVP-VAR 模型，时变参数包括 β_t、A_t 和 $\sum_t$，参照 Primiceri（2005）的做法，将下三角矩阵 A_t 中的元素重新堆叠成向量 $a_t = (a_{21}, a_{31}, a_{32}, \cdots, a_{k,k-1})'$，令 $h_t = (h_{1t}, \cdots, h_{kt})'$，其中，$h_{jt} = \log \sigma_{jt}^2$，假定 SV-TVP-VAR 模型中时变参数均服从随机游走过程，即 $\beta_{t+1} = \beta_t + u_{\beta t}$，$a_{t+1} = a_t + u_{at}$，$h_{t+1} = h_t + u_{ht}$，且：

$$\begin{matrix} \beta_{t+1} = \beta_t + u_{\beta t} \\ \alpha_{t+1} = \alpha_t + u_{\alpha t}, \\ h_{t+1} = h_t + u_{ht} \end{matrix} \begin{pmatrix} \varepsilon_t \\ u_{\beta t} \\ u_{at} \\ u_{ht} \end{pmatrix} \sim N \left(0, \begin{pmatrix} I & 0 & 0 & 0 \\ 0 & \sum_\beta & 0 & 0 \\ 0 & 0 & \sum_\alpha & 0 \\ 0 & 0 & 0 & \sum_h \end{pmatrix} \right) \qquad (6-5)$$

其中，$\beta_{s+1} \sim N(\mu_{\beta_0} \sum_{\beta_0})$，$a_{s+1} \sim N(\mu_{a_0} \sum_{a_0})$，$h_{s+1} \sim N(\mu_{h_0} \sum_{h_0})$，并且 $\sum_\beta$、$\sum_a$ 和 $\sum_h$ 都是对角矩阵，假定变量间同期相关系数互不相关。

通过式（6-5）给出的参数随机游走过程可以刻画参数的暂时性或永久性变动，进而捕捉到经济结构的渐进或突变特征，但在随机波动的假设下，极大似然估计过程相对复杂，并且容易引发过度参数化，因此，Nakajima（2011）建议采用马尔可夫链蒙特卡罗（MCMC）方法对模型参数进行贝叶斯估计，从而得到更为精确的参数估计结果。

（二）变量选取与数据来源

基于前文的资本开放、人民币汇率制度市场化改革与人民币国际化的特征事实分析，接下来使用 SV-TVP-VAR 模型进行实证分析，所使用变量的含义、指标选取和数据来源如表6-1所示。

表6-1   变量名称、含义、处理方法和数据来源

变量名称	含义及处理方法	数据来源
RGI	人民币国际化指数	渣打银行网站

续表

变量名称	含义及处理方法	数据来源
REER	人民币有效汇率指数	国际货币基金组织
KO	资本开放	中经网统计数据库、中国人民银行

资料来源：笔者整理得到。

本书采用渣打银行的人民币国际化指数（Renminbi Globalisation Index，RGI）代表人民币国际化程度。其他研究多使用港元存款作为人民币国际化指标，该指标对人民币的境外存量规模具有一定的代表性，但是人民币国际化包括多项国际货币职能，人民币的境外存量规模无法体现全部的国际货币职能。而渣打银行的人民币国际化指数 RGI 根据离岸人民币存款、人民币贸易结算和其他人民币国际支付、人民币债券、离岸人民币外汇交易额进行综合计算，可以代表人民币作为国际货币职能的综合表现。因此，本书采用渣打银行的人民币国际化指数 RGI 代表人民币国际化水平。资本开放采用"占比法"测度资本开放季度值，且使用插值法将其转换为月度值。① 对汇率市场化程度进行测算，采用人民币有效汇率指数 REER，该指数体现了中国自 2005 年以来，在有管理的浮动汇率制度下，参考"一篮子货币"作为人民币汇率的定价机制。除此之外，具有代表性的还有外汇交易中心发布的人民币汇率指数（CFETS），该指标被公认为做市商报价时普遍参考的人民币兑"一篮子货币"的汇率指数，但由于该指数发布于 2015 年，不能满足本书研究所需数据的样本数量。为了保证研究的稳健性，满足 SV-TVP-VAR 模型使用数据量的要求，本书所选的数据样本区间为 2010 年 12 月至 2019 年 12 月，数据的描述性统计如表 6-2 所示。

表 6-2　　　　　　　　　　样本描述性统计

变量	处理方法	样本数量	均值	标准差	最小值	最大值
ko		109	3.55	1.59	0.07	7.65

---

① 资本开放计算的"占比法"参见杨荣海和李亚波（2017）的研究，具体是指采用实际资本流动占 GDP 大小测量资本账户开放程度，可以表示为：资本开放程度 = |（不包含黄金外汇储备的变动量 - 经常账户差额）/GDP|，资本开放程度的数值离零越远，说明资本账户开放程度越高。

续表

变量	处理方法	样本数量	均值	标准差	最小值	最大值
rgi	取自然对数	109	7.20	0.72	4.61	7.85
reer	取自然对数	109	4.74	0.07	4.58	4.86

资料来源：笔者计算整理得到。

为了估计 SV-TVP-VAR 模型，需要根据信息准则确定模型的滞后阶数（见表6-3）。其中，LR 表示似然比检验，即对最后一阶系数的联合显著性进行似然比检验；FPE 表示 Akaike's Final Prediction Error，用于度量向前一期预测的均方误差（MSE of One-step Ahead Forecast）。表6-3显示，不同信息准则所选择的滞后阶数并不完全一致。根据最简洁的 SBIC 准则，不需要选择滞后阶数。根据 FPE 准则、HQIC 准则、AIC 准则显示，需要滞后3阶，而根据 LR 检验，则需要滞后4阶。如果根据 SBIC 准则，不选择滞后阶数，即滞后阶数为0，可能过于简洁；反之，如果根据 LR 检验，则需要估计过多的参数，损失较多样本容量。根据 Lütkepohl（2005），SBIC 准则与 HQIC 准则提供了对真实滞后阶数的一致估计，AIC 准则可能高估滞后阶数。而由于 SBIC 准则与 HQIC 准则没有给出统一结论。作为折中，本章以最大化边际似然函数为原则，选取模型的滞后阶数为3阶。

表6-3　　　　　　　　　　滞后期检验结果

滞后阶数	LR	FPE	AIC	HQIC	SBIC
0		4.447	-6.121	-6.090	-6.045*
1	114.850	1.795	-7.062	-6.937	-6.755
2	18.343	1.776	-7.065	-6.847	-6.528
3	29.746	1.575*	-7.179*	-6.868*	-6.412
4	34.960*	1.368	-7.344	-6.940	-6.346
5	24.931	1.213	-7.411	-6.914	-6.183

注：*分别表示数值在10%的显著性水平下显著。
资料来源：笔者计算整理得到。

(三) 实证分析及结果

1. 单位根检验分析

与 VAR 模型原理相同，SV-TVP-VAR 模型也必须使用平稳的时间序列进行数据分析。为了避免出现伪回归情形，本书对变量进行平稳性检验，发现使用 ADF、PP 和 KPSS 三种检验方法后，所有变量的一阶差分均为平稳序列，所以本书选用各变量一阶差分后的数据进入模型（见表 6-4）。

表 6-4　　　　　　　　　平稳性检验结果

指标	对照组			一阶差分		
	ADF	PP	KPSS	ADF	PP	KPSS
rgi	-6.164***	-2.575*	0.680	-14.804***	-6.127***	0.409***
reer	-13.829***	-1.909	0.564***	-4.321***	-6.207***	0.271***
ko	-2.048	-6.213***	0.217***	-6.071***	-19.619***	0.096***

注：***、*分别表示数值在1%、10%的显著性水平下显著。
资料来源：笔者计算整理得到。

2. 参数估计结果分析

在采用 MCMC 方法对模型中的参数进行抽样之前，本书需要对模型中参数的原始分布做出合理假定。参照 Nakajima（2011），本书对 SV-TVP-VAR 模型中参数原始分布做出设定，即：

$$\mu_{\beta_0} = \mu_{\alpha_0} = \mu_{h_0}$$

$$(\Sigma_\beta)_i^{-2} \sim Gamma(40, 0.02)$$

$$(\Sigma_\alpha)_i^{-2} \sim Gamma(4, 0.02)$$

$$(\Sigma_h)_i^{-2} \sim Gamma(4, 0.02) \quad (6-6)$$

其中，$(\Sigma_\beta)_i$、$(\Sigma_\alpha)_i$、$(\Sigma_h)_i$ 分别表示对应的方差—协方差矩阵上对应的第 i 个元素。本书运用 MCMC 方法模拟抽样，在正式抽样前进行 1000 次预模拟，由于不稳定性，将其舍去，然后再进行 10000 次抽样。图 6-4 给出了抽样样本中相关参数的自相关系数（Autocorrelation Function）、样本路径（Sample Path）和后验概率密度函数（Posterior Density）情况。

图 6-4 模型设定参数抽样结果

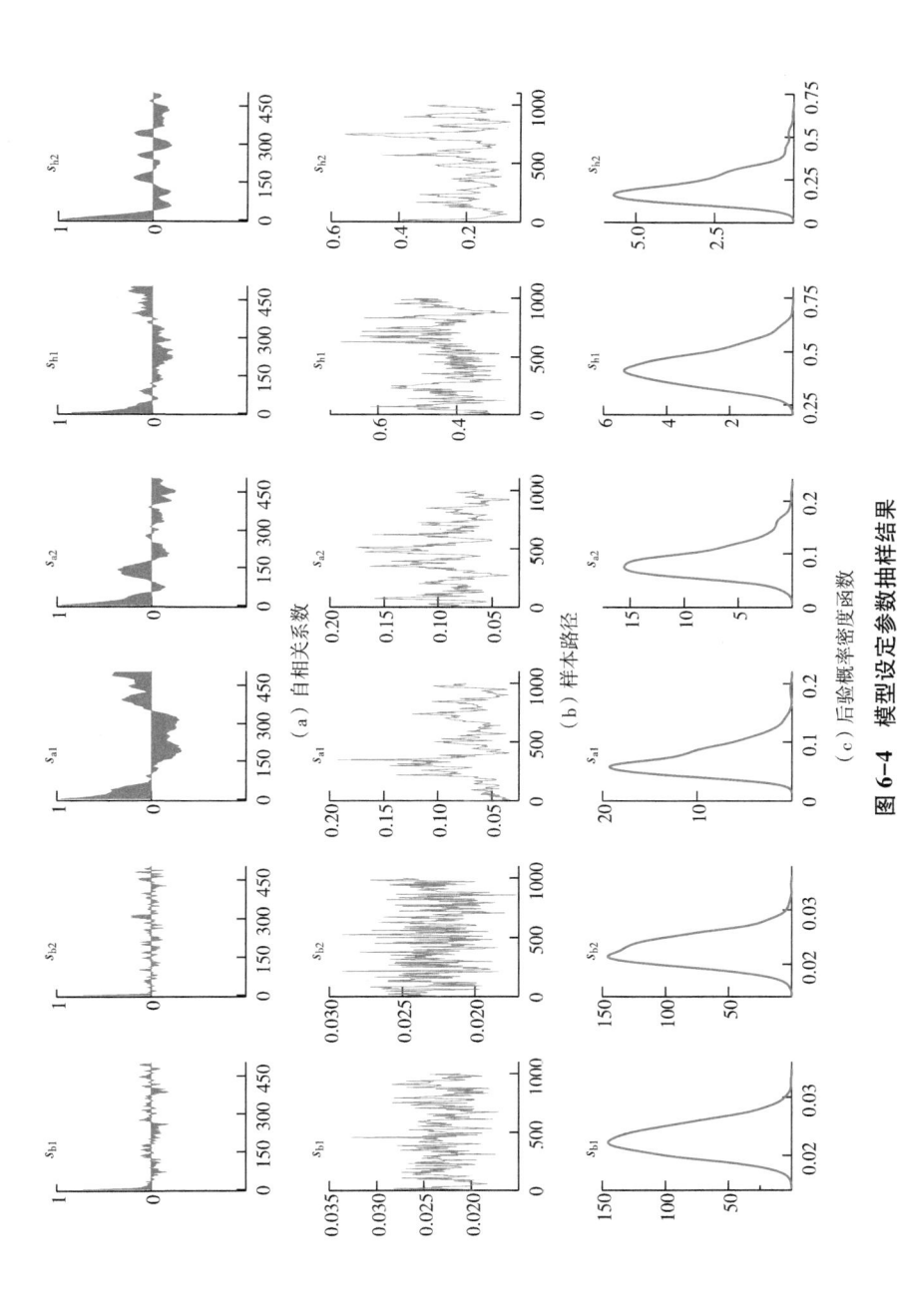

资料来源:笔者根据 Matlab 计算整理得到。

由于经过 1000 次模拟抽样作为预烧值（Burn-in）被舍去，各个参数的样本路径、自相关系数均比较稳定。从图 6-4（a）可以看出，随着抽样次数的增加，在大约 150 次以后，样本数据间的自相关系数衰减速度较快，说明前文关于参数服从分布的假设是合理的，可以保证样本自相关情况较弱的要求。从图 6-4（b）可以看出，抽样所得样本总体上呈现围绕后验均值扰动状态，且扰动项符合"白噪声"假设，表明 MCMC 抽样得到的扰动项方差间满足相互独立性假设。图 6-4（c）反映了抽样参数服从的分布状态。综合来看，抽样结果得到的参数能够保证后续的研究结论可靠。

表 6-5 给出了模型设定参数的后验均值、后验方差、95% 上下置信区间界限，收敛性诊断指标（CD）（Geweke, 1991）以及无效因子估计结果。

表 6-5　　　　　　　　　MCMC 参数估计结果

参数	后验均值	后验方差	95% 上界	95% 下界	CD	无效因子
sb1	0.0229	0.0025	0.0184	0.0281	0.076	2.73
sb2	0.0227	0.0026	0.0184	0.028	0.006	4.9
sa1	0.0703	0.0247	0.0366	0.1272	0.234	31.68
sa2	0.0869	0.0287	0.0451	0.1619	0.154	45.32
sh1	0.4263	0.0738	0.3035	0.5917	0.615	17.06
sh2	0.2052	0.0866	0.0968	0.4424	0.192	18.61

资料来源：笔者计算整理得到。

CD 统计量的原假设为抽样结果收敛于平稳分布，即参数的后验分布是平稳的（Geweke, 1991）。可以看出，表 6-5 中除 sb2 以外，其他参数的 CD 统计量均无法拒绝原假设，表明这些参数的抽样结果趋向收敛于平稳分布。参数抽样结果的无效因子统计量均处于合理范围。整体来看，sb2 的抽样结果符合 SV-TVP-VAR 模型使用条件。图 6-5 分别给出各原始变量、原始数据、一阶差分值随时间变动的特征。

第六章　人民币汇率制度市场化改革的宏观经济效应分析 ▍ 185

(a) 原始变量随时间变动的特征

(b) 原始数据随时间变动的特征

(c) 一阶差分值随时间变动的特征

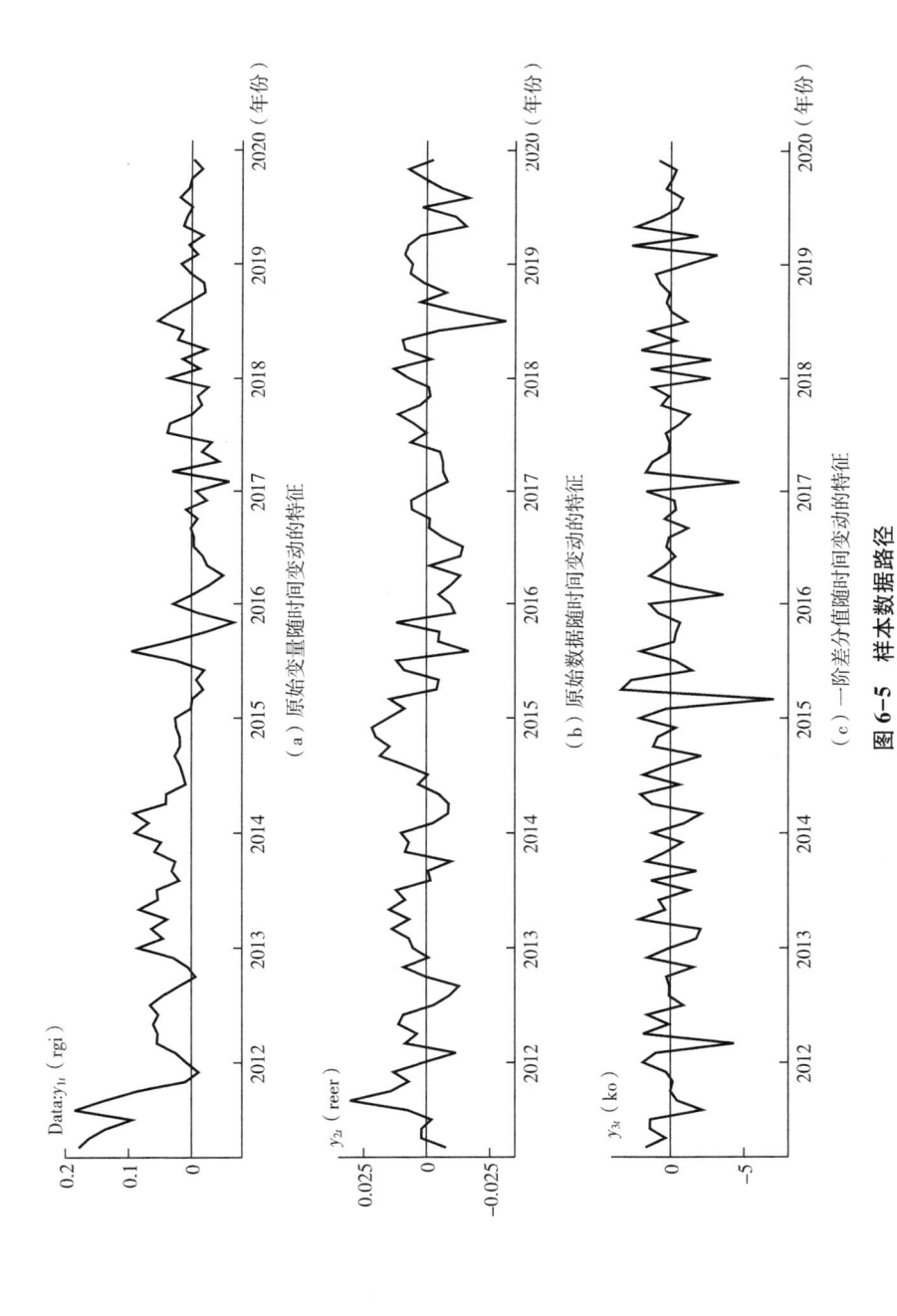

图 6-5　样本数据路径

资料来源：笔者根据 Matlab 计算整理得到。

从 y_{2t}（reer）来看，在 2018 年 6 月，人民币有效实际汇率出现了显著变化。从 y_{3t}（ko）来看，在 2015 年 2 月（"8·11"汇改前半年）出现了明显的资本开放度波动情况。2018 年 4 月起，美元指数走强，包括人民币汇率在内的新兴市场和发展中国家货币汇率呈现连续下跌趋势，人民币有效汇率指数变化明显。为了 2016 年人民币顺利加入 SDR，推行人民币国际化，完成"8·11"汇改，政策变动带来了 2015 年上半年中国资本流动加剧，与数据特征相吻合。

3. 时变参数特征分析

SV-TVP-VAR 模型实证结果中包含等间隔脉冲响应函数与不同时点的脉冲响应函数两种。与传统 VAR 模型或 SVAR 模型设定参数在观测期内保持固定不变相反，SV-TVP-VAR 模型中的参数具有时变特征，刻画了不同时刻、不同变量变化对其他变量的冲击所带来的不同影响，因此，需要在每一个独立时点计算脉冲响应函数。本章运用 SV-TVP-VAR 模型的时点脉冲响应函数和等间隔脉冲响应函数，分别从时点维度和时间维度分析和比较资本开放和人民币汇率市场化对人民币国际化的影响。

(1) 时点脉冲响应分析

不同时点的脉冲响应函数与传统 VAR 模型或 SVAR 模型类似，可以刻画在不同的时点、不同的金融改革背景和政策条件下，资本开放、人民币汇率市场化对人民币国际化的影响存在差异。本章选取 2012 年 1 月、2015 年 8 月、2018 年 6 月三个时间点作为代表，研究变量正向冲击后与模型其他参数的影响（见图 6-6）。之所以选择这三个时间点进行分析，是因为这三个时点分别代表了中国不同时期的金融改革背景。本章总结了资本开放、人民币汇率制度市场化改革和人民币国际化改革在这三个时间点的变化内容，供分析实证结果进行参照。第一个时间点为 2012 年 1 月，是在 2008 年国际金融危机过后，人民币汇率制度市场化改革重启，到 2012 年 4 月 16 日，人民币汇率日波幅进一步扩大至 1%。第二个时间点正值 2015 年 8 月的人民币汇率制度市场化改革。"8·11汇改"的顺利完成，使人民币汇率实现了双向波动，人民币汇率制度市场化改革进程大幅推进，但在"8·11"汇改之后引起了人民币汇率的剧烈震荡，央行消耗了巨额外汇储备进行外汇市场干预，以缓解人民币汇率的单边贬值趋势，也引起了大规模跨境资本流出。为了考察在现行人民币有管理的浮

第六章 人民币汇率制度市场化改革的宏观经济效应分析 | 187

图 6-6 时点脉冲响应分析

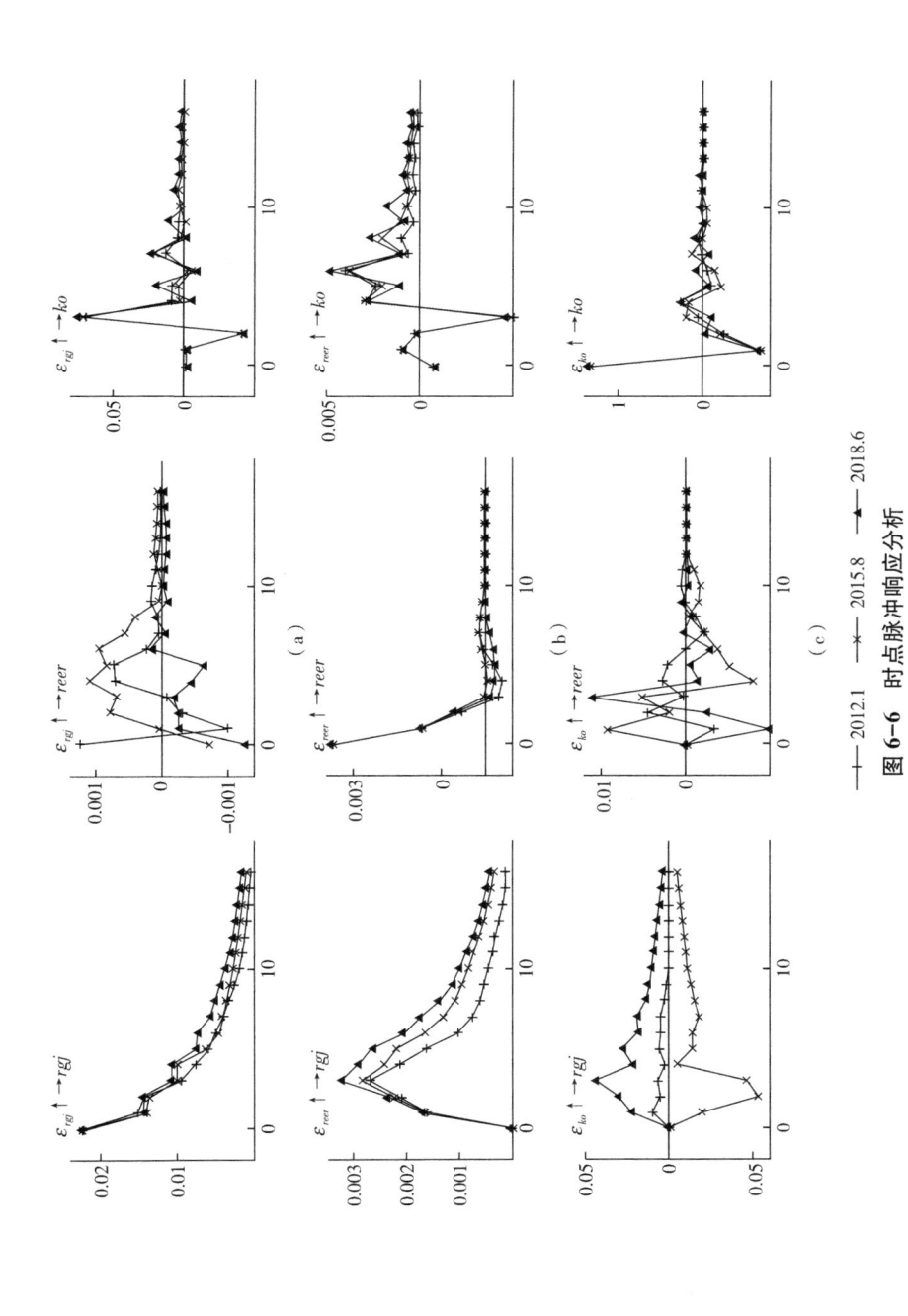

—+— 2012.1　—※— 2015.8　—▲— 2018.6

资料来源：笔者根据 Matlab 计算整理得到。

动汇率制度下外部冲击发生时资本开放、人民币汇率市场化对人民币国际化的影响，第三个时间点为 2018 年 6 月。该时间点的选取是在 2018 年 3 月美国宣布要对从中国进口产品加征关税，限制中国企业对美投资，中美贸易摩擦开启，人民币面临单边贬值趋势之后。该时间点也在 2018 年 8 月央行重新引入人民币汇率逆周期调节因子以调控人民币单边贬值趋势之前。综上所述，本章在采用不同时间点脉冲响应函数时选择 2012 年 1 月、2015 年 8 月、2018 年 6 月三个时间点。

从图 6-6（a）可以看出，不同时间点的人民币汇率市场化对人民币国际化的影响呈现为显著的、倒"U"形的正向冲击。人民币有效汇率对人民币国际化的正向影响在第三期达到最大后呈现逐步衰减趋势，脉冲响应强度在第十六期后基本接近于零，三个时间点的脉冲响应走势基本相同。该结果说明，人民币有效汇率变动有助于人民币国际化程度的提高，人民币汇率制度市场化改革使人民币汇率弹性增加，境外投资机构和个人持有人民币的交易性需求增加，促进了人民币在境外市场的投放—回流机制的形成，从而有助于人民币国际化。另外，对比 2012 年 1 月、2015 年 8 月和 2018 年 6 月人民币汇率市场化对人民币国际化的时点脉冲响应影响可以看到，越靠后的时间点，脉冲相应影响持续的时间更长，波幅更大。这主要是因为随着人民币汇率制度市场化改革的推进，中国资本开放也在协调推进，跨境资本流动与人民币汇率波动相互强化，人民币汇率波动的宏观经济效应得以放大。因此，央行可以采用合适的时间点有效政策工具，如汇率调控的逆周期管理，进行宏观审慎调节，有助于人民币汇率形成机制市场化的同时，发挥有管理的浮动汇率制度的优越性，维持人民币汇率在合理、均衡水平的稳定，避免汇率异常波动。

从图 6-6（c）来看，资本开放对人民币国际化的冲击路径具有明显的分化，其中第一个时间点的脉冲响应路径较为平缓；第二个时间点的脉冲响应路径为负向，在第二期达到负向最大后呈现衰减趋势；第三个时间点的脉冲响应路径为正向，在第三期达到正向最大后呈现衰减趋势。2015 年 8 月，中国刚刚完成人民币"8·11"汇改，汇率波动较大，此时资本流动受到汇率波动和汇率预期的影响，不利于人民币在合理、正常水平的双向波动，因此，当时的跨境资本流动并不能促进人民币国际化水平的提高。而在 2018 年 6 月后，虽然当时人民币呈现贬值趋势，但是人民币汇率形成机制已相对完善，加上央行在中间汇率制度下适时对人民币波动进行合理适度引导，资本流动对人民币汇率波动的影响相应削弱，因此，中国此时推行资本开放有助于人民币国际化水平的提高。但是从总体来看，中国实行人民币汇率制度市场化改革比推行资本开放更加有助于提高人民币国际化水平。

（2）等间隔脉冲响应分析

等间隔脉冲响应函数的基本研究原理是在相等的时间间隔下自变量的单位变动对于该时间间隔对因变量所形成的冲击效应。因此，本书采用等间隔脉冲相应分析方法，刻画在不同时期间隔内资本开放和人民币汇率市场化对人民币国际化的短期、中期和长期效应的差异，以获取比基于总体样本更加合理的估计结果。本章以实线、虚线和点线分别代表提前期为4个月、8个月、12个月，以观察冲击发生后因变量的变化特点（见图6-7）。

从图6-7（a）中可以看出，提前8期和提前12期的脉冲曲线走势基本契合，均在2017年前后形成阶段性波峰。当人民币实际有效汇率提升时，会显著提升人民币国际化水平。当人民币升值出现后，市场更多地愿意持有人民币资产，使其国际化水平提高。由于人民币汇率制度市场化改革后，主要影响的是短期人民币汇率波动，在长期可以减轻人民币单边升值或者贬值趋势，使人民币实现双向波动，因此，人民币汇率市场化对人民币国际化的等间隔脉冲响应短期影响超过中长期影响。从图6-7（c）来看，点线的走势较为平稳，而虚线和实线的波动性较强，这说明在选取的样本期间内，人民币国际化对资本开放的调整从长期来看较为稳健。资本开放程度提高，对人民币国际化水平的等间隔脉冲响应影响随着时间推移呈现反复性，正负效应影响不明显。资本开放进程的推进并不一定会对人民币国际化起到持续推进的作用，资本开放一般可以促进人民币作为交易媒介的重要国际货币职能，但是过度资本开放可能导致套汇套利资本大幅流动，从而引起人民币汇率异常波动，进而削弱人民币的价值贮藏职能，最终影响人民币国际化的实现。因此，资本开放对人民币国际化的作用效果要结合人民币汇率波动等因素综合体现。

图 6-7 等间隔脉冲响应分析

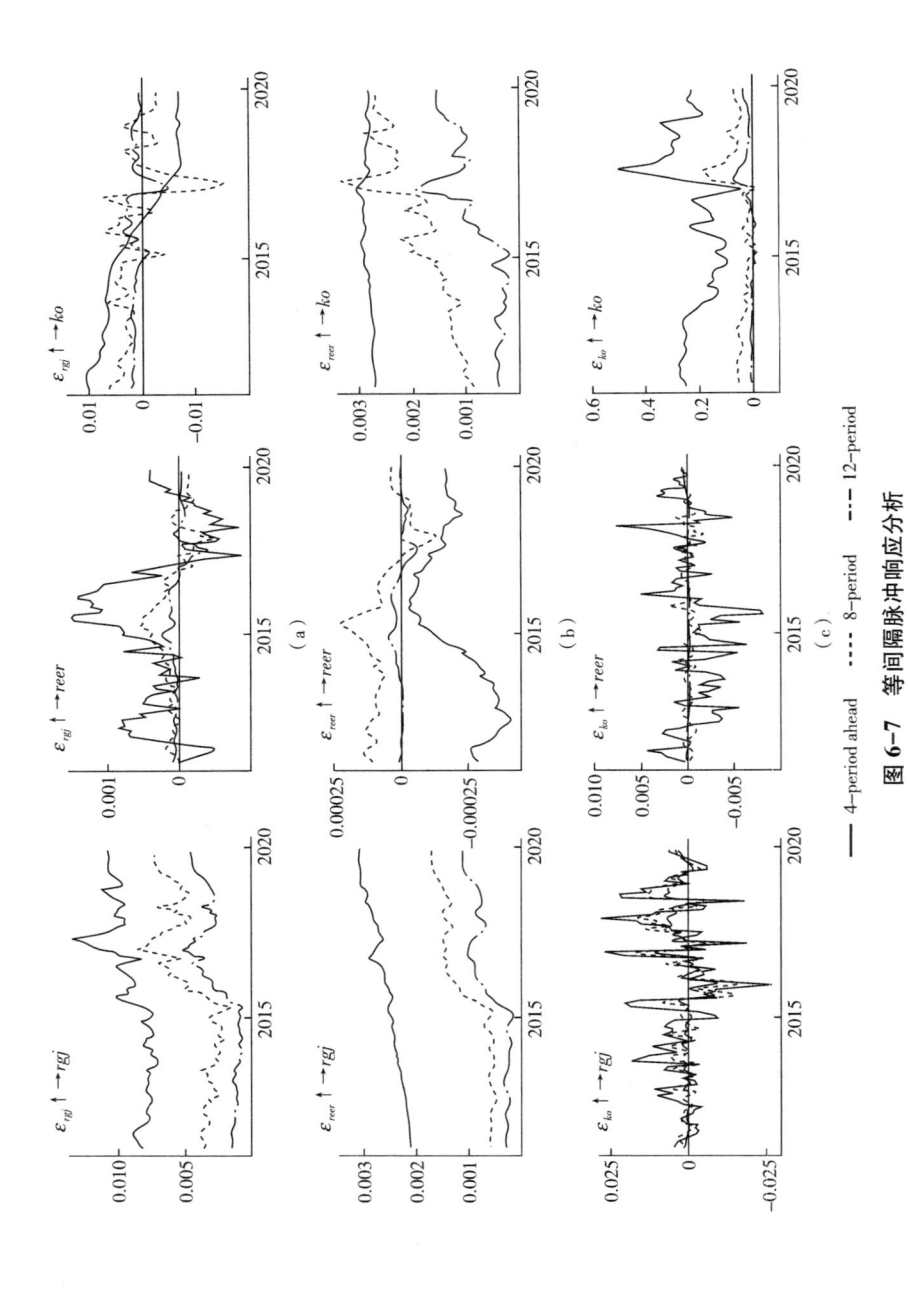

资料来源：笔者根据 Matlab 计算整理得到。

第二节 人民币汇率制度市场化改革对经济增长的影响

一 人民币汇率制度市场化改革对经济增长的影响路径分析

汇率制度市场化改革意味着汇率决定的市场供求因素增加，汇率弹性相应增加，短期汇率波动增加。汇率变动对经济增长的影响一直存在争议。传统理论认为，在马歇尔-勒纳条件成立的情况下，一方面本币升值将会导致本国商品在国际市场上的价格升高，国际竞争力下降，国内商品的需求将会减少，进而改善经常项目差额。另一方面，本币升值会导致本币对外国资产的购买力上升，增加居民对本币资产的持有意愿，从而增加本国居民对本币资产的持有量。随着人民币汇率市场化程度的不断加深，汇率变动对经济增长的影响机制更加复杂。麦金农提出国内产出可以分为国内吸收和贸易差额两个部分，参考 Temple 和 Nicolas（2017）对于国内吸收的研究定义，将国内吸收分为三大部分，分别为消费、投资和政府购买。汇率对于消费影响的研究由来已久，Alexander（1952）认为，汇率是决定国内消费的关键要素，由于工资变动会滞后于汇率变动所引起的通货膨胀变动，工人的收入变化会相应引起消费变化，因此，本币汇率变动会相应引起通货膨胀效应，进而影响国内总需求变化。

汇率变动对经济增长的国内吸收部分的影响可能通过两个路径来实现。

一是财富效应路径。财富效应路径是指汇率变动会引起居民货币及其他金融资产的实际价值变动，从而引起个人财富价值变动，进而影响消费。刘建江和匡树岑（2011）对此进行了具体分析，认为汇率波动的财富效应是指一国汇率的升值或贬值将通过影响商品价格、居民收入预期以及资产重新估值来影响本国居民消费的效应。在开放经济条件下，允许本国居民投资和持有以外币计价的资产。当本币贬值时，居民以外币计价的资产将增值，从而对消费产生正的财富效应。

二是投资效应路径。投资效应路径是指当本国汇率水平上升（下降）时，价格水平相应变动，实际货币供给变动，从而使利率反方向变动，投资减少，本币、外币资产的投资选择相应地引起投资总量的变化；汇率变动也将引起本币和外币资产重新估值，从而影响人们对本币、外币资产的投资选择；汇率变动通过改变投资者对国内经济环境的预期、发展前景的信心、风险控制引起投资的变化。因此，汇率变动通过投资效应对该国投资水平的影响是不确定的。此外，汇率预期也会影响一国的投资水平。

二　人民币汇率制度市场化改革对经济增长影响的实证分析

由于本章已经阐明 SV-TVP-VAR 的基准模型建立和扩展过程，本节不再重复赘述。

（一）变量选取与数据来源

根据 Temple 等（2017）对经济增长的国内吸收部分的研究定义，向量自回归模型中包含的变量有消费（c）、总投资（i）以及汇率（$\ln fx$）。进一步地，本节在模型中加入政府购买（g）和汇率波动项（std），以分析汇率市场化改革如何影响国内吸收效应。

本节选取数据的样本区间为 2000 年 2 月至 2018 年 12 月的月度数据。汇率（$\ln fx$）采用美元兑人民币每月交易日收盘价平均值数据；汇率波动项（std）利用月度交易日收盘价的标准差代替；消费（c）采用社会消费品零售总额数据来表示。与大多数研究汇率变动对宏观经济影响的文献不同的是，本节关于总投资（i）的衡量指标为非金融类对外直接投资和国内固定资产投资形成额，以研究汇率变动对国内吸收的影响，即总投资=国内企业投资+国有企业投资+对外直接投资；政府购买（g）采用公共财政支出数据。所有数据均来自 Wind 数据库，并基于此进行了对数化处理。

（二）实证分析及结果

1. 单位根检验分析

为避免数据存在谬误回归，在构造模型进行分析之前，需要对相关变量的平稳性进行检验。表 6-6 总结了单位根检验结果，可以看出，原数据中部分变量为非平稳数据，但所有变量在一阶差分后均为平稳时间序列，所以，本节利用差分后的数据进行回归。

表 6-6　　　　　　　　　单位根检验结果

指标	对照组			一阶差分		
	ADF	PP	KPSS	ADF	PP	KPSS
$\ln c$	-0.754	-741	2.74	-13.493***	-13.430***	0.019***

续表

指标	对照组			一阶差分		
	ADF	PP	KPSS	ADF	PP	KPSS
ln$i$	-3.825***	-3.232	0.996	-17.783***	-20.583***	0.004***
ln$g$	-4.222***	-3.334	0.547	-22.496***	-33.968***	0.003***
std	-9.385***	-9.685***	0.348	-23.751***	-32.933***	0.003***
lnfx	-1.292	-1.202	3.15	-8.060***	-7.984***	0.055

注：***表示数值在1%的显著性水平下显著。
资料来源：作者根据Matlab计算整理得到。

2. 参数估计结果分析

本节参照Nakajima（2011）的基本模型，把参数的先验分布设定为：$(\sum_\beta)_i^{-2} \sim Gamma(20, 10^{-4})$，$(\sum_\alpha)_i^{-2} \sim Gamma(4, 10^{-4})$，$(\sum_h)_i^{-2} \sim Gamma(4, 10^{-4})$。使用马尔科夫链蒙特卡罗方法（MCMC）进行11000次抽样，预烧前1000次的结果并从结果中予以剔除。通过对比边际似然函数值，模型的滞后阶数设定为2。

实证结果表明，预烧后抽样样本的自相关系数接近于0，Geweke值在10%的显著性水平上不能拒绝趋于后验分布的假设；同时无效因子lnef较小，说明本次MCMC模拟得到的估计结果是可信的。由于篇幅限制，本节仅列出SV-TVP-VAR模型的分析过程和结果。

3. 时变参数特征分析

（1）时点脉冲响应分析

为进一步探究经济增长的国内吸收部分对汇率制度市场化改革的时变反应机制，接下来进行时点脉冲响应分析。本节选择2005年"7·21"汇改、2012年"4·21"汇改、2015年"8·11"汇改三个特殊的时间点作为时变脉冲响应的起点。表6-7列出了三次汇改的相关信息，对实证结果具有明显的参照意义。

表6-7　　　　　　　　三次汇率改革的相关信息

汇改时间	汇改主要内容	汇改作用
2005年"7·21"汇改	建立管理的浮动汇率制	人民币汇率有固定走向浮动

续表

汇改时间	汇改主要内容	汇改作用
2012年"4·21汇改"	人民币汇率浮动区间从±0.5%扩大到±1%	抓住外汇市场供求基本平衡的机会,推进了汇率制度市场化改革
2015年"8·11汇改"	人民币汇率中间价市场化改革	完善了汇率形成机制,促使人民币加入SDR货币篮子

资料来源:参考中国货币网、国家外汇管理局资料,笔者整理得到。

从图6-8可以看到,无论是国内吸收效应还是汇率市场化对国内吸收效应的影响,都表现出明显的时变特征。在消费方面,汇率($\ln fx$)的一单位正向冲击在当期不会对当期消费产生影响,但是会在短期内导致消费在滞后1期减少,在中期内增加,随后在10期(3个季度后)后趋向于0。从2005年7月到2012年4月,再到2015年9月,随着人民币汇率市场化程度不断加深,消费的国内吸收效应逐次下降,这表明人民币汇率的市场化改革会减弱消费的波动性,使总消费更加平稳,这一结论与理论模型的研究结论一致。在投资方面,汇率($\ln fx$)的一单位正向冲击导致投资减小,并从第10期开始逐渐趋向于0。三个不同时间点的脉冲响应路径显示,2005年"8·11"汇改后,投资受汇率波动的影响最大。随着改革的日益加深,2015年8月起点脉冲响应路径峰值明显小于前两者。这表明随着汇率市场化改革的推进,汇率通过投资渠道引起的国内吸收变化逐渐下降。在政府购买方面,汇率($\ln fx$)的一单位正向冲击导致政府支出在当期变大,并于滞后1期表现为负向影响,随后震荡趋近于0。三条脉冲响应路径几乎重合,没有表现出明显的时变特征。汇率波动的一单位正向冲击对政府购买冲击的影响并不大。整体来看,随着汇率制度市场化改革的深入,政府购买受汇率波动性的影响有所减弱。

(2)等间隔脉冲响应分析

图6-9反映了经济增长的国内吸收部分对汇率制度市场化改革一单位冲击的等间隔脉冲响应。等间隔脉冲响应分析是指在相等的时间间隔下,自变量在样本期间内每一个时间点的单位冲击对相等时间间隔后的因变量产生的影响,主要测度政策调控力度在样本期间内的波动性。

本书分别选择3个月(实线)、12个月(虚线)、24个月(点线)的滞后期进行对比,以分析在短期、中期、长期内经济增长的国内吸收部分对汇率制度市场化改革冲击调整的时变特性。如图6-9所示,点线的

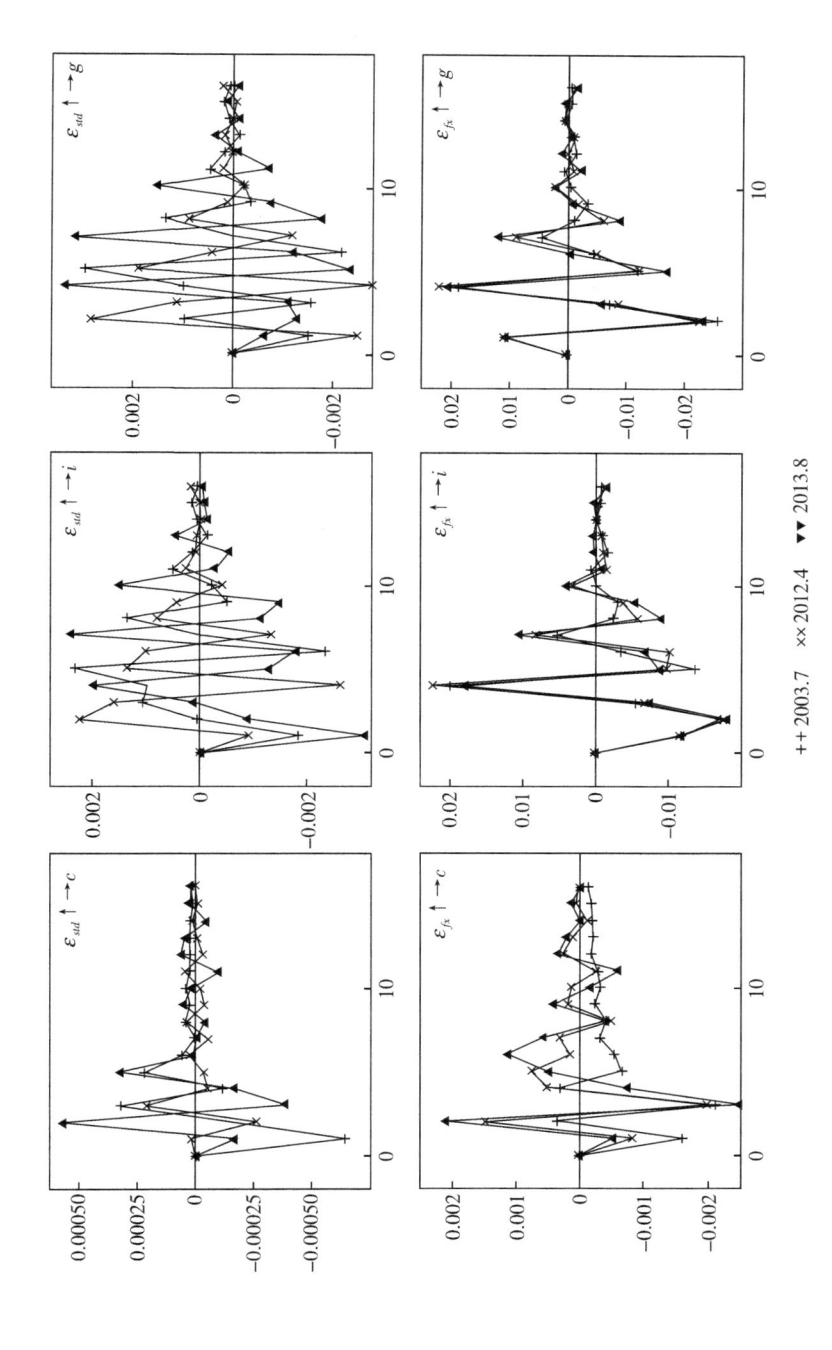

图 6—8 时点脉冲响应分析

资料来源:笔者根据 Matlab 计算整理得到。

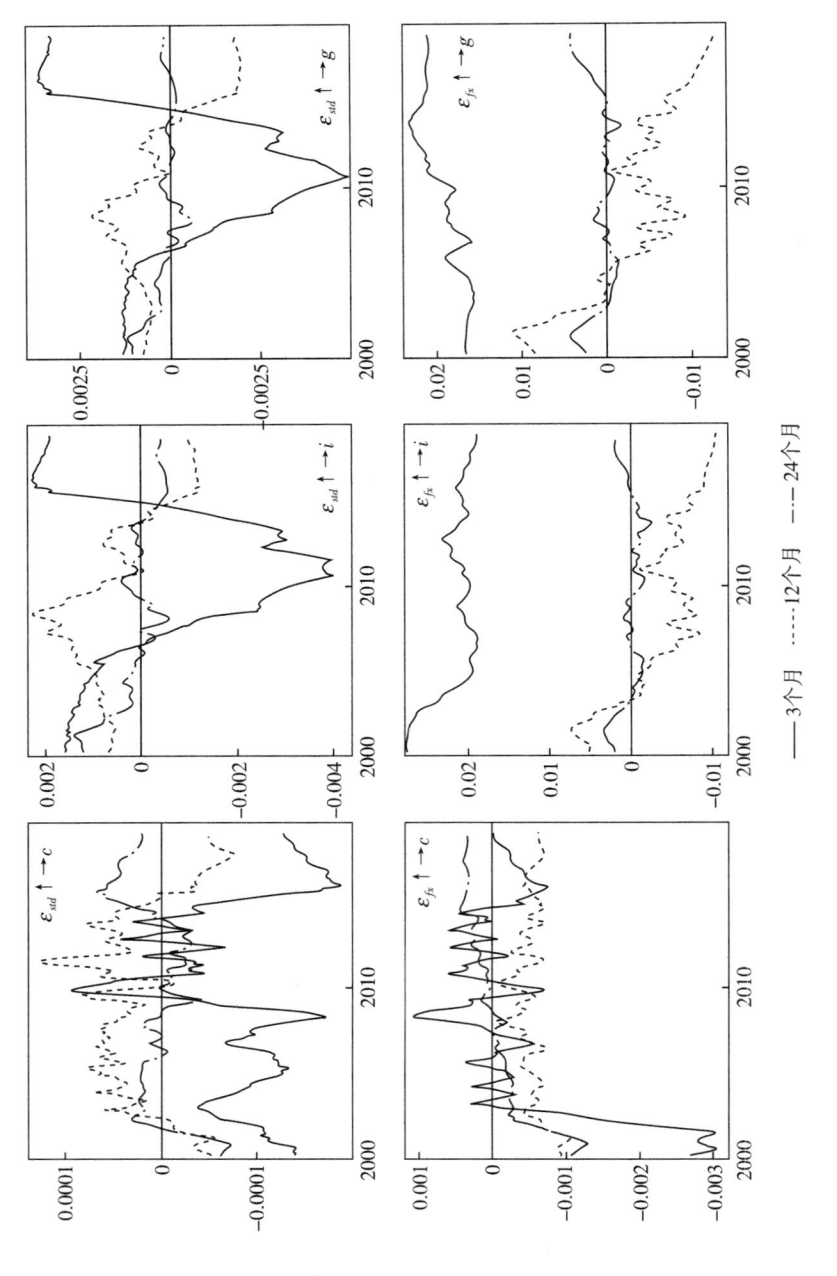

图 6-9 等间隔脉冲响应分析

资料来源：笔者根据 Matlab 计算整理得到。

走势较为平稳,而虚线和实线的波动性较强,说明在样本期内,经济增长的国内吸收部分对汇率制度市场化改革冲击的调整在长期(24个月)较为稳健。在整个样本期内,消费对汇率变动的时变脉冲响应根据时间长短不同,居民消费在受到冲击后一个季度(3个月)内呈现减少趋势,这是由于贬值带来的外国商品价格迅速提高导致的;中期(12个月)呈现的趋势基本与短期相同,仅在程度上有所缓和;而随着汇率改革不断深入,市场化程度不断提高,在长期(24个月)则出现正向促进作用,其含义为汇率贬值提高出口,而国民收入增加促进消费。投资对汇率变动的时变脉冲响应根据时间长短不同,汇率贬值在短期内促进投资上升,长期影响减弱。汇率贬值在短期内会引起国际资本流入,增加国内资产投资总额。当汇率贬值窗口期过去,国际资本进出呈现均衡状态。随着汇率市场化的深入,长期来看,汇率市场化对投资的国内吸收的影响减弱。政府购买与投资呈现出相似状态。政府购买对汇率波动性的滞后一个季度期脉冲响应路径表现为正向,滞后2年期的脉冲响应路径表现为微弱的负向。这说明汇率贬值在短期内促进政府购买上升,长期影响趋于消失。

第一,人民币汇率制度市场化改革使人民币双向波动,消除了人民币长期单边升贬值预期,削弱了境外人民币持有者出于投机性交易需求而持有人民币的意愿,促进了人民币投放、回流的双向循环机制的形成。

第二,汇率制度市场化改革的推进比实行资本开放政策更加有助于人民币国际化的发展。当人民币实际有效汇率提升时,会显著提升人民币国际化水平,人民币升值,市场愿意持有人民币资产,使其国际化水平提高。而且,短期影响远远超过中长期影响。资本开放程度提高,对人民币国际化水平的影响随着时间的推移呈现反复性,正负效应影响不明显,但人民币国际化需要资本项目开放配合。

本章通过SV-TVP-VAR模型分析人民币汇率制度市场化改革对经济增长的影响,结果显示,人民币汇率贬值短期内会刺激出口,促进消费、投资和政府购买,但在中长期的影响则有所减弱。长期来看,虽然仍会促进消费和投资的增加,但是幅度较小,而政府支出受影响不大。当汇率升值,则呈现反向变化。人民币汇率市场化改革不断深入会减小国内吸收对汇率波动的反应。从宏观经济平稳运行的角度考虑,人民币汇率市场化改革在短期可能会放大经济运行的不确定性（主要是对投资和政府购买）。但是在中长期，汇率市场化改革会使汇率更加真实地反映货币供求关系，避免固定汇率对市场价格的扭曲，从而有利于宏观经济的平稳运行。但仍需防范市场投机行为对真实汇率的干扰。

第七章 研究结论与政策建议

第一节 主要研究结论

本书首先基于三元悖论及其中间化，对人民币汇率制度市场化改革的合理性进行分析。其次，从三元悖论现实发展的历史维度和国别经验的角度，梳理三元悖论从角点解向中间化发展的原因和国际经验，并据此分析三元悖论中间化下，中间汇率制度的影响因素和三元悖论中间化的维持机制有效性。再次，对三元悖论与汇率制度选择的国际经验进行实证分析，并据此分析人民币汇率制度改革的适配度和方向选择。在以上历史分析和国际经验梳理的基础上，本书进一步剖析三元悖论与人民币汇率制度市场化改革的影响机制。最后，由于人民币汇率制度市场化改革的宏观经济效应需要纳入人民币汇率制度改革的适配度和改革方向的分析框架，本书进行了宏观经济效应分析。在以上研究思路的安排下，本书主要研究内容和结论如下：首先，本书厘清了三元悖论中间化下资本开放、汇率市场化和独立的货币政策之间的关系，深入分析了三元悖论中间化下央行的外汇市场干预机制以及中间汇率制度下的汇率波动影响因素，通过构建修正的 BGT 模型，分析人民币汇率制度市场化改革前后的央行政策目标损失。其次，本书通过实证分析三元悖论下汇率制度选择的国际经验，据此分析了人民币汇率制度市场化改革的适配度。最后，通过实证分析在资本开放下人民币汇率制度市场化改革对人民币国际化的影响及人民币汇率制度市场化改革对经济增长的影响，阐述了人民币汇率市场化的宏观经济效应，以此分析人民币汇率制度市场化改革的合理性。

一 三元悖论具有中间化发展的现实倾向

本书通过 OLS、固定效应和随机效应模型，实证分析了汇率制度选择的国际经验，得出资本开放、货币政策独立性与汇率稳定性之间呈现稳定的负相关关系，说明三元悖论仍然有效，因此，人民币汇率制度市场化改革仍然要在三元悖论框架下完成。汇率稳定性与通货膨胀率、金融发展水平、外债规模、实际冲击、政治民主程度和政治不稳定性呈负相关关系，与外汇储备规模、贸易开放度、货币冲击呈正相关关系。可以证明各国对资本开放、汇率稳定性和货币政策独立性的选择存在"钟摆效应"，而且汇率制度选择并不是一成不变的，而是随着经济基本面的发展而动态变化的。现实中，各国的三元悖论选择并不拘泥于角点解，更多的新兴市场和发展中国家选择了兼顾部分资本流动、中间汇率制度和货币政策相对独立的三元悖论中间解。

二 人民币汇率制度市场化改革的三元悖论中间化

中国三元悖论呈现中间化，即兼顾资本不完全开放，有管理的浮动汇率制度和货币政策相对独立。本书具体分析了央行干预对三元悖论中间化的影响机制：央行使用外汇储备干预汇率，使用冲销干预措施减少外汇储备变动对外汇市场压力造成的影响。冲销干预措施的有效性直接影响货币供给，进而影响货币政策独立性。在中间汇率制度下，汇率预期的不确定性会影响外汇市场供求，造成汇率波动，放大资本流动对国内货币政策独立性的影响。在人民币汇率制度市场化改革后，央行可以通过汇率和利率政策共同调节跨境资本流动对国内货币供给的影响，但国内经济也相应会受到汇率波动、利率波动的影响。本书据此得出了汇率制度市场化改革前和改革后的货币政策方程和资本流动方程。

在三元悖论中间化下，以适当的资本管制配合汇率市场化，可以有助于实现中国金融稳定的三元悖论政策目标。虽然在资本开放下推进汇率制度市场化改革，影响国内货币政策和国际收支的因素更加复杂，但是汇率制度市场化改革会使利率传导机制更加通畅，央行可以使用汇率和利率共同调节经济。从中国特色市场经济体制来看，当前中国资本开放稳步推进，作为新的发展战略，符合中国经济发展需要。适当配合人民币汇率制度市场化改革，实现金融改革的同步性，有利于中国平稳顺利地进行金融改革。在 2015 年"8·11"汇改后，中国外汇储备规模大幅下降，已经体现出在资本开放下人民币汇率僵化和人民币贬值压力给央行进行外汇市场干预造成了巨大压力。未来应该继续以人民币汇率制度市场化改革作为突破口，在推进资本账户逐步开放的同时，协调推进人民币汇率制度市场化改革，助推中国金融稳定的政策目标的实现。

三 宏观审慎政策和外汇储备是三元悖论中间化的有效机制

在新兴市场和发展中国家中，外汇储备对三元悖论中间化具有门槛效应，合理的外汇储备规模有助于实现三元悖论中间化，宏观审慎政策分担央行使用外汇市场干预和冲销干预维持三元悖论中间化的负担，有助于三元悖论中间化，可以纳入现行人民币有管理的浮动汇率制度的维持机制，有效缓解央行使用外汇市场干预和冲销干预维持三元悖论中间化的负担，维持中国三元悖论中间化的稳定。但从实现三元悖论中间化的角度来看，中国目前持有较高的外汇储备规模，而持有巨额的外汇储备是存在利弊的。由于全球金融一体化的推进，当前跨境资本流动对国内货币政策独立性的冲击有所增强，使用外汇储备进行外汇市场干预的有效性受到削弱，而维持较高规模外汇储备需要付出相应的成本，比如削弱货币政策独立性。因此，适当加入和完善宏观审慎政策，有助于中国兼顾三元悖论政策目标和进行外汇市场干预，而三元悖论中间化有助于金融稳定政策目标的实现，现阶段在三元悖论中间化下实行人民币有管理的浮动汇率制度，符合中国宏观经济平稳运行的需要。

四 人民币汇率制度市场化改革有助于弱化经济波动和人民币国际化

相较于资本开放，人民币汇率制度市场化改革更加有助于人民币国际化的推进。当人民币实际有效汇率提升时，会显著提升人民币国际化水平，当人民币出现升值，市场更愿意持有人民币资产，使其国际化水平提高，而且其短期影响远远超过中长期影响。而资本开放程度提高，对人民币国际化水平的影响随着时间的推移呈现反复性，正负效应影响不明显。

根据三元悖论政策搭配及人民币汇率制度市场化改革的宏观经济效应，长期来看，人民币汇率制度市场化改革可以降低汇率波动对经济增长的影响，从而有助于宏观经济的平稳运行。具体地，人民币汇率贬值在短期内会促进消费、投资和政府购买，但在中长期的影响则有所减弱。长期来看，人民币汇率制度市场化改革虽然仍会促进消费和投资的增加，但是幅度较小，而对政府支出影响不大；而当汇率升值，则呈现反向变化。人民币汇率制度市场化改革的不断深入会减小国内吸收对汇率波动的反应。从宏观经济平稳运行的角度考虑，人民币汇率市场化改革在短期可能会放大经济运行的不确定性（主要是对投资和政府购买），但是在中长期，汇率制度市场化改革会使汇率更加真实地反映货币的供求关系，避免固定汇率对市场价格的扭曲，从而有利于宏观经济的平稳运行。但仍需防范市场投机行为对真实汇率的干扰。

第二节　政策建议

一　资本开放、独立货币政策与人民币汇率制度市场化改革协调推进

党的十九大报告明确指出，要扩大金融对外开放，深化人民币汇率形成机制改革。现行人民币有管理的浮动汇率制度符合中国金融市场发展建设阶段的汇率管理需要，在维持一定汇率稳定性的同时，可以使人民币汇率具有一定的弹性空间。从汇率制度选择的国际经验来看，当前实行有管理的浮动汇率制度也符合中国经济增长、贸易开放等情况，也放松了中国对汇率进行外汇市场干预的压力，让渡了一定的货币政策独立性。作为大型的发展中经济体，在现阶段继续维持资本账户相对开放、相对独立的货币政策和有管理的浮动汇率制度十分适合中国经济发展需要。因此本书认为，维持三元悖论中间化当前仍然可以作为中国的政策组合选择。在具体的维持措施方面，中国可以在使用外汇储备进行外汇市场干预的同时，适当配合宏观审慎政策，更加有助于实现中国三元悖论中间化和金融稳定的政策目标。在宏观审慎政策的配合下，可以放松持有高规模外汇储备以维持金融稳定的要求。同时，拓展更多的公开市场操作工具，增强货币政策独立性。

2017年，人民币汇率指数CFETS的"一篮子货币"数量已经扩展到24种，在24种"一篮子货币"中，新兴市场和发展中国家货币数量占比大幅增加，市场供求在人民币汇率形成机制中的作用进一步体现，人民币汇率弹性进一步加大，双向波动趋势明显。2018年6月，中国人民银行和外汇管理局发布《合格境外机构投资者境内证券投资外汇管理规定》和《关于人民币合格境外机构投资者境内证券投资管理有关问题的通

知》，进一步取消了 QFII 每月资金汇出不超过上年末境内总资产 20% 的限制，QFII 与 RQFII 本金锁定期的要求进一步推进了中国资本开放进程。人民币汇率浮动空间增加和中国资本账户进程的协调推进为实现中国货币政策独立性提供了条件。在现行人民币有管理的浮动汇率制度的基础上，要警惕如 1997 年亚洲金融危机时期金融开放下国际游资对固定汇率冲击的风险。中国应坚持实行资本开放、独立货币政策与人民币汇率市场化改革的协调推进，加强资本流动监管与汇率风险监管的合作，对跨境套汇套利资本予以监管，防范金融风险。随着中国资本开放进程的逐渐推进，为了保持相对独立的货币政策，中国汇率弹性可以适度放开。

二 完善人民币汇率双向波动下的逆周期调节机制

当前在有管理的浮动汇率制度下，人民币中间价汇率形成机制有待进一步完善。2017 年 5 月，人民币汇率中间价形成机制引入了"逆周期因子"。逆周期调节体现了有管理的浮动汇率制度的优越性，对单边升值和贬值预期进行了有效管控，使人民币汇率回归正常双向波动趋势。2018 年 1 月，在消除了人民币单边贬值预期后，"逆周期因子"退出历史舞台。在中国资本账户开放持续推进的情况下，逆周期调节可以稳定人民币汇率走势，熨平汇率波动所造成的宏观经济不稳定性。

随着世界经济增长放缓，中国近年来的经济增速也受到影响。2015 年"8·11"汇改之后，人民币汇率的双向波动通道被打通，但人民币汇率走势的逆周期性使之具有与经济周期相反的变动趋势，而市场情绪是顺周期变量（肖立晟和张潇，2017）。人民币汇率形成机制对市场情绪引起的持续单边汇率波动的管控还有待完善。逆周期调节直接作用于人民币汇率形成机制，可以有效管理市场预期对人民币汇率波动的影响，有利于引导市场预期回归正常方向。央行不必频繁通过外汇市场对汇率波动进行干预，只需关注汇率的持续单边升值倾向，适当增加汇率预期的逆周期调节。

参考文献

一 中文文献

习近平：《习近平著作选读》第二卷，人民出版社2023年版。

白晓燕、唐晶星：《汇改后人民币汇率形成机制的动态演进》，《国际金融研究》2013年第7期。

曹协和、吴竞择、何志强：《货币政策、货币缺口与通货膨胀：基于中国的实证分析》，《国际金融研究》2010年第4期。

曹远征、陈世波、林晖：《三元悖论非角点解与人民币国际化路径选择——理论与实证》，《国际金融研究》2018年第3期。

陈创练等：《利率市场化、汇率改制与国际资本流动的关系研究》，《经济研究》2017年第4期。

陈创练、龙晓旋、姚树洁：《货币政策、汇率波动与通货膨胀的时变成因分析》，《世界经济》2018年第4期。

陈奉先：《中国参照一篮子货币的汇率制度：理论框架与实证考察》，《财经研究》2015年第2期。

陈浪南、王升泉、吴圣金：《噪声交易视角下人民币汇率的动态决定研究》，《国际金融研究》2016年第7期。

陈雷、范小云：《套息交易、汇率波动和货币政策》，《世界经济》2017年第11期。

陈雷、张哲、陈平：《三元悖论还是二元悖论——基于跨境资本流动波动视角的分析》，《国际金融研究》2021年第6期。

陈平：《国际资本流动与汇率决定》，《国际金融研究》2000年第9期。

陈强编著：《高级计量经济学及Stata应用》，高等教育出版社2010年版。

陈雨露、侯杰：《汇率决定理论的新近发展：文献综述》，《当代经济科学》2005 年第 5 期。

陈中飞、王曦、刘宛昆：《人民币汇率制度改革：基于国际规律的视角》，《国际金融研究》2018 年第 12 期。

陈中飞、王曦、王伟：《利率市场化、汇率自由化和资本账户开放的顺序》，《世界经济》2017 年第 6 期。

程恩富、孙业霞：《"三元悖论"与我国资本项目开放的新考量》，《辽宁大学学报》（哲学社会科学版）2015 年第 5 期。

崔瀚中：《全球汇率制度动态演变趋势与中国汇率制度选择》，《制度经济学研究》2021 年第 2 期。

戴金平、安蕾：《汇率波动与对外直接投资：基于面板门限模型的分析》，《世界经济研究》2018 年第 5 期。

邓富华、霍伟东：《自由贸易协定、制度环境与跨境贸易人民币结算》，《中国工业经济》2017 年第 5 期。

丁一兵：《经济发展中的汇率制度选择》，博士学位论文，吉林大学，2004 年。

董晨君：《人民币国际化进程中的汇率预期管理研究》，博士学位论文，东北师范大学，2019 年。

樊明太、叶思晖：《宏观审慎政策使用及其有效性研究——来自全球 62 个国家的证据》，《国际金融研究》2020 年第 12 期。

范小云、陈雷、祝哲：《三元悖论还是二元悖论——基于货币政策独立性的最优汇率制度选择》，《经济学动态》2015 年第 1 期。

方先明、裴平、张谊浩：《国际投机资本流入：动机与冲击——基于中国大陆 1999—2011 年样本数据的实证检验》，《金融研究》2012 年第 1 期。

高海红、余永定：《人民币国际化的含义与条件》，《国际经济评论》2010 年第 1 期。

高海红：《布雷顿森林遗产与国际金融体系重建》，《世界经济与政治》2015 年第 3 期。

苟琴等：《中国短期资本流动管制是否有效》，《世界经济》2012 年第 2 期。

管涛：《四次人民币汇改的经验与启示》，《金融论坛》2017 年第 3 期。

管涛：《有舍才有得的选择题：人民币汇率政策反思与前瞻》，《国际金融研究》2018年第9期。

郝中中：《人民币汇率与中美利率联动机制分析》，《金融论坛》2015年第1期。

何碧英等：《资本项目可兑换路径国际经验比较研究及对我国的启示——基于日本、韩国、巴西和俄罗斯资本项目可兑换实践》，《区域金融研究》2019年第7期。

何慧刚：《人民币利率—汇率联动协调机制的实证分析和对策研究》，《国际金融研究》2008年第8期。

何启志：《新常态背景下汇率市场化改革与汇率波动性研究》，《国际金融研究》2017年第3期。

何青等：《逆周期因子决定了人民币汇率走势吗》，《经济理论与经济管理》2018年第5期。

河合正弘、刘利刚：《中国经济面临的三元悖论困境》，《新金融》2015年第6期。

胡必亮、刘清杰：《新兴市场30国：综合发展水平测算与评估》，《中国人口科学》2021年第4期。

胡祖六、郎平：《人民币：重归有管理的浮动》，《国际经济评论》2000年第Z2期。

黄志刚：《资本流动视角下外部不平衡的原因和治理研究》，博士学位论文，北京大学，2010年。

江春、司登奎、李小林：《基于拓展泰勒规则汇率模型的人民币汇率动态决定：理论分析与经验研究》，《金融研究》2018年第2期。

蒋先玲、王婕：《渐进式汇改背景下的中国商业银行汇率风险研究》，《国际贸易问题》2017年第6期。

金雪军、陈哲：《货币国际化、金融结构与币值稳定》，《国际金融研究》2019年第2期。

金中夏、洪浩：《国际货币环境下利率政策与汇率政策的协调》，《经济研究》2015年第5期。

李成、李勇：《"三元悖论"的非角点解与中国经济体系制度安排》，《西安财经学院学报》2009年第3期。

李婧：《从跨境贸易人民币结算看人民币国际化战略》，《世界经济研究》2011 年第 2 期。

李明明、秦凤鸣：《人民币汇率预期、人民币国际化与短期资本流动》，《国际商务》（对外经济贸易大学学报）2018 年第 5 期。

李圣涛：《货币制度回归金本位的可行性分析（英文）》，《中国外资》2011 年第 14 期。

李晓峰、陈雨蒙：《汇率制度改革与资本账户开放的中间路径探讨》，《国际贸易问题》2017 年第 8 期。

李扬、余维彬：《人民币汇率制度改革：回归有管理的浮动》，《经济研究》2005 年第 8 期。

李勇：《外汇储备、外汇占款与流动性过剩：基于"三元悖论"的实证分析》，《华东经济管理》2007 年第 8 期。

刘晨阳、杨立娜：《从"三元悖论"看人民币汇率制度选择》，《亚太经济》2017 年第 1 期。

刘建江、匡树岑：《人民币升值的财富效应研究》，《世界经济研究》2011 年第 4 期。

刘金全、张菀庭、徐宁：《资本账户开放度、货币政策独立性与汇率制度选择：三元悖论还是二元悖论?》，《世界经济研究》2018 年第 5 期。

刘力臻、谢朝阳：《东亚货币合作与人民币汇率制度选择》，《管理世界》2003 年第 3 期。

刘粮、陈雷：《外部冲击、汇率制度与跨境资本流动》，《国际金融研究》2018 年第 5 期。

刘粮：《跨境资本流动与汇率制度选择——汇率制度缓冲器作用的再探讨》，博士学位论文，南开大学，2018 年。

刘敏、李颖：《"三元悖论"与人民币汇率制度改革浅析》，《国际金融研究》2008 年第 6 期。

刘晓辉、郑庆茹：《人民币汇率制度选择的理论与标准述评》，《南京审计学院学报》2007 年第 1 期。

陆简：《避险情绪、货币乘数与二元悖论》，《国际金融研究》2017 年第 6 期。

陆磊、李宏瑾：《纳入 SDR 后的人民币国际化与国际货币体系改革：基于货币功能和储备货币供求的视角》，《国际经济评论》2016 年第 3 期。

骆祚炎、赵迪：《三元悖论的"折中化"、多重汇率弹性与汇率灵活性——基于金融加速器效应的 TVAR 模型检验》，《财经科学》2017 年第 7 期。

马欣原：《不可能三角——从历史角度的阐释》，《金融研究》2004 年第 2 期。

马勇、陈雨露：《经济开放度与货币政策有效性：微观基础与实证分析》，《经济研究》2014 年第 3 期。

毛捷、孙浩、徐军伟：《财政政策与货币政策协同的理论思考和实践构想》，《财政研究》2020 年第 12 期。

梅冬州、龚六堂：《新兴市场经济国家的汇率制度选择》，《经济研究》2011 年第 11 期。

欧阳志刚、史焕平：《后金融危机的货币供给过剩及其效应》，《经济研究》2011 年第 7 期。

潘大洋：《境外人民币回流机制研究》，《宏观经济研究》2015 年第 3 期。

潘锡泉：《中美利率和汇率动态效应研究：理论与实证——基于拓展的非抛补利率平价模型的研究》，《国际贸易问题》2013 年第 6 期。

彭红枫、肖祖沔、祝小全：《汇率市场化与资本账户开放的路径选择》，《世界经济》2018 年第 8 期。

沈立君：《试论人民币国际化中人民币的投放与回流》，《商业经济研究》2017 年第 10 期。

盛松成、刘西：《金融改革协调推进论：论中国利率、汇率改革与资本账户开放》，中信出版社 2015 年版。

司登奎、江春、李小林：《基于汇率预期与央行外汇干预的汇率动态决定：理论分析与经验研究》，《统计研究》2016 年第 9 期。

司登奎等：《泰勒规则、国际资本流动与人民币汇率动态决定》，《财经研究》2019 年第 9 期。

司登奎、李小林、江春：《央行外汇干预、投资者情绪与汇率变动》，《统计研究》2018 年第 11 期。

宿玉海、姜明蕾、刘海莹：《短期资本流动、人民币国际化与汇率变动关系研究》，《经济与管理评论》2018 年第 2 期。

孙华妤等：《汇率制度、货币政策和宏观经济运行》，对外经济贸易大学出版社 2009 年版。

孙华妤：《"不可能三角"不能作为中国汇率制度选择的依据》，《国际金融研究》2004 年第 8 期。

孙华妤：《传统钉住汇率制度下中国货币政策自主性和有效性：1998—2005》，《世界经济》2007 年第 1 期。

唐国强、王彬：《汇率调整、资本项目开放与跨境资本流动——新兴市场经验对我国的启示》，《中央财经大学学报》2017 年第 4 期。

唐琳、谈正达、胡海鸥：《基于 MS-VAR 的"三元悖论"约束及对经济影响研究》，《国际金融研究》2015 年第 9 期。

陶士贵、胡静怡：《人民币何以成为货币锚？——基于汇改视角的直接形成渠道分析》，《国际金融研究》2021 年第 1 期。

王博、王开元：《汇率改革、短期国际资本流动与资产价格》，《金融论坛》2018 年第 4 期。

王大卫、叶蜀君：《资本自由流动、货币政策独立性、汇率制度稳定性三元发展趋势研究——基于三元悖论理论》，《北京交通大学学报》（社会科学版）2021 年第 2 期。

王道平、范小云、陈雷：《可置信政策、汇率制度与货币危机：国际经验与人民币汇率市场化改革启示》，《经济研究》2017 年第 12 期。

王盼盼、石建勋、何宗武：《汇率市场化、人民币国际化与汇率定价权》，《上海经济研究》2018 年第 6 期。

王珊珊、黄梅波：《中国内生汇率制度的选择——基于多元排序 Probit 模型的分析》，《经济问题探索》2015 年第 5 期。

王珊珊、黄梅波：《人民币区域化对中国货币政策独立性的影响——基于三元悖论指数的检验》，《贵州财经大学学报》2014 年第 6 期。

王永中：《中国资本管制与外汇冲销的有效性——基于抵消系数和冲销系数模型》，《金融评论》2010 年第 1 期。

魏巍贤、张军令：《人民币汇率变动、跨境资本流动与资本管制——基于多国一般均衡模型的分析》，《国际金融研究》2018 年第 10 期。

魏英辉、陈欣、江日初：《全球金融周期变化对新兴经济体货币政策独立性的影响研究》，《世界经济研究》2018 年第 2 期。

吴安兵、金春雨：《货币政策、产出冲击对人民币实际汇率波动的影响效应》，《国际金融研究》2019 年第 12 期。

吴丽华、傅广敏：《人民币汇率、短期资本与股价互动》，《经济研究》2014 年第 11 期。

伍戈、陆简：《全球避险情绪与资本流动——"二元悖论"成因探析》，《金融研究》2016 年第 11 期。

解祥优：《汇率制度选择对中国货币政策独立性的影响研究》，博士学位论文，首都经济贸易大学，2018 年。

肖立晟、刘永余：《人民币非抛补利率平价为什么不成立：对 4 个假说的检验》，《管理世界》2016 年第 7 期。

肖立晟、张潇：《人民币汇率的逆周期性》，《中国金融》2017 年第 16 期。

肖卫国、陈宇、张晨冉：《利率和汇率市场化改革协同推进的宏观经济效应》，《国际贸易问题》2015 年第 8 期。

肖潇、张璟、刘晓辉：《分类资本流动与汇率制度——来自 162 个经济体的经验证据》，《国际金融研究》2017 年第 4 期

谢平、张晓朴：《货币政策与汇率政策的三次冲突——1994—2000 年中国的实证分析》，《国际经济评论》2002 年第 Z3 期。

徐建炜、黄懿杰：《汇率自由化与资本账户开放：孰先孰后？——对外金融开放次序的探讨》，《东南大学学报》（哲学社会科学版）2014 年第 6 期。

徐建炜、戴觅：《人民币汇率如何影响员工收入?》，《经济学》（季刊）2016 年第 4 期。

徐娟、杨亚慧：《"811 汇改"前后人民币汇率运行特征的研究》，《世界经济研究》2019 年第 8 期。

徐明东、田素华：《证券资本国际流动形式与货币政策有效性分析》，《国际金融研究》2007 年第 3 期。

许家云、佟家栋、毛其淋：《人民币汇率变动、产品排序与多产品企业的出口行为——以中国制造业企业为例》，《管理世界》2015 年第 2 期。

许文彬：《三元悖论下我国汇率制度改革探析》，《财经问题研究》2003 年第 7 期。

杨长江：《人民币实际汇率长期调整趋势研究》，上海财经大学出版社 2002 年版。

杨荣海、李亚波：《资本账户开放对人民币国际化"货币锚"地位的影响分析》，《经济研究》2017 年第 1 期。

杨小军：《当前国际货币体系新特征及其发展趋势研究——兼论人民币国际化》，《金融发展研究》2008 年第 9 期。

易纲、汤弦：《汇率制度"角点解假设"的一个理论基础》，《金融研究》2001 年第 8 期。

易纲：《中国货币政策和汇率政策》，《宏观经济研究》2002 年第 11 期。

余永定、肖立晟：《加速人民币汇率形成机制改革》，《新金融》2017 年第 1 期。

余永定、张斌、张明：《尽快引入人民币兑篮子汇率宽幅区间波动》，《国际经济评论》2016 年第 1 期。

余永定：《"8·11"汇改后中国的汇率政策和汇率体制改革》，《新金融》2017 年第 5 期。

张斌、徐奇渊：《汇率与资本项目管制下的人民币国际化》，《国际经济评论》2012 年第 4 期。

张礼卿、钟茜：《全球金融周期、美国货币政策与"三元悖论"》，《金融研究》2020 年第 2 期。

张礼卿：《人民币汇率制度：现状、改革方向和近期选择》，《国际金融研究》2004 年第 10 期。

张荔、田岗、侯利英：《外汇储备、外汇交易量与 CHIBOR 利率的 VAR 模型（2000—2004）——兼论"三元悖论"下冲销干预与货币政策的独立性》，《国际金融研究》2006 年第 10 期。

张群、张卫国、李家铭：《基于"三元悖论"金融政策目标的非线性结构分析》，《系统工程理论与实践》2016 年第 7 期。

张三宝：《新兴大国汇率制度选择研究——基于中、印、俄、巴四国的分析》，博士学位论文，上海社会科学院，2018 年。

张小波：《金融开放与宏观经济波动——基于修正的"三元悖论"框架的分析》，《西南政法大学学报》2017 年第 4 期。

张鑫：《美国金融发展下的国际资本流动失衡研究》，博士学位论文，吉林大学，2019 年。

赵蓓文：《从"蒙代尔三角"看人民币汇率制度的选择》，《世界经济研究》2004 年第 7 期。

赵茜:《资本账户开放、汇率市场化改革与外汇市场风险——基于外汇市场压力视角的理论与实证研究》,《国际金融研究》2018 年第 7 期。

赵文胜、张屹山:《货币政策冲击与人民币汇率动态》,《金融研究》2012 年第 8 期。

钟意:《汇率波动、金融稳定与货币政策》, 博士学位论文, 浙江大学, 2014 年。

周晴:《三元悖论原则: 理论与实证研究》, 中国金融出版社 2008 年版。

周群:《汇率目标区研究》, 博士学位论文, 复旦大学, 2005 年。

周宇:《论汇率贬值对人民币国际化的影响——基于主要国际货币比较的分析》,《世界经济研究》2016 年第 4 期。

周远游、刘莉亚、盛世杰:《基于汇改视角的人民币汇率异常波动研究》,《国际金融研究》2017 年第 5 期。

朱孟楠、陈欣铭:《新兴市场国家汇率制度选择的分析——经济结构、经济冲击与政治偏好》,《国际贸易问题》2014 年第 5 期。

朱孟楠、闫帅:《国际资本流动、外汇市场干预与人民币汇率》,《国际经贸探索》2016 年第 3 期。

邹新月、扈震:《货币政策、资本流动与汇率稳定"三元悖论"的修正及其检验》,《金融论坛》2015 年第 9 期。

二 外文文献

Aizenman J., Chinn M. D., Ito H., " Surfing the Waves of Globalization: Asia and Financial Globalization in the Context of the Trilemma", *Journal of the Japanese and International Economies*, Vol. 25, No. 3, 2011.

Aizenman J., Chinn M. D., Ito H., " The 'Impossible Trinity' Hypothesis in an Era of Global Imbalances: Measurement and Testing", *Review of International Economics*, Vol. 21, No. 3, 2013.

Aizenman J., Chinn M. D., Ito H., "The Emerging Global Financial Architecture: Tracing and Evaluating New Patterns of the Trilemma Configuration", *Journal of International Money and Finance*, Vol. 29, No. 4, 2010.

Aizenman J., Glick R., "Sterilization, Monetary Policy, and Global Financial Integration", *Review of International Economics*, Vol. 17, No. 4, 2009.

Aizenman J., Ito H., "Trilemma Policy Convergence Patterns and Output Volatility", *North American Journal of Economics and Finance*, Vol. 23, No. 3, 2012.

Aizenman J., Pinto B., "Managing Financial Integration and Capital Mobility—Policy Lessons from the Past two Decades", *Review of International Economics*, Vol. 21, No. 4, 2013.

Aizenman J., Sengupta R., "Financial Trilemma in China and a Comparative Analysis with India", *Pacific Economic Review*, Vol. 18, No. 2, 2013.

Aizenman J., "A Modern Reincarnation of Mundell-Fleming's Trilemma", *Economic Modelling*, No. 81, 2019.

Aizenman J., *The Impossible Trinity-From the Policy Trilemma to the Policy Quadrilemma*, Santa Cruz Department of Economics, Working Paper Series, No. 2, 2011.

Alam Z., Alter A., Eiseman J., et al., *Digging Deeper—Evidence on the Effects of Macroprudential Policies from a New Database*, IMF Staff Papers, 2019.

Alexander S. S., *Effects of Devaluation on a Trade Balance*, IMF-Staff paper, No. 3, 1952.

Allan D., Masson P. R., "Credibility of Policies Versus Credibility of Policymakers", *Quarterly Journal of Economics*, No. 3, 1994.

Amr S. H., Kundan N. K., Mohsen B. O., "Understanding the Dynamics of the Macroeconomic Trilemma", *International View of Applied Economics*, Vol. 29, No. 1, 2015.

Argy V., Kouri P. J. K., "Sterilization Policies and the Volatility in International Reserves", *National Monetary Policies and the International Financial System*, 1974.

Bădescu B., "A Study of the Impossible Trinity in Romania", *Theoretical and Applied Economics*, No. 2, 2015.

Beck H., Prinz A., "The Trilemma of a Monetary Union: Another Impossible Trinity", *Intereconomics*, Vol. 47, No. 1, 2012.

Bordo M. D., *Exchange Rate Regime Choice in Historical Perspective*, NBER Working Paper, 2003.

Brissimis S. N., Gibson H. D., Tsakalotos E., "A Unifying Framework for Analysing Offsetting Capital Flows and Sterilization: Germany and the ERM", *International Journal of Finance & Economics*, Vol. 7, No. 1, 2002.

Calvo G. A., Reinhart C. M., *Fear of Floating*, NBER Working Paper, 2000.

Camara-Neto A. F., Vernengo M., "Beyond the Original Sin: A New Regional Financial Architecture in South America", *Journal of Post Keynesian Economics*, Vol. 32, No. 2, 2009.

Cerutti E., Claessens S., Laeven L., "The Use and Effectiveness of Macroprudential Policies: New Evidence", *Journal of Financial Stability*, No. 28, 2017.

Céspedes L. F., Chang R., Velasco A., *Balance Sheets and Exchange Rate Policy*, NBER Working Paper, 2004.

Chinn M. D., Ito H., "A New Measure of Financial Openness", *Journal of Comparative Policy Analysis: Research and Practice*, Vol. 10, No. 3, 2008.

Chow H. K., "International Transmission of Interest Rates and the Open Economy Trilemma in Asia", *Singapore Economic Review*, Vol. 59, No. 3, 2014.

Cordero J. A., "Economic Growth under Alternative Monetary Regimes: Inflation Targeting vs. Real Exchange Rate Targeting", *International Review of Applied Economics*, Vol. 22, No. 2, 2008.

Coudert V., Dubert M., "Does Exchange Rate Regime Explain Differences in Economic Results for Asian Countries?", *Journal of Asian Economics*, Vol. 16, No. 5, 2005.

De Mendonca H. F., Veiga I Da S., "The Open Economy Trilemma in Latin America: A Three-decade Analysis", *International Finance*, Vol. 20, No. 2, 2017.

Devereux M. B., Yetman J., *Capital Controls, Global Liquidity Traps, and the International Policy Trilemma*, NBER Working Paper, 2013.

Devereux M. B., Yu C., "Evaluating the Role of Capital Controls and Monetary Policy in Emerging Market Crises", *Journal of International Money and Finance*, No. 95, 2019.

Dooley M. P., Folkerts-Landau D., Garber P M, "An Essay on the Revived Bretton Woods System", *Social Science Electronic Publishing*, Vol. 9, No. 4, 2003.

Dornbusch R., "Expectations and Exchange Rate Dynamics", *The Journal of Political Economy*, No. 84, 1976.

Dubas J. M., Lee B. J., Mark N. C., *Effective Exchange Rate Classifications and Growth*, NBER Working Paper, 2005.

Duburcq C., "The Impact of Exchange Rate Regime on Interest Rates in Latin America", *Cuadernos De Economía*, No. 47, 2010.

Edwards S., Rigobon R., "Capital Controls on Inflows, Exchange Rate Volatility and External Vulnerability", *Journal of International Economics*, Vol. 78, No. 2, 2009.

Edwards S., Savastano M. A., *Exchange Rates in Emerging Economies: What Do We Know? What Do We Need to Know?*, NBER Working Paper, 1999.

Edwards S., *The Determinants of the Choice Between Fixed and Flexible Exchange-Rate Regimes*, NBER Working Paper, 1996.

Eichengreen B., Andrew K. R., Wyplosz C., "Exchange Market Mayhem: The Antecedents and Aftermath of Speculative Attacks", *Economic Policy*, Vol. 10, No. 21, 1995.

Eichengreen B., Hausmann R., *Exchange Rates and Financial Fragility*, NBER Working Paper, 1999.

Eichengreen B., *China's Exchange Rate Regime: The Long and Short of It*, Redwood City: Stanford University Press, 2006.

Eichengreen B., *International Monetary Arrangements for the 21st Century*, Washington, DC: Brookings Institution, 1994.

Evans M. D. D., *The Microstructure of Foreign Exchange Dynamics*, Social Science Electronic Publishing, 1998.

Farhi E., Werning I., *Dilemma Not Trilemma? Capital Controls and Exchange Rates with Volatile Capital Flows*, IMF Economic Review, Vol. 62, No. 4, 2014.

Feldstein M., Horioka C., "Domestic Saving and International Capital

Flows", *Economic Journal*, Vol. 350, No. 90, 1980.

Fischer S., "Exchange Rate Regimes: Is the Bipolar View Correct?" *Journal of Economic Perspectives*, Vol. 15, No. 2, 2001.

Flood R. P., Garber P. M., "Gold Monetization and Gold Discipline", *Journal of Political Economy*, Vol. 92, No. 1, 1984.

Forbes K. J., Warnock F. E., *Debt—and Equity-Led Capital Flow Episodes*, NBER Working Paper, 2012.

Frankel J. A., Wei S. J., *Yen Bloc or Dollar Bloc? Exchange Rate Policies of the East Asian Economies*, NBER Working Paper, 1992.

Frankel J. A., *Experience of and Lessons From Exchange Rate Regime in Emerging Economies*, NBER Working Paper, 2003.

Frankel J. A., *No Single Currency Regime is Right for all Countries or at All Times*, NBER Working Paper, 1999.

Geweke J. F., *Evaluating the Accuracy of Sampling-Based Approaches to the Calculation of Posterior Moments*, Reserch Department Staff Report 148, Federal Reserve Bank of Minneapolis, 1991.

Girton L., Roper D., "A Monetary Model of Exchange Market Pressure Applied to the Postwar Canadian Experience", *The American Ecnomic Review*, No. 67, 1977.

Hagen J. V., Zhou J., *The Choice of Exchange Rate Regimes: An Empirical Analysis for Transition Economies*, ZEI Working Paper, No. 3, 2002.

Hamada K., Takeda Y., "The Choice Between Flexible Exchange Rates, Capital Control and the Currency Board in Asian Countries: A Perspective from the 'Impossible Trinity'", *The Japanese Economic Review*, Vol. 52, No. 4, 2001.

Han X., Wei S. J., *International Transmissions of Monetary Shocks: Between a Trilemma and a Dilemma*, NBER Working Paper, 2016.

Hansen B. E., "Threshold Effects in Non-Dynamic Panels: Estimation, Testing, and Inference", *Journal of Econometrics*, Vol. 93, No. 2, 1999.

Heller R., "Determinants of Exchange Rate Practices", *Journal Of Money, Credit And Banking*, No. 10, 1978.

Ilzetzki E., Reinhart C. M., Rogoff K S, *The Country Chronologies to*

Exchange Rate Arrangements into the 21st Century: Will the Anchor Currency Hold?, NBER Working Paper, 2017.

IMF, *People's Republic of China: Staff Report for the 2012 Article IV Consultation*, IMF Country Report, 2012.

IMF, *People's Republic of China: Staff Report for the 2015 Article IV Consultation*, IMF Country Report, 2015.

Kaltenbrunner A., Painceira J. P., "The Impossible Trinity: Inflation Targeting, Exchange Rate Management and Open Capital Accounts in Emerging Economies", *Development and Chang*, Vol. 48, No. 3, 2017.

Kamin, Steven B., *Financial Globalization and Monetary Policy*, U. S. Federal Reserve Board's International Finance Discussion Papers, 2010.

Kenen P., *Currency Internationalisation: An Overview*, BIS Papers, 2011.

Kenen P., The Theory of Optimum Currency Areas: An Eclectic View *in* R. A. Mundell & A. K. Swoboda (Eds.), *Monetary Problems if the International Economy*, Chicago: Chicago Uuniversity Press, 1969.

Klein M. W., Shambaugh J. C., "Rounding the Corners of the Policy Trilemma: Sources of Monetary Policy Autonomy", *American Economic Journal: Macroeconomics*, Vol. 7, No. 4, 2015.

Kose M. A., Rogoff K., Prasad E., Shang-Jin Wei, "Effects of Financial Globalization on Developing Countries", *Economic and Political Weekly*, Vol. 1, No. 41, 2003.

Kouri P. J. K., Porter M. G., "International Capital Flows and Portfolio Equilibrium", *The Journal of Political Economy*, 1974.

Krugman P., "The Return of Depression Economics", *Foreign Affairs*, Vol. 78, No. 1, 1999.

Krugman P. R., Obstfeld M., *International Economics: Theory and Policy*, London: Pearson, 2012.

Krugman P., "A Model of Balance-of-Payments Crises", *Journal of Money Credit & Banking*, Vol. 11, No. 3, 1979.

Lane P. R., Milesi-Ferretti G. M., "The External Wealth of Nations Mark II: Revised and Extended Estimates of Foreign Assets and Liabilities,

1970-2004", *Journal of International Economics*, Vol. 73, No. 2, 2007.

Law C. H., "International Reserves and Trilemma Policy Convergence in Malaysia", *Applied Economics Letters*, Vol. 25, No. 8, 2018.

Levy-Yeyati E., Sturzenegger F., Reggio I., "On the Endogeneity of Exchange Rate Regimes", *European Economic Review*, Amsterdam, Vol. 54, No. 5, 2010.

Levy-Yeyati E., Sturzenegger F., "Classifying Exchange Rate Regimes: Deeds vs. Words", *European Economic Review*, No. 49, 2005.

Ligonniere S., "Trilemma, Dilemma And Global Players", *Journal of International Money And Finance*, No. 85, 2018.

Liu J., Exchange Rate Regime and Exchange Rate Performance: Evidence from East Asia, Ph. D. dissertation. University of Glasgow, 2009.

Lütkepohl H., New Introduction to Multiple Time Series Analysis, *New York: Springer*, 2005.

Lubis A., Alexiou C., Nellis J. G., "What Can We Learn from the Implementation of Monetary and Macroprudential Policies: A Systematic Literature Review", *Journal of Economic Surveys*, Vol. 33, No. 4, 2019.

Lyons R. K., *The Microstructure Approach to Exchange Rates*, Cambridge : MIT Press, 2000.

Ma G. N., Yan X. D., Liu X., "China's Evolving Reserve Requirements", *Journal of Chinese Economic & Business Studies*, Vol. 11, No. 2, 2013.

Macdonald R., Nagayasu J., "The Long-Run Relationship Between Real Exchange Rates and Real Interest Rate Differentials: A Panel Study", *Applied Economics Letters*, No. 2, 1995.

Mckinnon R. I., "The East Asian Dollar Standard, Life After Death?", *Economic Notes*, Vol. 29, No. 1, 2010.

Mckinnon R., Schnabl G., "Synchronised Business Cycles in East Asia and Fluctuations in the Yen/Dollar Exchange Rate", *World Economy*, Vol. 26, No. 8, 2003.

Mckinnon R., "Optimal Currency Areas", *American Economic Review*, No. 53, 1963.

Mundell R. A. , "A Theory of Optimum Currency Areas", *American Economic Review*, Vol. 51, No. 4, 1961.

Mundell R. A. , "Capital Mobility and Stabilization Policy under Fixed and Flexible Exchange Rates", *Canadian Journal of Economics & Political Science*, Vol. 29, No. 4, 1963.

Mussa M. , "Empirical Regularities in the Behavior of Exchange Rates and Theories of the Foreign Exchange Market", *Carnegie-Rochester Conference Series on Public Policy*, No. 11, 1979.

Nakajima J. , "Time-Varying Parameter VAR Model with Stochastic Volatility: An Overview of Methodology and Empirical Applications", *Monetary and Economic Studies*, No. 11, 2011.

Obstfeld M. , Shambaugh J. C. , Taylor A. M. , *Monetary Sovereignty, Exchange Rates, and Capital Controls: The Trilemma in the Interwar period*. IMF Staff Papers, 2004.

Obstfeld M. , Rogoff K. S. , *Foundation of International Macroeconomics*, Boston: MIT Press, 2002.

Obstfeld M. , Rogoff K. , "Exchange Rate Dynamics Redux", *Journal of Political Economy*, Vol. 103, No. 3, 1995.

Obstfeld M. , Rogoff K. , *The Mirage of Fixed Exchange Rates*, Social Science Electronic Publishing, No. 4, 1995.

Obstfeld M. , Shambaugh J. C. , Taylor A. M. , "Financial Stability, Trilemma, and International Reserves", *American Economic Journal-Macroeconomics*, Vol. 2, No. 2, 2010.

Obstfeld M. , Shambaugh J. C. , Taylor A. M. , "The Trilemma in History: Trade-offs Among Exchange Rates, Monetary Policies, and Capital Mobility", *The Review of Economics and Statistics*, Vol. 87, No. 3, 2005.

Obstfeld M. , "Models of Currency Crises with Self-Fulfilling Features", *European Economic Review*, Vol. 40, No. 3, 1996.

Obstfeld M. , *Sterilization and Offsetting Capital Movements: Evidence from West Germany*, 1960-1970. NBER Working Paper, 1980.

Ouyang A. Y. , Guo S. , "Macro-Prudential Policies, the Global Financial Cycle and the Real Exchange Rate", *Journal of International Money and*

Finance, No. 96, 2019.

Ouyang A. Y., Rajan R. S., Willett T., "Managing the Monetary Consequences of Reserve Accumulation in Emerging Asia", *Global Economic Review*, Vol. 37, No. 2, 2008.

Payne R., "Informed Trade in Spot Foreign Exchange Markets: An Empirical Investigation", *Journal of International Economics*, Vol. 61, No. 6, 2003.

Poirson H., *How Do Countries Choose Their Exchange Rate Regime?*, IMF Working Paper, 2001.

Primiceri G. E., "Time Varying Structural Vector Autoregressions and Monetary Policy", *Review of Economic Studies*, No. 3, 2005.

Quinn D., "The Correlates of Change in International Financial Regulation", *American Political Science Review*, Vol. 91, No. 3, 1997.

Rey H., *Dilemma not Trilemma: The Global Financial Cycle and Monetary Policy Independence*, National Bureau of Economic Research, 2015.

Rey H., *International Channels of Transmission of Monetary Policy and the Trilemma*, IMF Economic Review, 2016.

Rizzo J. M., "The Economic Determinants of the Choice of an Exchange Rate Regime: A Probit Analysis", *Economics Letters*, Vol. 59, No. 3, 1998.

Schindler M., *Measuring Financial Integration: A New Data Set*, IMF Staff Papers, 2009.

Shambaugh J. C., "The Effect of Fixed Exchange Rates on Monetary Policy", *The Quarterly Journal of Economics*, Vol. 119, No. 1, 2004.

Simeon N. and Kim Y., "International Capital Movement and Monetary Independence in Asia", *International Advances in Economic Research*, Vol. 24, No. 2, 2018.

Smithin J., *Controversies on Monetary Economics*, Cheltenham: Edward Elgar, 2003.

Sow M. N., *Essays on Exchange Rate Regimes and Fiscal Policy*, Ph. D. dissertation, Université d'Auvergne-Clermont-Ferrand I, 2015.

Tavlas G., Dellas H., Stockman A. C., "The Classification and Performance of Alternative Exchange-Rate Systems", *European Economic Review*,

Vol. 52, No. 6, 2008.

Temple J., Nicolas V. D. S., "Foreign Aid and Domestic Absorption", *Journal of International Economics*, No. 108, 2017.

Uhlig H., "What Are the Effects of Monetary Policy on Output? Results from an Agnostic Identification Procedure", *Journal of International Economics*, Vol. 52, No. 2, 2005.

Uribe M., Schmitt-Grohe S., *Open Economy Macroeconomics*, Princeton: Princeton University Press, 2017.

Wu T., "De Facto Index of Monetary Policy Domestic Activism and Inefficient Trilemma Configurations in OECD Countries", *International Journal of Finance & Economics*, Vol. 20, No. 2, 2015.

Wu Y., "The Open-Economy Trilemma in China: Monetary and Exchange-rate Policy Interaction under Financial Repression", *International Finance*, Vol. 18, No. 1, 2015.

Yasin A., et al., "Mitigating Turkey's Trilemma Tradeoffs", *Emerging Markets Finance & Trade*, Vol. 50, No. 6, 2014.

You Y., Kim Y., Ren X., "Do Capital Controls Enhance Monetary Independence?", *Review of Development Economics*, Vol. 18, No. 3, 2014.

Yu H., "Effects of the Trilemma Policies on Inflation, Growth and Volatility in Bulgaria", *Theoretical & Applied Economics*, Vol. 4, No. 569, 2012.